基础会计学

主　编　师　萍
副主编　王君萍　孙红梅　韩葱慧
　　　　张文利　王　杲　张　睿

华南理工大学出版社
SOUTH CHINA UNIVERSITY OF TECHNOLOGY PRESS
·广州·

图书在版编目（CIP）数据

基础会计学/师萍主编．—广州：华南理工大学出版社，2019.7
ISBN 978 - 7 - 5623 - 5775 - 9

Ⅰ.①基…　Ⅱ.①师…　Ⅲ.①会计学 - 教材　Ⅳ.①F230

中国版本图书馆 CIP 数据核字（2018）第 222993 号

基础会计学
师萍　主编

出 版 人：	卢家明
出版发行：	华南理工大学出版社
	（广州五山华南理工大学 17 号楼，邮编 510640）
	http：//www.scutpress.com.cn　E-mail：scutc13@scut.edu.cn
	营销部电话：020 - 87113487　87111048（传真）
责任编辑：	欧建岸
印 刷 者：	佛山市浩文彩色印刷有限公司
开　　本：	787mm×1092mm　1/16　印张：18　字数：478 千
版　　次：	2019 年 7 月第 1 版　2019 年 7 月第 1 次印刷
定　　价：	38.00 元

版权所有　盗版必究　印装差错　负责调换

前　言

我国已经建立了与经济发展进程相适应、与国际财务报告准则趋同的企业会计准则体系。这是我国完善社会主义市场经济体制的重要举措，在保障市场经济健康运行、推动经济发展方式转变等方面已经发挥了重要作用。面对复杂多变的国内外形势，我国坚持稳中求进，牢固树立和贯彻落实新发展理念，把握和引领经济发展新常态，提高发展质量，以推进供给侧结构性改革为主线，实施更加积极有效的财政政策。从 2016 年 5 月 1 日起，在全国范围内全面推开营业税改增值税；自 2018 年 5 月 1 日起，纳税人发生增值税应税销售行为或者进口货物，原适用 17%、11% 税率的，税率分别调整为 16%、10%。2019 年 4 月 1 日起实施更大规模的减税，重点是降低制造业和小微企业的税收负担。增值税一般纳税人发生增值税应税销售行为或者进口货物，原适用 16% 税率的，税率调整为 13%；原适用 10% 税率的，税率调整为 9%。纳税人购进农产品，原适用 10% 扣除率的，扣除率调整为 9%。纳税人购进用于生产或者委托加工 13% 税率货物的农产品，按照 10% 的扣除率计算进项税额。纳税人购进国内旅客运输服务，其进项税额允许从销项税额中抵扣。通过减税让利，采取对生产、生活性服务业增加税收抵扣等配套措施，促进经济社会平稳健康发展。

至 2019 年 5 月，财政部陆续颁布了《政府会计准则》《政府会计制度》及《企业会计准则第 39 号——公允价值计量》《企业会计准则第 40 号——合营安排》《企业会计准则第 41 号——在其他主体中权益的披露》《企业会计准则第 42 号——持有待售的非流动资产、处置组和终止经营》等新准则，修订了《企业会计准则——基本准则》《企业会计准则第 2 号——长期股权投资》《企业会计准则第 9 号——职工薪酬》《企业会计准则第 14 号——收入》《企业会计准则第 16 号——政府补助》《企业会计准则第 22 号——金融工具确认和计量》《企业会计准则第 23 号——金融资产转移》《企业会计准则第 24 号——套期会计》《企业会计准则第 30 号——财务报表列报》《企业会计准则第 33 号——合并财务报表》《企业会计准则第 37 号——金融工具列报》《企业会计准则第 21 号——租赁》等。这些制度、准则的颁布和修订，吸收或借鉴了国际通行会计惯例的合理成分，实现了我国会计准则的突破和创新，缩短了与先进国家会计标准的距离，标志着我国实现了与国际会计惯例的趋同和协调。它对完善现代企业制度、提高广大财会人员的专业知识和水平、促进深化改革等，都将产生重大影响。为适应这些根本性的变革，满足全国广大财会人员和高等院校经济类、管理类学生学习会计理论和知识的需要，作者在多年教学与实践的基础上，编写出版了这本《基础会计学》。

基础会计是会计学科体系的重要组成部分，是学习会计专业技术的基础理论。熟练掌握基础会计知识，是学好会计学、当好会计的重要一环。本书主要阐述会计的基本理论、基本原理和基本方法，以及初级会计考试的主要知识点，包括会计确认、会计计量、会计记录、会计报告的基础知识和初级操作技术。本书的特点：一是会计基础知识系统化，按照教与学的客观规律，由简入繁、由浅入深，系统介绍基础会计的原理和初级操作技术。二是科学性和实用性相结合，紧密结合新《企业会计准则——基本准则》《政府会计准则——基本准则》以及具体会计准则的要求，吸收国内外最新会计学研究成果，系统阐述符合国际惯例的会计学的基础理论、基本知识和基本方法，力求实务与现实操作相结合，重点方法皆举例阐述，使读者参照教材上的例题就可以进行基本的账务处理。三是学习对象兼容性好，按照知识教育与素质教育、能力教育相结合的原则，不仅注意会计理论和方法的阐述，并且还注重能力的培养；不仅照顾在校大学生学习会计基础理论的需要，还兼顾参加国家层面会计人员技术职称考试的需要。读者逐章学习、逐章完成课后练习后，不仅能全面掌握基础会计全面的知识，培养自己独立进行基本账务处理的能力，还能满足参加初级会计师职称考试的需要。

本书每章均附有思考题并配有大量练习题（附有参考答案），可供高等院校作为教材，也可用作高职、中专教材，还可供广大会计人员和企业管理人员学习和参考，便于自学者学习。参加职称考试的会计人员，若能认真完成课后练习，会稳操胜券！

本书由师萍教授担任主编，王君萍、孙红梅、韩葱慧、张文利、王昊、张睿担任副主编，参加编写的作者有郝楠楠、张扬、常莉、韩洁、张心宽、刘薇、刘勇、刘琳琳、王勇、余晴瑶、靳小蕾、田谧、雷秋平、杨彩瑞、贾沛、孙荣新、宋明瑜、曾观群、李倩、陈静菲、杨莉、李晨晨、徐博宇、张梦迪、邓凯、解茹玉、唐丹妮、许丽君、曹丹、郭晓佳、徐晓薇、崔晓明、韩燕。

全书由师萍提出大纲，负责统稿，组织习题设计及核对等。西北大学经济管理学院院长吴振磊教授，党委书记杜勇，副院长李一凡、师博、马莉莉、李辉教授给予我们大力支持，在此表示深深的感谢！

师　萍

于西北大学长安校区

2019 年 6 月

目　录

第一章　绪　论 ... 1
第一节　会计的概念与目标 ... 1
第二节　会计的职能与方法 ... 7
第三节　会计基本假设与会计基础 ... 10
第四节　会计信息使用者及其质量要求 ... 13
第五节　会计准则体系 ... 15
思考与练习 ... 17

第二章　会计要素与会计等式 ... 20
第一节　会计要素 ... 20
第二节　会计等式 ... 29
思考与练习 ... 32

第三章　会计科目与账户 ... 38
第一节　会计科目 ... 38
第二节　账户 ... 42
思考与练习 ... 45

第四章　会计记账方法 ... 49
第一节　会计记账方法的种类 ... 49
第二节　借贷记账法 ... 51
第三节　总分类账户与明细分类账户的平行登记 ... 61
思考与练习 ... 66

第五章　企业主要经济业务的账务处理（一）... 71
第一节　企业主要的经济业务 ... 71
第二节　资金筹集业务的账务处理 ... 73
第三节　固定资产业务的账务处理 ... 79
第四节　材料业务的账务处理 ... 89
思考与练习 ... 96

第六章　企业主要经济业务的账务处理（二）... 100
第一节　生产业务的账务处理 ... 100
第二节　销售业务的账务处理 ... 110
第三节　期间费用的账务处理 ... 116
第四节　利润形成与分配业务的账务处理 ... 120

思考与练习···130

第七章　会计凭证···135
　　第一节　会计凭证概述···135
　　第二节　原始凭证··137
　　第三节　记账凭证··144
　　第四节　会计凭证的传递与保管··152
　　思考与练习···154

第八章　会计账簿···160
　　第一节　会计账簿概述···160
　　第二节　会计账簿的启用与登记要求·····································164
　　第三节　会计账簿的格式与登记方法·····································165
　　第四节　对账与结账···174
　　第五节　错账查找与更正的方法··177
　　第六节　会计账簿的更换与保管··179
　　思考与练习···180

第九章　账务处理程序··187
　　第一节　账务处理程序概述··187
　　第二节　记账凭证账务处理程序··188
　　第三节　汇总记账凭证账务处理程序·····································189
　　第四节　科目汇总表账务处理程序··191
　　思考与练习···192

第十章　财产清查···199
　　第一节　财产清查概述···199
　　第二节　财产清查的方法···202
　　第三节　财产清查结果的处理···207
　　思考与练习···213

第十一章　财务报表···219
　　第一节　财务报表概述···219
　　第二节　资产负债表···222
　　第三节　利润表··227
　　第四节　综合举例··231
　　思考与练习···238

第十二章　会计档案···245
　　第一节　会计档案概述···245
　　第二节　会计档案的归档和保管··246
　　第三节　会计档案的销毁与移交··250
　　思考与练习···252

附录　习题参考答案···254

第一章 绪 论

第一节 会计的概念与目标

一、会计的概念与特征

(一) 会计的概念

会计是以货币为主要计量单位，运用专门的方法，核算和监督一个单位经济活动的一种经济管理工作。

单位是国家机关、社会团体、公司、企业、事业单位和其他组织的统称。未特别说明时，本书主要以《企业会计准则》为依据，介绍企业经济业务的会计处理。

会计是现代企业一项重要的经济管理工作。企业会计主要是通过一系列会计方法和程序，对企业的经济活动和财务收支进行核算和监督。企业会计信息反映企业财务状况、经营成果和现金流量，反映企业管理层受托责任履行情况，为会计信息使用者提供决策有用的信息，企业会计参与经营管理决策，提高企业经济效益，促进市场经济健康有序发展。

会计和管理之间有着密切的关系：一方面，管理越现代化，对会计的要求就越高，管理的发展决定着会计的发展；另一方面，会计事前计算中的财务计划、事中计算中的账簿与报表、事后计算中的审计，以及全过程的内部控制，更是管理过程中必不可少的环节。显然，如果管理没有真实的会计信息，没有详细的记录、计算和分析，没有有效的监督和控制，就谈不上有效的管理。

长期以来，会计使用一系列专门方法，通过严密的规则与科学程序，将日常业务活动记录下来，从各个角度反映企业的财务状况和经营成果，为各方提供其所需的信息资料，成为经济活动和企业生产经营过程的"信息系统"，在经济管理中得到广泛的应用。

会计所提供的信息是企业一定时期生产经营的全过程和处于这一过程的资金、物质、人才、能源等要素在变动中的数量表现，了解了这些也就掌握了企业的基本情况。要深入了解和研究企业，就需要深入了解和研究企业生产诸要素的动态变化及结果，这些资料很大部分来自会计资料。只有懂得会计，才能够真正了解企业的经营业绩、获利能力、偿债能力、资产运营能力、信用状况、发展前景等。在这个意义上，人们认为会计是"工商业的语言"。

(二) 会计的基本特征

1. 会计是一种经济管理活动

会计的经济管理活动特征，主要是从历史发展和现实状况以及会计处理业务的一整套程序来看的。会计在经济管理活动中对企业的经营状况和经营成果进行的综合财务分析和报告，使管理者不但可以了解企业实现利润的多少和偿债能力的高低，而且可以发现企业经营风险的大小和企业资金结构的优劣，帮助管理者在企业运营的诸多方面作出正确决策，用最小的风险、最健康的财务状况来实现最大的利润。

2. 会计是一个经济信息系统

会计的这一特征，主要是指人们利用会计的数量计算，使用一系列专门方法，通过严密的规则与科学的程序，将日常业务活动记录下来，并从各个角度，以各种形式反映企业财务状况和经营成果，为信息使用者提供资料。

随着社会经济和科学技术的发展，大量股份公司的涌现，企业所有权与经营权的分离，企业所有者（投资者）往往不直接参与经营管理，而是委托专业的经理人来经营管理企业，所有者只能通过会计信息来了解企业的经营状况，对经理人的责任履行情况进行判断，从而作出相应的决策。因此，"经济越发展，会计越重要"已经在世界范围内形成共识。

3. 会计以货币为主要计量单位

会计以货币作为主要计量单位，也称货币计价，是指会计主体在会计核算过程中采用货币作为计量单位，计量、记录、报告会计主体的生产经营情况。

从数量方面核算企业的经济活动，可以采用实物计量单位、货币计量单位、劳动计量单位等。在市场经济条件下，为了有效地进行管理，就必须广泛地利用综合的价值形式计算经济活动过程中使用的财产物资、发生的劳动耗费及劳动成果等。所以，以货币为主要计量单位，从数量方面综合核算各单位经济活动情况，是现代会计的一个重要特征。

4. 会计具有核算和监督的基本职能

会计的基本职能，包括进行会计核算和实施会计监督两个方面。

（1）会计的核算职能。指会计以货币为主要计量单位，通过确认、记录、计算、报告等环节，对特定主体的经济活动进行记账、算账、报账，为各有关方面提供会计信息的功能。

我国《会计法》第十条规定："下列经济业务事项，应当办理会计手续，进行会计核算：（一）款项和有价证券的收付；（二）财物的收发、增减和使用；（三）债权债务的发生和结算；（四）资本、基金的增减；（五）收入、支出、费用、成本的计算；（六）财务成果的计算和处理；（七）需要办理会计手续、进行会计核算的其他事项。"这一条款包括两层意思：

第一，一切经济业务都必须在发生时在会计上进行记录、计算、反映，不能错漏。

第二，一切经济业务都必须由经办人员和会计人员按照规定办理会计手续，包括计量检验、办理财务收支的审批和领批手续、取得和填制原始凭证等。

以上两点是保证会计核算数字真实、准确、完整的基础和前提，是会计作为经济管理工作与其他管理工作相区别的重要标志。

（2）会计监督职能。指会计人员在进行会计核算的同时，对特定主体经济活动的真实性、合法性和合理性进行审查。

我国《会计法》对会计监督作了具体规定，在进一步明确政府监管和社会监督的具体要求的基础上，突出了内部控制的内容。《会计法》第二十七条明确规定："各单位应当建立、健全本单位内部会计监督制度。"第三十三条规定："财政、审计、税务、人民银行、证券监管、保险监管等部门应当依照有关法律、行政法规规定的职责，对有关单位的会计资料实施监督检查。"

会计的两项基本职能是相辅相成、辩证统一的关系。会计核算是会计监督的基础，没有核算所提供的各种信息，监督就失去了依据；而会计监督又是会计核算质量的保障，只有核算、没有监督，就难以保证核算所提供信息的真实性、可靠性。只有把这两个职能结合起来，才能充分发挥会计在经济管理中的作用。随着科学技术的进步、社会经济关系的日益复杂和管理理论的不断深化，会计所发挥的作用日益重要，其职能也在不断丰富和发展。

5. 会计采用一系列专门方法

会计方法是指会计在核算和监督会计对象，完成会计任务时所运用的业务技术方法。会计方法作为一种业务技术方法，在很大程度上取决于社会生产力的水平。会计方法是从会计实践中总结出来的，随着会计的内容日趋复杂，会计的含义不断发展，会计方法也在不断改进和发展之中，它经历了由简单到复杂、由不完善到逐步完善的漫长的发展历程。

会计的一系列专门方法由填制和审核会计凭证、设置会计科目和账户、复式记账、登记会计账簿、成本计算、财产清查、编制财务会计报告等专门方法构成。它们相互联系、紧密结合，确保会计工作有序进行。

随着社会生产力的不断发展、信息技术不断进步，会计核算系统中原先依靠人工的记账、结账、报表等，已经被计算机所代替。这些都使会计核算方法更加完善，会计信息更加准确、及时。

（三）会计的发展历程

会计是人类社会生产经营活动发展的产物，是适应社会生产实践和经营管理的需要而发展起来的。物质资料生产是人类社会赖以生存和发展的基础。在生产活动中，为了获得一定的劳动成果，必然要耗费一定的人力、财力、物力。人们一方面关心劳动成果的多少，另一方面也注重劳动耗费的高低。在人类社会的早期，人们只是凭借头脑来记忆经济活动过程中的所得与所费。随着生产活动日趋纷繁复杂，大脑记忆已无法满足上述需要，于是，便产生了专门记录和计算经济活动过程中所得与所费的会计。随着生产与经营活动的进一步发展，会计已由简单的记录和计算，逐渐发展成以货币为计量单位综合地核算和监督经济活动过程的一种价值管理活动。

会计随着人类社会生产的发展和经济管理的需要而产生、发展，并不断得到完善。其中，会计的发展可划分为古代会计、近代会计和现代会计三个阶段。

1. 古代会计

会计作为一种计算、记录和考核收支的工具，无论在我国还是在外国都有着悠久的历史。据马克思考证，在印度的原始公社里，就已经有了记账员，登记农业账目，登记和记录与此有关的一切事项。世界上著名的文明古国，如中国、巴比伦、罗马、埃及、印度与希腊都曾留下对会计活动的记载。当时的会计基本上只是些简单的记录，是会计的雏形，复式记账也尚未出现。

古代会计，从时间上划分，是从旧石器时代的中晚期至封建社会末期这段漫长时期。

从会计所运用的主要技术方法方面看，主要涉及原始计量记录法、单式账簿法和初创时期的复式记账法等。此期间的会计所进行的计量、记录、分析等工作一开始是同其他计算工作混合在一起，经过漫长的发展过程后逐步形成一套具有自己特征的方法体系，成为一种独立的管理工作。

我国在公元前1000年的西周就已经有"会计"称号（郭道扬《中国会计史稿》，1982）；公元900年的宋朝就已经"账""表"齐全，有了较完整的结账公式和财务报告，并在会计账册与报表中并列四大要素（即四柱）——"旧管""新收""开除""实在"，并据它们之间的内在联系，按一定的公式计算、考核一定时期财产物资和财务收支的增减变动情况及其结果，称为"四柱清册"。

"四柱清册"的基本公式是"旧管＋新收－开除＝实在"，相当于现代的"期初余额＋本期收入－本期支出＝期末余额"。它既可用于检查日常会计记录的正确性，又分类汇总日常会计记录，使之起到系统与综合反映的作用。"四柱清册"的创立和运用，是我国宋代中式会计方法的重大突破，不仅解决了会计结算方法的科学性问题和会计核算中的一系列技术性问题，并使结账、报账工作提高到了新的水平，使我国传统的单式记账方法得到进一步的完善，而且为我国由单式记账发展到复式记账奠定了基础。可以说，"四柱清册"是中式会计方法的精髓，是我国会计发展史上的里程碑，也是我国会计对世界会计方法的一个重要贡献，对世界其他国家会计核算都曾产生过重要影响。

2. 近代会计

近代会计始于复式簿记形成前后的一段时期，即从1494年起至20世纪40年代末止的这一时期。

公元13世纪，处于封建时期的意大利，地中海沿岸的某些城市，如威尼斯、热那亚、佛罗伦萨等，手工业、商业和金融业较为发达，产生了资本主义生产的最初萌芽，成为推动会计发展的重要因素，出现了较为科学的借贷复式记账法。1494年，意大利数学家卢卡·巴其阿勒所著数学专著《算术·几何·比及比例概要》（又译为《数学大全》）一书在威尼斯出版发行。这一著作的第3卷第9部全面系统地总结了当时流传于威尼斯一带的复式记账法，并从理论上加以说明。随着社会化生产规模的扩大和管理水平的不断提高，会计理论和实务也日趋完善。

近代会计在方法、技术与内容上有两个重大发展：一是复式记账法的创立、完善和推广；二是成本会计的产生和迅速发展，继而成为会计学的重要分支。

3. 现代会计

现代会计的时间跨度一般认为是自20世纪50年代开始至今。人们在1929—1933年美国经济危机期间，反思危机发生的原因时，认为松散、不规范的会计核算是引致经济危机爆发的主要原因之一。为了挽救美国经济、解除危机，会计界认为必须着手制定规范的会计准则。1934年，第一批会计准则得到纽约证券交易所和会计师协会的共同认可，这些准则共包括6项内容，即：

（1）利润必须实现；

（2）资本盈余不得用以调剂任何一年的当年收益；

（3）子公司并购前存在的盈余不得算作母公司的已赚取盈余；

（4）公司职员的应收票据与应收账款单独列示；

(5) 库藏股股利不得作为收益;

(6) 捐赠资本不作为盈余。

现代会计的诞生,以"公认会计准则"的"会计研究公报"的出现为起点。这一阶段,会计技术和内容的发展有两个重要标志:一是会计核算手段出现质的飞跃,即现代电子技术与会计融合导致的会计电算化;二是会计伴随着生产和管理科学的发展而分化为财务会计和管理会计两个分支。1946年美国诞生了第一台电子计算机,1953年计算机在会计中得到初步应用,其后迅速发展。至20世纪70年代,发达国家就已经应用电子计算机处理会计数据,建立了电子计算机的全面信息管理系统。目前,世界上大多数国家企业、单位的会计,都非常广泛地应用计算机软件来处理会计业务,使会计处理业务的能力和效率迅速提高。

会计进入现代会计阶段,理论与实务都取得惊人的发展,标志着会计的发展进入成熟时期。1952年从财务会计中分离出"管理会计",在世界会计学会上获得正式通过,这是现代会计的又一重大进展,使会计的职能除核算和监督外,还有参与企业经济决策、预测经济前景、评价经营业绩等职能。这一时期,科学技术水平的提高也对会计的发展起了很大促进作用,数学、管理科学、计算机与会计的结合,使会计的效率迅速提高,扩大了会计信息的范围,提高了会计信息的及时性、精确性,提升了会计在人类经济生活中的地位和作用。

会计随着社会生产的发展而发展,与经济管理活动紧密地联系在一起。随着社会经济的发展,生产规模的扩大,社会化程度的日益提高以及生产过程的日趋复杂,会计技术和方法经历了由简单到复杂、由低级到高级、从不完善到逐渐完善的漫长发展过程。进入20世纪中后期,随着信息技术的飞速发展及其广泛应用,全球化、信息化、网络化,人类进入了以知识驱动为基本特征的崭新的经济时代。面对整个经济环境的变化,无论是会计实践还是会计理论,都进入了一个新的、更快的发展阶段,同时也面临着更多的挑战。

会计按服务对象不同,主要分为财务会计和管理会计。财务会计主要侧重于向企业外部关系人提供有关企业财务状况、经营成果和现金流量等情况的信息;管理会计主要侧重于向企业内部管理者提供进行经营规划、经营管理、预测、决策所需要的相关信息。

二、会计的对象与目标

(一) 会计的对象

会计的对象是指会计所核算和监督的内容,具体是指社会再生产过程中能以货币表现的经济活动,即资金运动或价值运动。凡是特定主体能够以货币表现的经济活动,都是会计核算和监督的内容,也就是会计的对象。

研究会计对象的目的,是明确会计在经济管理中的活动范围,确定会计的任务,建立和发展会计的方法体系。

由于各单位的性质不同,经济活动的内容不同,会计的具体对象也就不尽相同。下面以制造业为例说明企业会计的具体对象。制造业是从事工业生产和销售的营利性经济组织。为了从事产品的生产与销售活动,企业必须拥有一定数量的资金。资金是指企业所拥有的各项财产物资的货币表现。资金运动表现为企业资金投入、资金运用和资金退出三个过程，资金在这个过程中变换着占用形态，形成资金循环。制造业的资金循环，如图1-1所示。

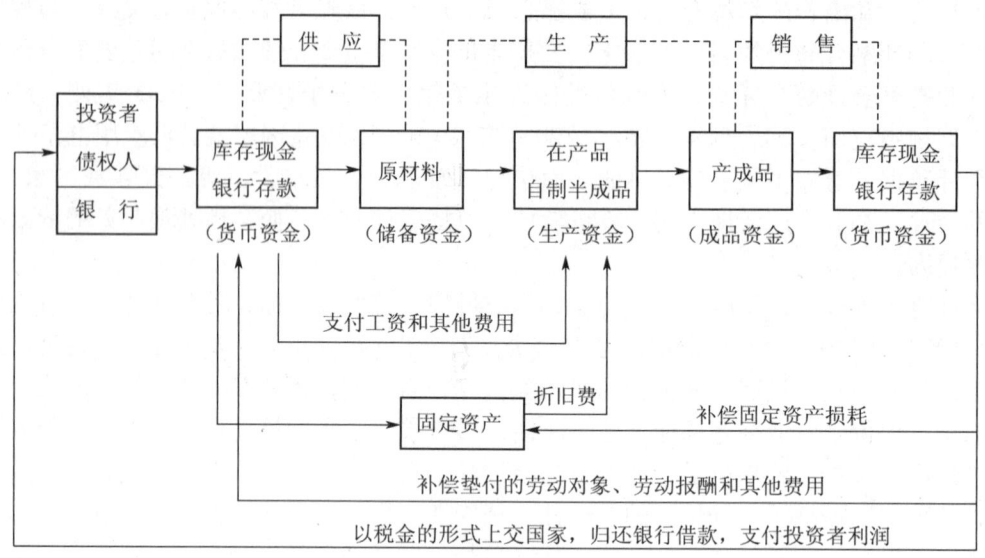

图1-1 制造业的资金循环

资金投入包括投资者投入资金和债权人投入资金两部分。前者属于企业所有者权益，后者属于企业债权人权益——企业负债。投入企业的资金，一部分构成流动资产，另一部分构成非流动资产。

资金运用（资金的循环和周转）分为供应、生产、销售三个阶段。在供应过程中，企业要购买原材料等劳动对象，发生材料费、运输费、装卸费等材料采购成本，与供应单位发生货款的结算关系。在生产过程中，工人借助劳动手段将劳动对象加工成特定产品，发生消耗的材料费、固定资产磨损的折旧费、生产工人的工资等费用，构成产品成本。在销售过程中，企业把生产的产品销售出去，发生销售费用、收回货款、交纳税金等业务活动，并同购货单位发生货款结算关系、同税务机关发生税金结算关系等。企业获得的销售收入，扣除各项费用成本及税款后的利润，还要提取盈余公积并向投资者（所有者）分配利润。

资金退出包括偿还各项债务、上交各项税金、向投资者分配利润等，这部分资金离开企业，退出企业的资金循环与周转。

值得注意的是，不是企业生产经营过程的全部内容都是会计核算和监督的对象，只有能以货币计量的经济活动，才是会计核算和监督的内容。

（二）会计目标

会计目标也称会计目的，是要求会计工作完成的任务或达到的标准，即向财务会计报告使用者提供与企业财务状况、经营成果和现金流量等有关的会计信息，反映企业管理层受托责任的履行情况，有助于财务会计报告使用者作出经济决策。

会计主要以财务会计报告形式提供信息，因此会计目标也称财务会计报告目标。

财务会计报告使用者主要包括投资者、债权人、政府有关部门、企业经营管理者、企业职工等。由于财务会计报告使用者的身份不同，他们对会计信息的需求也有所不同。而会计不可能为某一类使用者专门编制单独设计的会计报表，只能提供通用会计报表，使每一类使用者都能够从中获取对自己有用的信息。因此，在设计和编制财务会计报告时，必须考虑其通用性、相关性，以满足不同使用者的需要。我国《企业会计准则第30号——财务报表列报》规定，企业对外报送的会计报表至少包括资产负债表、利润表、现金流量表、所有者权益变动表（或股东权益变动表）。通过财务会计报表，投资者可以了解企业的财务状况和经营成果，债权人可以了解企业的偿债能力，政府有关部门（包括税收部门）和社会公众可以了解企业纳税义务的履行情况、环境保护情况等，企业管理者可以了解经营活动过程和结果。

第二节 会计的职能与方法

一、会计的职能

会计的职能是指会计在经济管理过程中所具有的功能。会计具有会计核算和会计监督两项基本职能和预测经济前景、参与经济决策、评价经营业绩等拓展职能。

（一）基本职能

1. 核算职能

会计的核算职能，又称会计反映职能，是指会计以货币为主要计量单位，对特定主体的经济活动进行确认、计量和报告。

会计的核算职能贯穿于经济活动的全过程，是会计的最基本职能。会计通过对特定主体的经济活动进行确认、计量和报告，如实反映特定主体的财务状况、经营成果（或运营绩效）和现金流量等信息。会计确认解决的是定性问题，以判断发生的经济活动是否属于会计核算的内容、归属于哪类性质的业务，是作为资产还是负债或其他会计要素等。会计计量解决的是定量问题，即在会计确认的基础上确定具体金额。会计报告是确认、计量和记录的结果，即通过将经过确认、计量的经济业务通过一定方法记载下来，将结果进行归纳和整理，以财务会计报告的形式提供给信息使用者。

2. 监督职能

会计的监督职能，又称会计控制职能，是指对特定主体经济活动和相关会计核算的真实性、合法性和合理性进行监督检查。

会计监督是一个过程，贯穿于经济活动的全过程。它分为事前监督、事中监督和事后监督。事前监督是在经济活动发生前进行的监督，主要是对未来经济活动是否符合法规政策规定、在经济上是否可行等进行分析判断，以及为未来经济活动制定定额、编制预算等。事中监督是指对正在发生的经济活动过程及其核算资料进行审查，并据以纠正经济活动过程中的偏差和失误，使其按预定计划进行。事后监督是对已发生经济活动及核算资料进行的审查。

会计的核算职能和监督职能是相辅相成、辩证统一的关系。核算是会计的首要职能，是会计监督的基础。没有核算所提供的各种信息，监督就失去了依据。监督是会计核算的保证，只有核算而无严格的会计监督，就难以保证核算所提供信息的真实性、可靠性、完整性，会计核算也就失去了存在的意义。可见，会计通过核算为管理提供会计信息，又通过监督直接履行管理职能，两者必须结合起来发挥作用，才能正确及时、真实完整地反映经济活动。

（二）拓展职能

1. 预测经济前景

会计提供了企业在一定时期生产经营的全过程和处于这一过程各要素变动情况的信息。管理者利用会计信息了解企业基本情况，掌握企业经营状况、获利能力、偿债能力和资产运营能力，就能预测企业经济前景，为决策提供有用信息。

2. 参与经济决策

会计，尤其是管理会计，可以参与经济决策，加强内部管理，提升企业持续经营能力和市场竞争能力。

3. 评价经营业绩

企业的经营业绩主要是通过会计提供的指标计算和反映的，它是评价企业经营业绩的主要依据。

二、会计核算方法

会计核算方法是指对会计对象进行连续、系统、全面、综合的确认、计量和报告所采用的各种方法。

（一）会计核算方法体系

会计核算方法体系由填制和审核会计凭证、设置会计科目和账户、复式记账、登记会计账簿、成本计算、财产清查、编制财务会计报告等专门方法构成。会计方法是用来核算和监督会计对象、完成会计任务的手段。会计拥有一系列专门方法，是会计的一个基本特征。

1. 填制和审核凭证

填制和审核凭证是为了保证会计核算资料的完整与可靠，审查经济业务是否合理、合法而采用的一种专门方法。会计凭证是记录经济业务、明确经济责任的书面证明，是登记账簿的依据。对于任何一项经济业务都要按照实际执行或完成情况填制凭证，所有凭证都要经过会计部门的认真审核。我国《会计法》第二十八条规定："会计机构、会计人员对违反本法和国家统一的会计制度规定的会计事项，有权拒绝办理或者按照职权予以纠正。"只有审核无误的原始凭证才能作为记账的凭据。填制和审核会计凭证是会计核算的起点。

2. 设置会计科目和账户

设置会计科目和账户是对会计对象的具体内容进行归类核算、监督的一种专门方法。

由于企业、事业等单位会发生各种各样复杂的经济活动，为了全面系统地反映和记录，需要对经济业务按其内容进行分类。每类予以明确的经济内容，赋其简明扼要的名称，就是会计科目。账户是为了系统地登记各类经济业务的增减变动及其余额而按照会计科目设置的系统记载的簿籍，它是获得系统会计信息的必要条件。

3. 复式记账

复式记账是通过至少两个账户来记录每一项财务收支及其他经济活动的一种方法。采用复式记账可以相互联系地反映经济业务的全貌，也便于核对账簿记录是否正确。

4. 登记会计账簿

登记会计账簿是在账簿中全面、连续、系统、分类地记录各种经济业务运用的一种专门方法。登记会计账簿与设置会计科目和账户有密切联系：设置会计科目和账户是为了对会计对象的具体内容进行归类核算，以便取得经营管理所需要的各种不同指标。要取得各种指标，就需要借助于会计账簿记录的资料。账簿记录要以审核无误的凭证为依据，既要按照科目和账户的具体内容分别反映经济业务，又要按照时间先后顺序记录经济业务，才能为经济管理提供系统、完整的数据和信息。

5. 成本计算

成本计算是按照一定对象归集各个经营过程中所发生的费用，计算各个对象总成本和单位成本的一种专门方法。成本计算主要是企业会计采用。企业会计为执行配比原则，需将各经营过程中发生的费用和支出按照一定对象加以归集，计算出各对象的成本。例如，在工业企业中，采购材料的费用要按每种材料归集；生产过程中生产产品所发生的费用要按每种产品归集；出售产品所发生的费用要按售出产品的品种归集等。通过这些费用的归集，计算出各成本计算对象的总成本和单位成本。商品流通企业要计算商品的购进和销售成本，建筑安装和施工企业要计算建筑材料、器材采购成本和工程施工成本等。成本与利润息息相关，只有正确计算成本，才能客观确定利润。

6. 财产清查

财产清查是通过盘点实物、核对往来款项来查明财产和资金实有数额的一种专门方法。在会计工作中，虽然运用一系列专门方法将各种财产物资的结存数额在账簿中进行记录和核算，但账面反映财产物资的结存数额是否与实际结存的数额完全相符，需要用财产清查方法查对核实。通过财产清查，一方面查明财产物资实存数，保证账实相符；另一方面检查各种财产物资的储备保管情况和各种应收、应付款项的结算情况，防止物资的积压、毁损和各种应收、应付款项长期拖欠不清。

7. 编制财务会计报告

编制财务会计报告是以书面报告的形式，定期总括地反映企业、单位经济活动情况和结果的一种专门方法。会计账簿记录的资料虽全面、连续，但分散在各种账簿之中，是零星的。为了集中地反映出一定时期企业、单位经济活动的全貌，就需通过编制财务会计报表把各账簿中分散的资料集中起来，归纳整理，使之系统化、综合化，并按一定的格式予以总括反映，为报表使用者提供信息资料。

（二）会计循环

会计循环是指按照一定的步骤反复运行的会计程序。

从会计工作流程看，会计循环由确认、计量和报告等环节组成；从会计核算的具体内容看，会计循环由填制和审核会计凭证、设置会计科目和账户、复式记账、登记会计账簿、成本计算、财产清查、编制财务会计报告等组成。它们相互联系、紧密结合，确保会计工作有序进行。这些方法相互配合运用的程序是：

① 经济业务发生后，取得和填制会计凭证，并加以审核。

② 按照设置的会计科目对经济业务进行分类核算，并应用复式记账法在有关账簿中进行登记。

③ 对于生产经营中各种费用进行成本计算。

④ 对账簿记录通过财产清查加以核实，保证账实相符。

⑤ 一定时期末了，根据账簿记录资料和其他资料，在账证、账账和账实相符的基础上进行必要的加工计算，编制财务会计报告。

会计的核算方法体系和循环，可概括为图1-2。

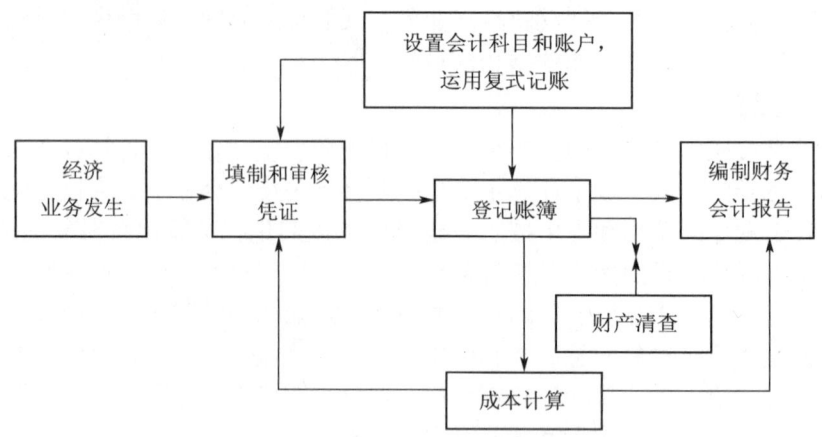

图1-2　会计核算方法体系和循环

第三节　会计基本假设与会计基础

一、会计基本假设

会计基本假设是企业会计确认、计量和报告的前提，是对会计核算所处时间、空间环境等所作的合理设定。会计基本假设包括会计主体、持续经营、会计分期和货币计量。

（一）会计主体

会计主体是指企业会计确认、计量和报告的空间范围，即会计核算和监督的特定单位。

会计主体界定了会计的空间范围。

会计主体与法律主体（法人）并非是对等的概念，会计主体不等同于法律主体。一般来说，法律主体必然是一个会计主体，但会计主体不一定是法律主体。

每一会计主体在社会上应具有独立性，成为一个有独立资金、能独立地进行生产经营活动和业务活动的会计核算单位。会计工作即是在这个主体内进行的，会计报表也只能是反映这个主体的报表。会计主体可以是一个特定的企业（如股份有限公司、合伙或独资企业），也可以是一个企业的某一特定的组成部分（如分公司、部门、国外的子公司等），还可以是一个具有特定业务的非营利性组织（如国家某一机关、学校、社会团体等）。会计主体可以是法人，也可以是非法人；可以是单个企业，也可以是几个企业组成的联营公司或企业集团。

会计主体应是有能力拥有经济资源、承担经济义务、实行独立核算的特定单位或组织。典型的会计主体是企业。我国《企业会计准则——基本准则》第五条规定："企业应当对其本身发生的交易或者事项进行会计确认、计量和报告。"也就是说，企业会计只核算企业主体本身的生产经营活动，而不核算企业的投资者或所有者的经济活动，也不核算其他企业或其他经济主体的经济活动。只有这样才能正确反映会计主体的财务状况、经营成果和现金流量，提供有用的会计信息。

在会计主体假设下，会计核算应当以企业发生的各项交易或事项为对象，记录和反映单位自身的生产经营活动。明确会计主体的前提，一是可以划定会计所要处理的各项交易或事项的范围；二是可以将会计主体的经济活动与会计主体所有者的经济活动区分开来。

（二）持续经营

持续经营是指在可以预见的将来，会计主体将会按当前的规模和状态持续经营下去，不会停业，也不会大规模削减业务。我国《企业会计准则——基本准则》第六条规定："企业会计确认、计量和报告应当以持续经营为前提。"也就是说，一个企业，除非能够明确地确定是个短期经营企业，否则便要假定它将无限地持续经营下去，所有的负债将会得到偿付。只有这样才能对会计业务的处理和会计报告的有用性作出肯定，会计信息的收集和处理所使用的会计处理方法也才能保持稳定。

提出持续经营这一前提条件，主要是为了解决资产估价、费用分配等问题。在持续经营前提下，企业所拥有的资产将在正常的经营过程中被耗用、售出或转让，所承担的债务将依照正常经营条件下所规定的偿还条件予以清偿。企业应在持续经营前提下，设计和选择会计处理方法。例如，对固定资产应按原始价值入账，固定资产的价值应按其使用年限分期摊入费用，应付账款应按原来的规定条件偿还等。如果没有持续经营这一前提，则要考虑企业清算等因素。在清算条件下，固定资产的价值必须按实际变现价值计算，资产价值也不能按使用年限分期摊入费用，应付账款等各种负债必须按资产变现后的实际负担能力清偿。由此可见，只有在持续经营的前提下，会计核算所使用的会计处理方法和程序才能保持稳定和一致，企业的会计记录和财务会计报告也才能真实可靠。

（三）会计分期

会计分期是指将一个企业持续经营的经济活动划分为一个个连续的、长短相同的期间，以便分期结算账目和编制财务会计报告。

会计期间分为年度和中期。中期是指短于一个完整的会计年度的报告期间。

会计分期是对会计主体活动的时间范围划分若干期间的限定。每一个单位的经济活动都是川流不息的，时间本身具有不间断性。为了定期总结各个单位的经济活动和财务收支的结果，必须将这个川流不息的经济过程人为地划分为若干期间（一年、一季、一月等），即会计期间，每一期间终了结一次账，编制和上报会计报表，反映和提供该期间的经济信息资料。我国《企业会计准则——基本准则》第七条规定："企业应当划分会计期间，分期结算账目和编制财务会计报告。"

从理论上说，在企业持续经营的情况下，其经营成果要等到企业的全部经营活动最终结束后才能准确计算。但会计信息的使用者需要及时取得有关会计信息，因此需要人为地将企业持续不断的经营活动划分为若干连续的、长短相等的期间，分期反映企业的财务状况、经营成果和现金流量。这种人为划分的期间就是会计期间。

（四）货币计量

货币计量是指会计主体在会计确认、计量和报告时以货币作为计量尺度，反映会计主体的经济活动。

在会计核算中选用货币作为计量单位，是由货币的本身属性所决定的。货币具有衡量一般商品价值的共同尺度，具有价值尺度、流通手段、贮藏手段、支付手段四大基本功能。采用货币计量容易进行统一汇总和计算。但是，采用货币计量必须同时附带两个假设：一是货币的币值不变（或比较稳定）；二是币种的惟一性。因此，我国《企业会计准则——基本准则》第八条规定："企业会计应当以货币计量。"

企业会计核算应以人民币作为记账本位币，业务收支以人民币以外的货币为主的单位，可以选定其中一种货币作为记账本位币，但编制的财务会计报告应当折算为人民币反映。在境外设立的中国企业向国内报送的财务会计报告，应当折算为人民币。

二、会计基础

会计基础是指会计确认、计量和报告的基础，包括权责发生制和收付实现制。

（一）权责发生制

权责发生制，也称应计制，是指收入、费用的确认应当以收入和费用的实际发生作为确认的标准，合理确认损益的一种会计基础。我国《企业会计准则——基本准则》第九条规定："企业应当以权责发生制为基础进行会计确认、计量和报告。"

权责发生制要求，凡当期已经实现的收入和已经发生或应当负担的费用，无论款项是否收付，都应当作为当期的收入和费用，计入利润表；凡是不属于当期的收入和费用，即使款项已在当期收付，也不应当作为当期的收入和费用。

（二）收付实现制

收付实现制，也称现金制，是以收到或支付现金作为确定收入和费用的标准，是与权责发生制相对应的一种会计基础。

按照收付实现制，收入和费用的归属期间将与现金收支行为的发生与否紧密地联系在一起。换言之，现金收支行为在其发生的期间全部记作收入和费用，而不考虑与现金收支行为相连的经济业务在实质上是否发生。

事业单位会计核算一般采用收付实现制；事业单位部分经济业务或者事项，以及部分行业事业单位的会计核算采用权责发生制核算的，由财政部在相关会计制度中具体规定。

我国的《政府会计准则——基本准则》规定，政府会计由预算会计和财务会计构成。预算会计实行收付实现制（国务院另有规定的，依照其规定），财务会计实行权责发生制。

第四节 会计信息使用者及其质量要求

一、会计信息的使用者

会计信息的使用者主要包括投资者、债权人、企业管理者、政府及其相关部门和社会公众等。

（一）投资者

投资者按照投资合同、协议、章程的约定，履行出资义务，形成企业的资本金。企业利用资本金进行经营，实现利润后，有义务按照出资比例或合同、章程的规定，向所有者支付报酬。对投资者而言，通过对企业财务报表的阅读和分析，可重点了解其投资的安全、完整、能够收回和投资报酬的情况，了解企业资本结构的变化、未来获利能力和利润分配政策等。

企业同投资者之间的关系，体现着所有权的性质，反映着所有权和经营权的关系。

（二）债权人

债权人是"债务人"的对称，债的主体之一，即给企业提供贷款的机构或个人（贷款债权人）和以出售货物或劳务形式提供短期融资的机构或个人（商业债权人）。贷款债权人最关心的是债权的安全，包括贷款到期的收回和利息的偿付。

对债权人而言，通过对财务报表的阅读和分析，需重点了解企业的偿债能力、获利能力和现金流量，了解有无其他需要到期偿还的贷款，了解债权的保障和利息的获取，即债务人是否有足够的能力按期偿付债务等情况。

（三）企业管理者

企业管理者是对企业的生产经营活动进行计划、组织、指挥、协调和控制的人。由于企业的财务报表能够揭示企业一定时期财务状况、经营成果和现金流量，管理者通过财务报表，须了解企业各项经营指标计划（包括资金、成本、效益等）的完成情况，分析、评价经营管理中的成绩和不足，以便采取措施，提高经济效益。

（四）政府及相关部门

政府即国家权力的执行机关，是国家行政机关。对政府及相关部门而言，通过阅读和分析企业的财务报表，可了解企业的经营活动，社会资源的分配情况，作为决定税收等经济政策和国民收入等统计资料的基础。具体来说包括：

1. 财税部门

财税部门是财政部门和税务部门的总称。财政部门是从中央到地方的政府行政机关中负责财政管理工作的机构;税务部门是管理国家税收的政府部门。会计信息对财税部门来说,有助于他们了解企业资金筹集和运用是否合理,检查企业税收、利润计划的完成与解缴的情况,以及有无违反税法和财经纪律的现象,以更好地发挥财政、税收的监督职能。

2. 银行

银行是依法经营货币信贷业务的金融机构。通过会计信息,银行可以考查企业流动资金的使用情况,分析银行借款的物资保证程度,研究企业资金的正常需要量,了解银行借款的归还以及信贷纪律的执行情况,充分发挥银行经济监督和经济杠杆作用。

3. 审计部门

这里的审计部门是指国家审计机关。通俗地说,国家审计部门通过检查账目及相关资料监管督促被审计单位履行职能,遵守法律法规,贯彻、执行和落实党和国家的经济方针政策。国家审计机关属于最高层次的经济监督部门,是行政法人。

审计部门利用会计信息了解企业财务状况和经营情况,以及财经政策、法令和纪律执行情况,从而为进行财务审计和经济效益审计提供必要的资料。

4. 主管部门

主管部门就是主管某个方面的政府部门,是指一个单位的上级(政府)管理机构。对主管部门来说,会计信息有利于考核所属单位的经营业绩以及各项经济政策贯彻执行情况,并通过所属单位同期指标的对比分析,总结成绩、推广先进经验;有利于发现问题,分析原因,采取措施,克服薄弱环节;有利于在一定范围内反映国民经济计划执行情况,为国家宏观管理提供依据。

(五)社会公众和潜在投资者

社会公众是社会上的自然人,潜在投资者就是准备投资或者打算投资的自然人或法人。对于社会公众和潜在投资者来说,会计信息有利于他们分析企业的情况,评价企业的业绩,为未来投资决策提供依据。

二、会计信息的质量要求

会计信息的质量要求是对财务会计报告中所提供高质量会计信息的基本规范,是使财务会计报告所提供会计信息对投资者等使用者决策有用应具备的基本特征。主要包括可靠性、相关性、可理解性、可比性、实质重于形式、重要性、谨慎性和及时性等。我国《企业会计准则——基本准则》第十二条规定:"企业应当以实际发生的交易或者事项为依据进行会计确认、计量和报告,如实反映符合确认和计量要求的各项会计要素及其他相关信息,保证会计信息真实可靠、内容完整。"这是对会计信息质量提出的原则性要求。

1. 可靠性

可靠性要求企业应当以实际发生的交易或者事项为依据进行会计确认、计量和报告,如实反映符合确认和计量要求的各项会计要素及其他相关信息,保证会计信息真实可靠、内容完整。

2. **相关性**

相关性要求企业提供的会计信息应当与财务会计报告使用者的经济决策需要相关,有助于财务会计报告使用者对企业过去和现在的情况作出评价、对未来的情况作出预测。

3. **可理解性**

可理解性要求企业提供的会计信息应当清晰明了,便于财务会计报告使用者理解和使用。

4. **可比性**

可比性要求企业提供的会计信息应当相互可比,保证同一企业的不同时期可比、不同企业的相同会计期间可比。

同一企业不同时期发生的相同或者相似的交易或者事项,应当采用一致的会计政策,不得随意变更。确需变更的,应当在附注中说明。不同企业发生的相同或者相似的交易或者事项,应当采用规定的会计政策,确保会计信息口径一致、相互可比。

5. **实质重于形式**

实质重于形式要求企业应当按照交易或者事项的经济实质进行会计确认、计量和报告,不应仅以交易或者事项的法律形式为依据。

6. **重要性**

重要性要求企业提供的会计信息应当反映与企业财务状况、经营成果和现金流量有关的所有重要交易或者事项。

7. **谨慎性**

谨慎性要求企业对交易或者事项进行会计确认、计量和报告时保持应有的谨慎,不应高估资产或者收益、低估负债或者费用。

8. **及时性**

及时性要求企业对于已经发生的交易或者事项,应当及时进行会计确认、计量和报告,不得提前或者延后。

第五节　会计准则体系

一、会计准则的构成

会计准则是反映经济活动、确认产权关系、规范收益分配的会计技术标准,是生成和提供会计信息的重要依据,也是政府调控经济活动、规范经济秩序和开展国际经济交往的重要手段。会计准则具有严密和完整的体系。我国已经颁布的会计准则有《企业会计准则》《小企业会计准则》《事业单位会计准则》和《政府会计准则》等。

二、企业会计准则

我国的企业会计准则体系包括基本准则、具体准则、应用指南和解释公告等。

（一）基本准则

《企业会计准则——基本准则》规范的内容包括：

1. 财务报告目标

基本准则明确了我国财务报告的目标是向财务报告使用者提供决策有用的信息，并反映企业管理层受托责任的履行情况。

2. 会计基本假设

基本准则强调了企业会计确认、计量和报告应当以会计主体、持续经营、会计分期和货币计量为会计基本假设。

3. 会计基础

基本准则坚持了企业会计确认、计量和报告应当以权责发生制为基础。

4. 会计信息质量要求

基本准则建立了企业会计信息质量要求体系，规定企业财务报告中提供的会计信息应当满足会计信息质量要求。

5. 会计要素分类及其确认、计量原则

基本准则将会计要素分为资产、负债、所有者权益、收入、费用和利润六个要素，同时对有关要素建立了相应的确认和计量原则，规定会计要素在确认时，均应满足相应条件。会计要素在计量时可供选择的计量属性包括历史成本、重置成本、可变现净值、现值和公允价值等。

6. 财务报告

基本准则明确了财务报告的基本概念、应当包括的主要内容和应反映信息的基本要求等。

（二）具体准则

具体准则由财政部发布，属于财政部规范性文件。会计具体准则用于规范企业发生的具体交易或事项的会计处理。《企业会计准则》是与我国社会主义市场经济相适应，为规范企业会计确认、计量和报告行为，提高会计信息质量，满足投资者、债权人、政府和企业管理层等有关方面对会计信息的需求，与国际准则趋同、涵盖企业各项经济业务、可独立实施的企业具体的会计准则。

具体准则分为一般业务准则、特殊业务准则和报告类准则，主要规范了各项具体业务事项的确认、计量和报告。

（三）应用指南

应用指南主要包括对具体准则的解释和会计科目、主要账务处理等，为企业执行会计准则提供操作性规范，是对具体准则相关条款的细化和重点难点内容提供的操作性规定。

（四）解释公告

企业会计准则的解释公告，主要是针对会计准则实施中遇到的问题作出解释。

上述基本准则、具体准则、应用指南以及解释公告等，自上而下形成企业会计准则的三个层次，构成我国的企业会计准则体系，并具有法律法规上的效力，在全国范围内（港、澳、台除外）强制执行。

三、小企业会计准则

2011年10月18日，财政部发布了《小企业会计准则》，要求符合适用条件的小企业自2013年1月1日起执行。《小企业会计准则》适用于在我国境内依法设立、经济规模较小的企业。具体标准参见《小企业会计准则》和《中小企业划型标准规定》。

我国的企业会计准则体系，已经与国际会计准则接轨，实现了国际趋同。

四、事业单位会计准则

2012年12月6日，财政部修订发布了《事业单位会计准则》，自2013年1月1日起，在各级各类事业单位施行。该准则对我国事业单位的会计工作予以规范。

五、政府会计准则

2015年10月23日，财政部发布了《政府会计准则——基本准则》，自2017年1月1日起，在各级政府各部门、各单位施行。至2019年3月，政府会计准则已经发布了《政府会计准则第1号——存货》《政府会计准则第2号——投资》等多项具体准则。

我国的政府会计准则体系由政府会计基本准则、具体准则和应用指南三部分组成，对我国政府的会计工作予以规范。

2017年10月24日，为适应权责发生制政府综合财务报告制度改革需要，规范行政事业单位会计核算，提高会计信息质量，财政部发布了《政府会计制度——行政事业单位会计科目和报表》，自2019年1月1日起施行。

思考与练习

重要概念

会计　会计对象　会计目标　会计假设　会计主体　持续经营　会计分期　货币计量　会计核算方法　收付实现制　权责发生制　会计信息质量要求　会计准则体系

思考题

1. 什么是会计？会计的目标有哪些，职能有哪些？
2. 什么是会计方法？会计核算方法之间的相互关系是什么？
3. 什么是会计基本假设？什么是会计基础？如何正确运用权责发生制和收付实现制？
4. 会计信息的使用者有哪些？他们对会计信息质量有哪些要求？

5. 简述我国的会计准则体系。

客观题

一、单项选择题

1. 在我国,"会计"一词最早出现在( )时期。
   A. 西周　　　　　　B. 唐朝　　　　　　C. 春秋　　　　　　D. 宋朝
2. 在西方会计史上,第一位较为系统、完整地对威尼斯簿记作了总结,并形成了复式簿记的基本框架和思想的学者是( )。
   A. 英国人劳伦斯·罗伯特·迪克西　　　　B. 法国人乔治·利斯尔
   C. 英国人弗朗西斯·威廉·皮克斯利　　　D. 意大利人卢卡·巴其阿勒
3. 会计是以( )为主要计量单位,反映和监督一个单位经济活动的一种经济管理工作。
   A. 实物　　　　　　B. 商品　　　　　　C. 货币　　　　　　D. 劳动
4. 下列各项中,属于会计基本职能的是( )。
   A. 会计核算与会计预测　　　　　　B. 会计预算和会计考核
   C. 会计核算与会计监督　　　　　　D. 会计分析和会计评价
5. 属于会计核算方法的是( )。
   A. 成本计算　　　　B. 会计检查　　　　C. 会计控制　　　　D. 会计分析
6. ( )界定了会计信息的时间段落,为分期结算账目和编制财务会计报告等奠定了理论与实务基础。
   A. 会计主体　　　　B. 会计分期　　　　C. 会计核算　　　　D. 持续经营
7. 确定会计核算的空间范围的是( )。
   A. 会计分期　　　　B. 会计监督　　　　C. 会计主体　　　　D. 持续经营
8. 企业会计的确认、计量和报告,必须以( )为基础和假定前提。
   A. 会计主体　　　　B. 持续经营　　　　C. 会计分期　　　　D. 货币计量
9. 会计是一个信息系统,其作用在于向社会公众和潜在投资者传递以( )为主的信息。
   A. 生产经营　　　　B. 财务信息　　　　C. 销售业务　　　　D. 账务过程
10. 会计核算的一般原则中,要求提供前后期间相互可比会计信息的是( )。
    A. 可比性原则　　　B. 明晰性原则　　　C. 一贯性原则　　　D. 及时性原则
11. 基本准则规定的财务报告的目标之一是( )。
    A. 向财务报告使用者预警财务风险　　　B. 指导会计人员规范进行会计操作
    C. 反映管理层受托责任的履行情况　　　D. 考核管理层会计法规的执行情况
12. 就准则体系的内涵而言,会计确认解决的是( )问题。
    A. 定性　　　　　　B. 定量　　　　　　C. 风险　　　　　　D. 披露

二、多项选择题

1. 会计核算是指会计以货币为主要计量单位,通过( )等环节,对特定主体的经济活动进行记账、算账、报账,为各有关方面提供会计信息的功能。
   A. 报告　　　　　　B. 计量　　　　　　C. 分析　　　　　　D. 确认
2. 下列各项属于会计职能的是( )。
   A. 考核经营业绩　　B. 会计核算　　　　C. 预定经济合同　　D. 会计监督
3. 根据《企业会计准则——基本准则》的规定,会计期间可分为( )。
   A. 月度　　　　　　B. 年度　　　　　　C. 半年度　　　　　D. 季度
4. 下列组织可以作为一个会计主体进行会计核算的有( )。

A. 独资企业　　　　　B. 企业的财务部门　　C. 分公司　　　　　D. 国外的子公司
5. 会计核算的方法包括(　　)。
A. 复式记账　　　　　B. 设置科目和账户　　C. 填制和审核凭证　D. 成本计算
E. 登记账簿　　　　　F. 财产清查　　　　　G. 编制财务会计报告
6. 会计的两项基本职能是相辅相成、辩证统一的关系，下列说法正确的是(　　)。
A. 会计核算是会计监督的基础　　　　　B. 会计监督是会计核算的基础
C. 没有核算提供的信息，会计监督就失去依据　D. 会计监督是会计核算的质量保证
7. 会计核算的具体内容包括(　　)。
A. 填制和审核会计凭证　　　　　　　　B. 编制财务会计报告
C. 设置会计科目和账户　　　　　　　　D. 成本计算
E. 财产清查　　　　　　　　　　　　　F. 复式记账
8. 会计的可靠性要求(　　)。
A. 会计应当以实际发生的交易或者事项为依据进行确认、计量和报告
B. 如实反映符合确认和计量要求的各项会计要素
C. 如实反映符合确认和计量要求的其他相关信息
D. 保证会计信息真实可靠、内容完整
9. 我国《企业会计准则——基本准则》规范的内容包括(　　)。
A. 财务报告目标　　　　　　　　　　　B. 会计基本假设
C. 会计基础　　　　　　　　　　　　　D. 会计信息质量要求
E. 会计要素分类及其确认、计量原则　　F. 财务报告

三、判断题
1. 凡是特定主体能够以货币表现的经济活动，都是会计核算与监督的内容。　　(　　)
2. 会计核算基本前提之所以又称为会计假设，是由于其缺乏客观性及人们无法对其进行证明。(　　)
3. 持续经营是指企业能持续不断地经营下去，因而它仅仅是一项会计假设，缺乏客观存在的基础。(　　)
4. 会计主体与法律主体不完全对等，法律主体可作为会计主体，但会计主体不一定是法律主体。
(　　)
5. 会计监督不仅仅体现在过去的经济业务，还体现在业务发生过程之中和之后，包括事前、事中和事后监督。(　　)
6. 会计以货币作为唯一计量单位。(　　)

第二章 会计要素与会计等式

第一节 会计要素

一、会计要素的含义与分类

(一) 会计要素的含义

会计要素是指根据交易或者事项的经济特征对财务会计对象所做的基本分类。

会计要素是会计核算对象的具体化,是对会计对象所做的基本分类,是会计报表项目的基本框架,也是会计账户记录的具体内容。会计要素是会计理论的基本概念,而会计的基本方法就是建立在这些会计理论的基本概念之上的。

(二) 会计要素的分类

我国《企业会计准则——基本准则》第十条规定:"企业应当按照交易或者事项的经济特征确定会计要素。会计要素包括资产、负债、所有者权益、收入、费用和利润。"即我国基本准则将会计要素划分为资产、负债、所有者权益、收入、费用和利润六类。其中,前三类——资产、负债和所有者权益属于反映财务状况的会计要素,在资产负债表中列示,构成了资产负债表的基本框架,因此也称为资产负债表要素;而后三类——收入、费用和利润属于反映企业经营成果的会计要素,在利润表中列示,构成了利润表的基本框架,因此也称为利润表要素。

二、会计要素的确认

(一) 资产

1. 资产的含义与特征

资产是指企业过去的交易或者事项形成的、由企业拥有或控制的、预期会给企业带来经济利益的资源。

企业从事生产经营活动必须具备一定的物质资源,如货币资金、厂房场地、机器设备、原材料、产成品等。这些是从事生产经营的物质基础,都属于企业的资产。此外,像专利权、商标权等不具有实物形态,但却有助于生产经营活动进行的无形资产,以及企业对其他单位的投资等,也属于企业的资产。

资产具有以下特征:

(1) 资产是由企业过去的交易或者事项形成的。资产是由过去的交易或事项形成的,是现实的资产，而不是预期的资产。企业过去的交易或者事项包括购买、生产、建造行为或其他交易或者事项。预期在未来发生的、尚未发生的事项不形成资产，也没有可靠的计量依据。例如，已经购入的原材料形成了企业的存货资产，但尚未履行的原材料采购计划则不会形成资产。

（2）资产是企业拥有或者控制的资源。资产必须由企业拥有或者控制。这是指企业享有某项资源的所有权，可以按照自己的意愿使用或处置；或者虽然不享有某项资源的所有权，但该资源能被企业所控制。

不享有某项资源的所有权但拥有控制权的资产，一般仅指企业以融资租赁方式租入的固定资产等。这些资产虽然不为企业拥有，但是企业能够支配、控制这些资产，同样能够排他性地从资产中获取经济利益。这种形式的固定资产，虽然企业不拥有所有权，但是由于租赁合同规定的租赁期相当长（一般接近于该资产的使用寿命）；租赁期满，承租企业一般有优先购买该资产的选择权；在租赁期内，承租企业有权支配资产并从中受益。所以，以融资租赁方式租入的固定资产也应确认为企业的资产。

（3）资产预期会给企业带来经济利益。所谓经济利益，是指直接或间接流入企业的现金或现金等价物。资产都应能够为企业带来经济利益。例如，厂房场地、机器设备、原材料等可以用于生产经营过程，制造商品或提供劳务，出售后收回货款，货款即为企业所获得的经济利益。按照这一特征，那些已经没有经济价值、不能给企业带来经济利益的项目，就不能继续确认为企业的资产。例如，企业原有的机器设备已经淘汰或长期闲置不用，在市场上也不能卖出，已经不能给企业带来经济利益，就不应该再作为企业的资产。

2. 资产的确认条件

将一项资源确认为资产，需要符合资产的定义，还应同时满足以下两个条件：
① 与该资源有关的经济利益很可能流入企业；
② 资源的成本或者价值能够可靠地计量。

3. 资产的分类

资产按其流动性进行分类，可以分为流动资产和非流动资产。

（1）流动资产。是指预计在一个正常营业周期内变现、出售或耗用，或者主要为交易目的而持有，或者预计在资产负债表日起一年内（含一年）变现的资产，以及资产负债表日起一年内交换其他资产或清偿负债的能力不受限制的现金或现金等价物。

一个正常营业周期，是指企业从购买用于加工的资产起至实现现金或现金等价物的期间。正常营业周期通常短于一年，在一年内有几个营业周期。但是，也存在正常营业周期长于一年的情况，如造船。在这种情况下，与生产循环相关的产成品、应收账款、原材料尽管是超过一年才变现、出售或耗用，但仍应作为流动资产。当正常营业周期不能确定时，应当以一年（12个月）作为正常营业周期。

流动资产主要包括货币资金、交易性金融资产、应收票据、应收账款、预付款项、应收股利、应收利息、其他应收款、存货等。

（2）非流动资产。是指流动资产以外的资产，主要包括持有到期投资、长期应收款、长期股权投资、工程物资、投资性房地产、固定资产、在建工程、无形资产、长期待摊费用、可供出售金融资产等。

固定资产是指为生产商品、提供劳务、出租或经营管理而持有的，使用寿命超过一个会计年度的有形资产。如房屋及建筑物、机器设备、运输设备等。

无形资产是指为生产商品、提供劳务、出租或经营管理而持有的，没有实物形态的可辨认非货币性资产。无形资产主要包括专利权、非专利技术、商标权、著作权、土地使用权等。

企业资产的占用及组成，如图 2-1 所示。

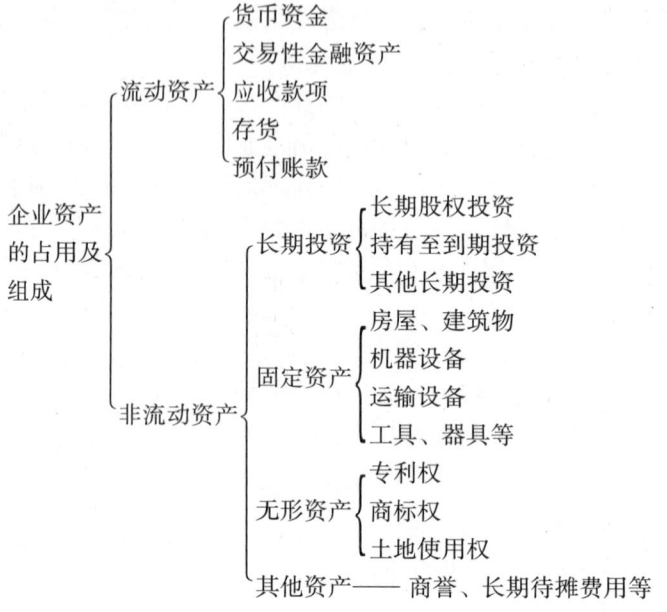

图 2-1　企业资产的占用及组成

（二）负债

1. 负债的含义与特征

负债是指企业过去的交易或者事项形成的，预期会导致经济利益流出企业的现时义务。

现时义务是指企业在现行条件下已承担的义务。未来发生的交易或者事项形成的义务，不属于现时义务，不应当确认为负债。

负债具有以下特征：

（1）负债是由企业过去的交易或事项形成的。也就是说，导致负债的交易或事项必须已经发生。只有源于已经发生的交易或事项，会计上才有可能确认为负债。对于企业正在筹划的未来交易或事项，如企业的业务计划等，并不构成企业的负债。例如，企业已经发生的银行借款会形成企业的负债，而计划中的银行借款则不会形成企业的负债；已经发生的商品购买行为可形成企业的负债，而计划中的商品购买则不会形成企业的负债。

（2）负债是企业承担的现时义务。这是负债的一个基本特征。这里所指的义务可以是法定义务，也可以是推定义务。法定义务是指具有约束力的合同或者法律法规规定的义务，通常在法律意义上需要强制执行。推定义务是指根据企业多年来的习惯做法、公开的承诺或者公开宣布的政策而导致企业将承担的责任，这些责任也使有关各方形成了企业将履行义务解脱责任的合理预期。

(3) 负债预期会导致经济利益流出企业。预期会导致经济利益流出也是负债的一个本质特征。只有企业在履行义务时会导致经济利益流出企业的，才符合负债的定义；如果不会导致企业经济利益流出的，就不符合负债的定义。

清偿负债导致经济利益流出企业的形式多种多样，如用现金偿还或以实物资产偿还，以提供劳务偿还，或将负债转为所有者权益以了结一项现有的负债等。

2. 负债的确认条件

将一项现时义务确认为负债，除需要符合负债的定义外，还应当同时满足以下两个条件：

① 与该义务有关的经济利益很可能流出企业；
② 未来流出的经济利益的金额能够可靠地计量。

3. 负债的分类

按偿还期限的长短，一般将负债分为流动负债和非流动负债。

(1) 流动负债。是指预计在一个正常营业周期内偿还，或者主要为交易目的而持有，或者自资产负债表日起一年内（含一年）到期应予以清偿，或者企业无权自主地将清偿推迟至资产负债表日以后一年以上的负债。

流动负债包括短期借款、应付票据、应付账款、预收账款、应付职工薪酬、应交税费、应付利息、应付股利、其他应付款和一年内到期的长期借款等。

(2) 非流动负债。是指流动负债以外的负债。非流动负债的偿还期通常在一个营业周期以上，或者在一年或者超过一年的债务，包括长期借款、应付债券、长期应付款等。

（三）所有者权益

1. 所有者权益的含义与特征

所有者权益是指企业资产扣除负债后由所有者享有的剩余权益。公司的所有者权益又称为股东权益。

对于任何企业而言，其资产的来源不外乎两个：一个是债权人提供，一个是所有者提供。债权人对企业资产的要求权形成企业负债，所有者对企业资产的要求权形成企业的所有者权益。

所有者权益具有以下特征：
① 除非发生减资、清算或分派现金股利，企业不需要偿还所有者权益；
② 企业清算时，只有在清偿了所有的负债后，所有者权益才返还给所有者；
③ 所有者凭借所有者权益能够参与企业利润的分配。

2. 所有者权益的确认条件

所有者权益的确认、计量主要取决于资产、负债、收入、费用等其他会计要素的确认和计量。所有者权益在数量上等于企业资产总额扣除债权人权益后的净额，即企业的净资产，反映所有者（股东）在企业资产中享有的经济利益。

3. 所有者权益的分类

所有者权益的来源包括所有者投入的资本、直接计入所有者权益的利得和损失、留存收益等。具体表现为实收资本（或股本）、资本公积（含资本溢价或股本溢价、其他资本公积)、盈余公积和未分配利润。

(1) 所有者投入的资本。是指所有者投入企业的资本部分。它包括构成企业注册资本(实收资本或者股本)的金额;也包括投入资本超过注册资本或者股本的金额,即资本溢价或者股本溢价。这部分投入资本在我国企业会计准则体系中被计入了资本公积,并在资产负债表中的资本公积项目反映。

(2) 直接计入所有者权益的利得和损失。是指不应计入当期损益、会导致所有者权益发生增减变动的,与所有者投入资本或者向所有者分配利润无关的利得或者损失。

利得是指由企业非日常经营活动所形成的,会导致所有者权益增加的,与所有者投入资本无关的经济利益的流入。损失是指由企业非日常经营活动所发生的、会导致所有者权益减少的、与向所有者分配利润无关的经济利益的流出。

(3) 留存收益。是企业在经营过程中形成的盈余公积和未分配利润的统称。

所有者权益在会计核算上,通常划分为实收资本、资本公积、盈余公积和未分配利润等。实收资本(或股本),是指所有者按照企业章程或合同、协议的约定实际投入企业的资本。它是企业注册成立的基本条件之一,也是企业承担民事责任的财力保证。资本公积,主要指资本在运营过程中发生的增值,包括资本(或股本)溢价、外币资本折算差额等。资本公积可以按照法定的程序转增资本金。盈余公积,是指企业从净利润中提取的公积金。盈余公积可以用来弥补亏损和按照规定程序转增资本金。未分配利润,是指企业留待以后年度分配的利润或待分配利润。

实收资本和资本公积是由企业所有者直接投入的;盈余公积和未分配利润则是企业在生产经营中所实现的利润留存企业所形成的部分,因而又统称为留存收益。

从会计要素的角度来看,负债和所有者权益同为企业资产的取得来源,但负债体现的是债权人对企业资产的要求权,而所有者权益则是所有者对企业资产减去负债后的剩余额的要求权。因此,所有者权益通常又被称为净资产。

企业负债与所有者权益的组成,如图2-2。

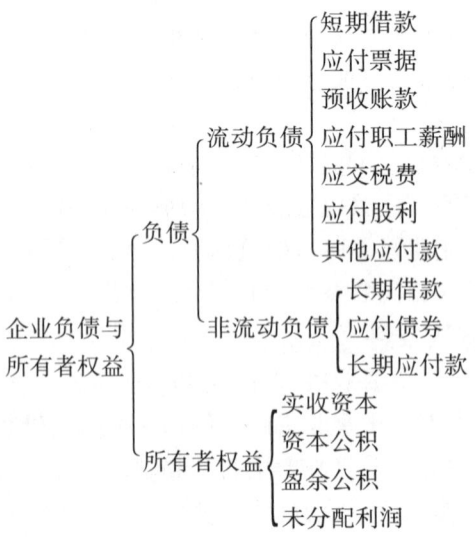

图2-2 企业负债与所有者权益的组成

（四）收入

1. 收入的含义与特征

收入是指企业在日常活动中形成的、会导致所有者权益增加的、与所有者投入资本无关的经济利益的总流入。日常活动是指企业为完成其经营目标所从事的经常性活动以及与之相关的活动。

例如，商业企业从事商品销售活动，金融企业从事贷款活动，制造业从事产品制造和销售活动等。企业的有些活动并不是经常发生的，比如制造业出售作为原材料的存货，虽然不是经常发生，但因与日常活动有关，所获取的经济利益也属于收入。有些交易或事项虽然也能为企业带来经济利益，但由于不属于企业的日常经营活动，其流入的经济利益不属于收入而是利得。如制造业出售固定资产，因固定资产是为使用而不是为出售而购入的，将固定资产出售并不是企业的经营目标，也不属于企业的日常活动，出售固定资产取得的收益不能作为企业的收入，而应作为企业的利得。

收入可能表现为企业资产的增加，或负债的减少，或二者兼而有之。

收入具有以下特征：

（1）收入是企业在日常活动中形成的。收入是企业在日常活动中形成的，而不是从偶发的交易或事项中产生。凡是日常活动所形成的经济利益的流入，应当确认为收入；反之，非日常活动所形成的经济利益的流入，不应当确认为收入，而应当计入利得。

（2）收入会导致所有者权益的增加。与收入相关的经济利益的流入，会导致企业所有者权益的增加。不会导致企业所有者权益增加的经济利益的流入，不符合收入的定义，不应确认为收入。因此，企业所取得的收入一定能增加企业的所有者权益。这里所说的收入能增加所有者权益，仅指收入本身的影响，而收入扣除相关成本费用后的净额，可能增加所有者权益为正，也可能为负。

（3）收入是与所有者投入资本无关的经济利益的总流入。收入会导致经济利益的流入，从而会导致资产的增加。但是，这种流入一定是与所有者投入资本无关的流入。

2. 收入的确认条件

收入的确认除了应当符合定义外，至少应当符合以下条件：

① 与收入相关的经济利益应当很可能流入企业；
② 经济利益流入企业的结果会导致资产的增加或者负债的减少；
③ 经济利益的流入额能够可靠地计量。

3. 收入的分类

按企业经营业务的主次不同，收入分为主营业务收入和其他业务收入。

（1）主营业务收入。是由企业的主营业务所带来的收入。主营业务收入一般占企业营业收入的比重很大。根据企业经营的不同性质，企业的主营业务收入有所区别。制造业的主营业务收入包括销售产成品、自制半成品、工业性劳务所获得的收入；商品流通企业的主营业务收入指商品销售收入，包括自购自销商品的销售收入、接受其他单位委托代销商品的销售收入、代购代销手续费收入等；施工企业的主营业务收入指承包工程所实现的工程结算价款收入、向发包单位收取的各种索赔款等；房地产开发企业的主营业务收入指对外转让、销售、结算和出租开发产品等所取得的收入；运输（交通）企业的主营业务收入指沿海、内河、远洋和汽车运输企业经营旅客、货物运输业务所发生的运输收入；海河港口企业、经营装卸业务的汽车运输企业的主营业务收入指装卸收入，企业经营仓库、堆场业务发生的堆存收入，企业经营各种代理业务发生的代理收入，海河港口企业的港务管理收入等；旅游、饮食服务企业的主营业务收入是指饭店、宾馆、旅店、酒楼、餐馆、理发、浴池、照相、洗染、修理和咨询等服务收入。

（2）其他业务收入。指除主营业务活动以外的其他经营活动实现的收入。

其他业务收入的特点是：每笔业务金额一般比较小，收入不十分稳定，服务对象不太固定，占营业收入的比重较低，如销售材料、出租无形资产、出租固定资产、出租包装物和商品等的收入。

收入按性质不同，可分为商品销售收入、提供劳务收入、让渡资产使用权收入等。

商品销售收入主要指销售商品所获得的收入，商品销售收入在工商企业一般是其主营业务收入。提供劳务收入主要有提供各种劳务、服务所获取的收入。让渡资产使用权收入是让渡资产使用权而发生的收入，如各种银行存款的利息收入和使用费收入等。

（五）费用

1. 费用的含义与特征

费用是指企业在日常活动中发生的，会导致所有者权益减少的，与向所有者分配利润无关的经济利益的总流出。

费用具有以下特征：

（1）费用是企业在日常活动中发生的。将费用界定为日常活动所形成的，是为了将其与损失相区分，因为企业非日常活动所形成的经济利益的流出不能确认为费用，而应当计入损失。

（2）费用会导致企业所有者权益的减少。与费用相关的经济利益的流出，应当会导致企业所有者权益的减少。不会导致企业所有者权益减少的经济利益的流出，不符合费用的定义，不应确认为费用。

（3）费用是与向所有者分配利润无关的经济利益的总流出。企业向所有者分配利润也会导致经济利益的流出，而该经济利益的流出属于投资者投资回报的分配，是所有者权益的直接递减项目，不应确认为费用。

2. 费用的确认条件

费用的确认除了应当符合定义外，至少应当符合以下条件：

① 与费用相关的经济利益应当很可能流出企业；
② 经济利益流出企业的结果会导致资产的减少，或者负债的增加；
③ 经济利益的流出额能够可靠计量。

3. 费用的分类

费用包括生产费用和期间费用。

（1）生产费用。是指与企业日常生产经营活动有关的费用。按其经济用途不同，生产费用通常可分为直接材料、直接人工和制造费用。

生产费用应按其实际发生情况计入产品的生产成本。生产成本是以产品为成本对象归集的费用。对于生产几种产品共同发生的生产费用，应当按照受益原则，采用适当的方法和程序，分配计入相关产品的生产成本。

（2）期间费用。是指企业本期发生的，不能直接或间接归入产品生产成本，而应直接计入当期损益的各项费用。包括管理费用、销售费用和财务费用。

在理解费用的概念时要注意：收入和费用之间存在配比关系；费用中能够对象化的部分形成产品的生产成本，不能够对象化的部分则形成期间费用。一项费用或者是生产费用，或者是期间费用。

以工业企业为例，一定时期的费用通常由产品生产费用和期间费用两部分构成。产品生产费用由直接材料、直接人工和制造费用三个成本项目构成。期间费用则包括管理费用、销售费用和财务费用三项。工业企业费用的构成如图2-3。

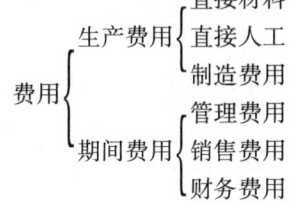

图2-3 工业企业费用的构成

费用的发生代表企业在一定会计期间经济利益的减少，具体表现为资产的减少或消耗，以及负债的增加。例如，生产耗费会减少原材料的库存，生产设备的磨损会形成固定资产消耗，人工劳动的报酬会导致应付职工薪酬的增加等。

（六）利润

1. 利润的含义与特征

利润是指企业在一定会计期间的经营成果。利润反映收入减去费用、直接计入当期利润的利得减去损失后的净额。通常情况下，如果企业实现了利润，表明企业的所有者权益将增加，业绩得到了提升；反之，如果企业发生了亏损（即利润为负数），表明企业的所有者权益将减少，业绩下降。利润是评价企业管理层业绩的指标之一，也是投资者等财务会计报告使用者进行决策时的重要参考依据。

2. 利润的确认条件

利润的确认主要依赖于收入和费用，以及直接计入当期利润的利得和损失，其金额的确定也主要取决于收入、费用、利得、损失金额的计量。

3. 利润的分类

利润包括收入减去费用后的净额、直接计入当期损益的利得和损失等。其中，收入减去费用后的净额反映企业日常活动的经营业绩；直接计入当期损益的利得和损失反映企业非日常活动的业绩。

直接计入当期损益的利得和损失，是指应当计入当期损益，最终会引起所有者权益发生增减变动的，与所有者投入资本或者向所有者分配利润无关的利得或者损失。企业应当严格区分收入和利得、费用和损失，以便全面反映企业的经营业绩。

利润按其构成，可以分为营业利润、利润总额和净利润。营业利润是营业收入减去营业成本、营业税金及附加，减去期间费用，加上投资收益后的金额。利润总额是营业利润加上营业外收入，减去营业外支出后的金额。净利润是利润总额减去所得税费用后的金额。

理解利润这一概念时，要注意：

① 作为反映企业经营成果的会计要素，利润通常是指企业的净利润，即利润总额减去所得税费用后的余额；

② 利润包括营业利润、投资净收益和营业外收支净额等；

③ 利润是反映企业经营成果的最终指标。

企业实现的净利润加上以前年度未分配利润，就是企业本年可供分配的利润。应按有关利润分配制度和办法分配。如有亏损，应按规定程序弥补。

三、会计要素的计量

会计要素的计量是为了将符合确认条件的会计要素登记入账并列报于财务报表而确定其金额的过程。企业应当按照规定的会计计量属性进行计量，确定相关金额。

（一）会计计量属性及其构成

会计计量属性是指会计要素的数量特征或外在表现形式，反映了会计要素金额的确定基础，主要包括历史成本、重置成本、可变现净值、现值和公允价值等。

会计计量包括对资产、负债、所有者权益、收入、费用和利润等要素的计量。其中，资产计量是会计计量的重心，对其他要素的计量都需要直接或间接地依赖于资产计量的结果。

1. 历史成本

历史成本，又称为实际成本，是指为取得或制造某项财产物资实际支付的现金或其他等价物。

在历史成本计量下，资产按照购置时支付的现金或者现金等价物的金额，或者按照购置资产时所付出的对价的公允价值计量。负债按照因承担现时义务而实际收到的款项或者资产的金额，或者承担现时义务的合同金额，或者按照日常活动中为偿还负债预期需要支付的现金或者现金等价物的金额计量。

2. 重置成本

重置成本，又称为现行成本，是指按照当前市场条件重新取得同样一项资产所需要支付的现金或者现金等价物金额。

在重置成本计量下，资产按照现在购买相同或者相似资产所需支付的现金或者现金等价物的金额计量。负债按照现在偿付该项债务所需支付的现金或者现金等价物的金额计量。

3. 可变现净值

可变现净值是指在正常的生产经营过程中，以预计售价减去进一步加工成本和预计销售费用以及相关税费后的净值。

在可变现净值计量下，资产按照其正常对外销售所能收到的现金或者现金等价物的金额扣减该资产至完工时估计将要发生的成本、估计的销售费用以及相关税费后的金额计量。

4. 现值

现值是指对未来现金流量以恰当的折现率进行折现后的价值，是考虑货币时间价值的一种计量属性。

在现值计量下，资产按照预计从其持续使用和最终处置中所产生的未来净现金流入量的折现金额计量；负债按照预计期限内需要偿还的未来净现金流出量的折现金额计量。

5. 公允价值

公允价值是指市场参与者在计量日发生的有序交易中，出售一项资产所能收到或者转移一项负债所需支付的价格。

公允价值亦称公允市价、公允价格。在公允价值计量下，资产和负债按照市场参与者在计量日发生的有序交易中，出售资产所能收到或者转移负债所需支付的价格计量。

（二）计量属性的运用原则

企业在将符合条件的会计要素登记入账并列报于会计报表及其附注时，应当按照规定的会计计量属性进行计量，确定其金额。按照我国《企业会计准则——基本准则》第四十三条规定："企业在对会计要素进行计量时，一般应当采用历史成本，采用重置成本、可变现净值、现值、公允价值计量的，应当保证所确定的会计要素金额能够取得并可靠计量。"

第二节 会计等式

会计等式又称会计恒等式、会计方程式或会计平衡公式。它是表明各会计要素之间基本关系的等式。

一、会计等式的表现形式

（一）财务状况等式

财务状况等式，亦称基本会计等式和静态会计等式，是用以反映企业某一特定时点资产、负债和所有者权益三者之间平衡关系的会计等式。即：

$$资产 = 负债 + 所有者权益$$

企业的资产，来源于所有者的投入资本和债权人的借入资金，及在生产经营中所产生的效益，分别归属于所有者和债权人。归属于所有者的部分形成所有者权益；归属于债权人的部分形成债权人权益（即企业的负债）。资产来源于权益（包括所有者权益和债权人权益），因而资产与权益必然相等。

随着企业生产经营活动的进行，企业相应发生费用并取得收入，在一定的会计期间实现经营成果，其归属于企业的投资人，成为所有者权益的组成部分。与此同时，也与其他企业或单位发生债权债务关系，在生产经营过程中形成一定的债权和债务，发生的债权则成为企业的资产，而形成的债务则成为企业的负债（即债权人权益）。因此，资产最终都是来源于所有者的投入和从债权人借入的资金，以及其在生产经营活动中所产生的效益，即分别来源和归属于所有者（或投资人）和债权人。

资产、负债、所有者权益实际是企业所拥有的经济资源在同一时点上所表现的不同形式。资产表明的是资源在企业存在、分布的形态，而负债和所有者权益则表明了资源取得和形成的渠道。因此，企业有多少资产必有与其等量的负债或所有者权益，即在任何情况下企业的资产总是等于负债和所有者权益之和。

各项经济业务发生变化，会引起会计要素变动，但是任何一项经济业务的发生，都不会破坏会计等式即"资产＝负债＋所有者权益"的平衡关系。

这一等式是复式记账法的理论基础，也是企业编制资产负债表的依据。

（二）经营成果等式

经营成果等式，亦称动态会计等式，是用以反映企业一定时期的收入、费用和利润之间恒等关系的会计等式。即：

$$收入 － 费用 ＝ 利润$$

企业生产经营的目的是为了获利。企业在生产经营活动过程中，一方面要取得收入，另一方面为了取得收入必然要发生相应的费用。企业取得的收入与费用进行比较，可以确定企业在一定期间的盈利水平，即确定利润有多少。也就是说，企业取得的收入减去企业发生的费用，得出的结果就是企业在一定期间所取得的利润。

如果利润＞0，表示企业盈利；如果利润＜0，表示企业发生了亏损；如果利润＝0，表示企业既没有盈利也没有亏损。

这一等式反映了利润的实现过程，是编制利润表的依据。

二、经济业务对会计等式的影响

经济业务，又称会计事项，是指在经济活动中使会计要素发生增减变动的交易或者事项。

企业经济业务按其对财务状况等式的影响不同，可以分为以下九种基本类型：

① 一项资产增加、另一项资产等额减少的经济业务；
② 一项资产增加、一项负债等额增加的经济业务；
③ 一项资产增加、一项所有者权益等额增加的经济业务；
④ 一项资产减少、一项负债等额减少的经济业务；
⑤ 一项资产减少、一项所有者权益等额减少的经济业务；
⑥ 一项负债增加、另一项负债等额减少的经济业务；
⑦ 一项负债增加、一项所有者权益等额减少的经济业务；
⑧ 一项所有者权益增加、一项负债等额减少的经济业务；
⑨ 一项所有者权益增加、另一项所有者权益等额减少的经济业务。

上述九类基本经济业务的发生，均不影响财务状况等式的平衡关系。具体分为三种情形：基本经济业务①、⑥、⑦、⑧、⑨使财务状况等式左右两边的金额保持不变；基本业务②、③使财务状况等式左右两边的金额等额增加；基本业务④、⑤使财务状况等式左右两边的金额等额减少。

【例2-1】A企业本年1月份发生下列经济业务：

业务1，企业从银行存款中提取现金20 000元。

这项经济业务的发生，导致企业资产中银行存款减少20 000元，库存现金增加20 000元，表现为企业的一项资产增加，另一项资产减少，但企业资产总额不变，会计等式的平衡关系不变。属于上述第①种类型。

业务2，该企业向银行借款60 000元存入银行。

该项经济业务的发生，使企业的资产（银行存款）增加了60 000元，同时负债（银行借款）也增加了60 000元，资产和负债同时增加60 000元。即会计等式左右两边同时增加60 000元，其平衡关系不变。属于上述第②种类型。

业务3，该企业收到企业所有者投入的机器两台，价值100 000元。

这项经济业务的发生，使该企业资产（固定资产）增加了100 000元，同时所有者权益（实收资本）也增加了100 000元，资产和所有者权益同时增加100 000元。即会计等式左右两边同时增加100 000元，等式的平衡关系仍然存在。属于上述第③种类型。

业务4，该企业以银行存款30 000元偿还企业前欠另一企业的货款。

该项经济业务的发生，使企业的资产（银行存款）减少30 000元，同时企业的负债（应付账款）也减少30 000元，资产和负债同时减少30 000元。即会计等式左右两边同时减少30 000元，等式的平衡关系不变。属于上述第④种类型。

业务5，投资者收回对企业的投资20 000元，办妥手续后以银行存款返还给投资者。

这项经济业务的发生，使该企业的资产（银行存款）减少了20 000元，同时所有者权益（实收资本）减少了20 000元，资产和所有者权益同时减少20 000元。即会计等式左右两边同时减少了20 000元，等式平衡关系不变。属于上述的第⑤种类型。

业务6，企业从银行借款25 000元，并用该借款偿还原欠另一企业的货款。

该项经济业务的发生，使企业负债中的银行借款增加25 000元，同时负债中的应付账款减少25 000元，表现为一项负债增加另一项负债减少，但负债总额不变，会计等式仍保持平衡。属于上述第⑥种类型。

业务7，企业董事会会议决定向投资者分配利润1 000元。

该项经济业务的发生，使企业的负债（应付利润）增加1 000元，同时所有者权益（未分配利润）减少1 000元，权益总额不变，会计等式仍保持平衡。属于上述第⑦种类型。

业务8，经批准，企业已发行的债券（可转换债券）80 000元转为实收资本。

这项经济业务的发生，使企业的负债（应付债券）减少了80 000元，同时所有者权益（实收资本）增加了80 000元，表现为一项所有者权益增加、一项负债等额减少的经济业务，权益总额不变，会计等式仍然平衡。属于上述第⑧种类型。

业务9，经批准用资本公积20 000元转增资本。

该项经济业务的发生，使得企业所有者权益中的实收资本增加20 000元，而资本公积减少20 000元，表现为一项所有者权益增加，另一项所有者权益减少，所有者权益总额不变，会计等式平衡关系仍然存在。属于上述第⑨种类型。

综合上述业务可以得出，无论经济业务采用何种方式发生，都不会破坏"资产＝负债＋所有者权益"这一会计等式的平衡关系。这一会计等式在会计核算中具有非常重要的地位，它体现了企业财务状况之间的关系。

思考与练习

重要概念

会计要素　资产　负债　所有者权益　收入　费用　利润　历史成本　重置成本　可变现净值　现值　公允价值　会计等式

思考题

1. 什么是会计要素？它的含义和特征是什么？确认的条件是什么？
2. 什么是会计计量属性？常用的会计计量属性有哪几种？
3. 什么是会计等式？其表现形式有哪几种？
4. 企业基本经济业务的类型有哪些？对会计等式有何影响？

客观题

一、单项选择题

1. 下列各项目中，不属于会计要素的是(　　)。
   A. 资产　　　　　　　B. 负债　　　　　　　C. 财产　　　　　　　D. 利润
2. 下列各项目中，属于静态会计要素的是(　　)。
   A. 费用　　　　　　　B. 利润　　　　　　　C. 收入　　　　　　　D. 资产
3. 下列各项目中，属于动态会计要素的是(　　)。
   A. 收入　　　　　　　B. 负债　　　　　　　C. 资产　　　　　　　D. 所有者权益
4. 下列各项目中，不属于资产的是(　　)。
   A. 预付账款　　　　　B. 专利权　　　　　　C. 应收账款　　　　　D. 预收账款
5. 资产通常按流动性分为(　　)。
   A. 有形资产与无形资产　　　　　　　　　　B. 货币资产与非货币资产
   C. 流动资产与非流动资产　　　　　　　　　D. 本企业资产与租入的资产
6. 下列各项目中，属于资产的是(　　)。
   A. 应付账款　　　　　B. 预付账款　　　　　C. 预收账款　　　　　D. 应付股利
7. 下列各项目中，属于所有者权益的是(　　)。
   A. 长期股权投资　　　B. 长期应付款　　　　C. 固定资产　　　　　D. 股本
8. 下列各项目中，属于负债的是(　　)。
   A. 预收账款　　　　　B. 现金　　　　　　　C. 存货　　　　　　　D. 股本
9. 下列各项目中，不属于负债的特点是(　　)。
   A. 是过去的交易、事项所形成的现时义务　　B. 是企业拥有或控制的经济资源
   C. 是企业未来经济利益的流出　　　　　　　D. 能以货币计量，是可以确定或估计的
10. 下列各项目中，属于资产的特点是(　　)。

A. 将导致企业未来经济利益流入   B. 反映企业在一定时期所取得的经营成果
C. 将导致企业未来经济利益流出   D. 是过去的交易、事项所形成的现时义务

11. 下列会计等式中，不正确的是( )。
A. 资产 = 负债 + 所有者权益   B. 负债 = 资产 – 所有者权益
C. 资产 – 负债 = 所有者权益   D. 资产 + 负债 = 所有者权益

12. 下列经济业务中，影响会计等式总额发生变化的是( )。
A. 以银行存款 50 000 元购买材料   B. 购买机器设备 20 000 元，货款未付
C. 结转完工产品成本 40 000 元   D. 收回客户所欠的货款 30 000 元

13. 下列经济活动中，引起资产和负债同时减少的是( )。
A. 以银行存款偿付前欠货款   B. 购买材料货款尚未支付
C. 收回应收账款   D. 接受其他单位捐赠新设备

14. 下列等式属于会计基本等式的是( )。
A. 资产 = 负债 + 所有者权益   B. 资产 = 负债 + 所有者权益 + （收入 – 费用）
C. 资产 = 负债 + 所有者权益 + 利润   D. 收入 – 费用 = 利润

15. 下列经济业务中，会引起企业的资产和所有者权益同时变化的是( )。
A. 企业以银行存款购买材料   B. 企业以银行存款支付运杂费
C. 投资者以现金投资企业   D. 企业以资本公积转增资本

16. 下列经济活动中，引起负债之间彼此增减的是( )。
A. 收到应收账款，存入银行   B. 向银行借入款项直接偿还应付账款
C. 用银行存款偿还长期负债   D. 用现金支付职工工资

17. 下列经济活动中，引起所有者权益之间彼此增减的是( )。
A. 收到应收账款，存入银行   B. 收到股东 A 的现金投资
C. 用银行存款偿还长期负债   D. 发放股票股利

18. 费用是指企业与销售商品、提供劳务等日常活动所发生的( )。
A. 经济利益的流出   B. 生产费用
C. 财务耗费   D. 经济损失

19. 下列经济业务的发生不会使会计等式两边总额发生变化的有( )。
A. 用银行存款支付应付的购料款   B. 从银行提取现金
C. 向银行取得借款存入银行   D. 收到预收账款存入银行

20. 某企业本期期初资产总额为 10 万元，本期期末负债总额比期初减少 1 万元，所有者权益比期初增加 3 万元。该企业期末资产总额是( )。
A. 9 万元   B. 13 万元   C. 10 万元   D. 12 万元

21. 下列引起所有者权益总额增加的情况是( )。
A. 资产与负债同增   B. 资产与负债同减
C. 资产增加，负债减少   D. 资产减少，负债增加

22. 按我国会计准则对会计要素的划分，营业外支出归属的会计要素是( )。
A. 收入   B. 利润   C. 所有者权益   D. 费用

23. 某企业发生一笔广告费，但尚未支付。这项经济业务对会计要素的影响是( )。
A. 费用增加，负债增加   B. 费用增加，负债减少
C. 负债增加，所有者权益增加   D. 负债增加，资产减少

24. 某公司资产总额为 200 万元。当发生下列三笔经济业务后：
（1）向银行借款 20 万元存入银行；
（2）用银行存款偿还应付账款 15 万元；

(3) 收回应收账款10万元存入银行。其权益总计为(   )。
   A. 205万元　　　　　　B. 235万元　　　　　　C. 230万元　　　　　　D. 245万元
25. 以下各项目中,属于资产的有(   )。
   A. 短期借款　　　　　　B. 存货　　　　　　　　C. 实收资本　　　　　　D. 应付股利
26. 引起资金进入企业的业务有(   )。
   A. 从银行提取现金　　　　　　　　　　　　　　B. 预收商品货款
   C. 用银行存款上缴税金　　　　　　　　　　　　D. 分派股东股利
27. 所有者权益是企业投资者对企业净资产的所有权,在数量上等于(   )。
   A. 全部资产减去流动负债　　　　　　　　　　　B. 企业的新增利润
   C. 全部资产减去全部负债　　　　　　　　　　　D. 全部资产加上全部负债
28. 由会计三要素组成的动态会计等式是(   )。
   A. 资产 = 负债 + 所有者权益　　　　　　　　　B. 资产 = 负债 + 权益
   C. 收入 – 费用 = 利润　　　　　　　　　　　　D. 资产 + 费用 = 负债 + 所有者权益
29. 下列经济业务中,属于资产内部一个项目增加、另一个项目减少的业务是(   )。
   A. 从银行提取现金　　　　　　　　　　　　　　B. 以银行存款归还借款
   C. 借入短期借款存入银行　　　　　　　　　　　D. 购买材料款项尚未支付
30. 依据企业会计准则的规定,下列项目符合收入定义的是(   )。
   A. 经营性出租设备取得的收入　　　　　　　　　B. 收到客户的预付货款
   C. 处置固定资产的收入　　　　　　　　　　　　D. 所有者投入资本的增加
31. 下列项目中,不属于企业收入概念的是(   )。
   A. 销售商品收入　　　　　　　　　　　　　　　B. 处置固定资产收入
   C. 提供劳务收入　　　　　　　　　　　　　　　D. 让渡资产使用权收入
32. 按照企业会计准则的规定,我国企业在对会计要素进行计量时,一般应当采用的计量属性是(   )。
   A. 公允价值　　　　　　B. 重置成本　　　　　　C. 历史成本　　　　　　D. 可变现净值
33. 下列项目中,符合资产定义的是(   )。
   A. 经营租入的设备　　　　　　　　　　　　　　B. 待处理的某项资产损失
   C. 计划购买的某项设备　　　　　　　　　　　　D. 购入的某项专利权

二、多项选择题
1. 下列项目中,属于静态会计要素的是(   )。
   A. 资产　　　　　　　　B. 利润　　　　　　　　C. 成本　　　　　　　　D. 负债
2. 下列各项目中,反映企业财务状况的会计要素有(   )。
   A. 资产　　　　　　　　B. 所有者权益　　　　　C. 负债　　　　　　　　D. 收入
3. 下列各项目中,属于动态会计要素的是(   )。
   A. 收入　　　　　　　　B. 所有者权益　　　　　C. 费用　　　　　　　　D. 利润
4. 下列各项目中,属于资产的有(   )。
   A. 应收账款　　　　　　B. 预收账款　　　　　　C. 应付账款　　　　　　D. 预付账款
5. 下列各项目中,属于所有者权益的有(   )。
   A. 实收资本　　　　　　B. 资本公积　　　　　　C. 未分配利润　　　　　D. 应付股利
6. 下列各项目中,属于期间费用的有(   )。
   A. 制造费用　　　　　　B. 销售费用　　　　　　C. 管理费用　　　　　　D. 财务费用
7. 下列各项目中,属于流动负债的是(   )。
   A. 应付债券　　　　　　B. 预付账款　　　　　　C. 应付账款　　　　　　D. 预收账款

8. 下列各项目中,属于流动资产的是( )。
   A. 短期投资　　　　B. 预付账款　　　　C. 预收账款　　　　D. 产成品
9. 利润总额是指企业在一定会计期间的经营成果,包括( )。
   A. 投资收益　　　　B. 营业利润　　　　C. 利得　　　　　　D. 损失
10. 资产具有的特征有( )。
    A. 资产是过去的交易、事项形成的　　　B. 资产能以货币计量
    C. 资产是企业拥有或控制的　　　　　　D. 资产预期能给企业带来经济利益
11. 收入将导致企业( )。
    A. 现金流出　　　　B. 资产增加　　　　C. 资产减少　　　　D. 负债减少
12. 下列会计等式正确的是( )。
    A. 资产 = 负债 + 所有者权益　　　　　B. 资产 – 负债 = 所有者权益
    C. 利润 + 费用 = 收入　　　　　　　　D. 资产 + 所有者权益 = 负债
13. 下列经济活动中,引起资产和负债同时增加的是( )。
    A. 用银行存款偿还长期负债　　　　　　B. 购买材料,货款尚未支付
    C. 预收销货款　　　　　　　　　　　　D. 向银行借入短期借款,存入银行
14. 下列经济活动中,引起资产之间彼此增减的是( )。
    A. 用现金支付职工工资　　　　　　　　B. 收到应收账款,存入银行
    C. 完工产品入库　　　　　　　　　　　D. 生产领用材料
15. 在下列各项业务中,不影响资产总额的有( )。
    A. 用银行存款购入原材料　　　　　　　B. 从银行提取现金
    C. 用银行存款购入 A 公司股票　　　　　D. 用银行存款预付材料定金
16. 根据我国《企业会计准则》的规定,会计计量属性包括( )。
    A. 历史成本和重置成本　　　　　　　　B. 可变现净值和现值
    C. 会计科目和账户　　　　　　　　　　D. 公允价值
17. "资产 = 负债 + 所有者权益"会计恒等式是( )。
    A. 企业拥有经济资源的表现形式　　　　B. 复式记账的理论依据
    C. 反映企业资产归属关系的等式　　　　D. 编制资产负债表的理论依据
18. 一个企业的资产总额与权益总额是相等的,这是因为( )。
    A. 资产和权益是同一资金的两个侧面　　B. 任何权益都能形成相应的资产
    C. 某一具体资产项目的增加,总是同另一具体权益项目的增加同时发生
    D. 权益方内部项目的此增彼减变化,不影响资产总额与权益总额的变动
19. 下列资产项目与权益项目之间的变动,符合资金运动规律的有( )。
    A. 资产某项目增加与权益某项目减少　　B. 资产某项目减少与权益某项目增加
    C. 资产方内部项目之间此增彼减　　　　D. 权益方内部项目之间此增彼减
20. 下列业务中,引起所有者权益增加的业务有( )。
    A. 以银行存款投资办子公司　　　　　　B. 公司投资者给公司投入设备
    C. 投资者代公司偿还欠款　　　　　　　D. 以盈余公积金转增资本金

三、判断题

1. "资产 = 负债 + 所有者权益"这个平衡公式是企业资金运动的动态表现。( )
2. 流动负债是企业过去的交易或事项所引起的潜在义务。( )
3. 应收及预收款是资产,应付及预付款是负债。( )
4. 资产按流动性分为无形资产和有形资产。( )
5. 凡不引起企业资产、负债、所有者权益、收入、费用和利润这六大会计要素增减变动的事项都不

属于企业的会计事项。（　　）
6. 某一财产物资要成为企业的资产，其所有权必须属于企业。（　　）
7. 所有者权益是指投资人对企业全部资产的所有权。（　　）
8. 收入是指企业在销售商品、提供劳务及让渡资产使用权等日常活动中所形成的经济利益的净流入。（　　）
9. 若某项资产不能为企业带来经济利益，即使是由企业拥有或控制的，也不能作为企业的资产在资产负债表中列示。（　　）
10. 期间费用应计入产品成本。（　　）
11. 非流动负债是指将在一年内偿还的债务。（　　）
12. 收入是指企业在日常活动中所形成的、会导致所有者权益增加的、与所有者投入资本无关的经济利益的总流入。（　　）

练习题

习题一

一、目的：练习"资产＝负债＋所有者权益"的会计等式。

二、资料：某企业 20×1 年 4 月 30 日资金项目和余额如下：

资金项目	余额（元）
1. 房屋、建筑物	1 200 000
2. 机器、设备	400 000
3. 运输汽车	400 000
4. 库存生产用原材料	400 000
5. 库存燃料	100 000
6. 正在加工产品	50 000
7. 库存完工产品	50 000
8. 库存现金	1 000
9. 存在银行的款项	99 000
10. 应收购买单位的货款	2 000
11. 预付职工差旅费	1 000
12. 预付供应单位货款	7 000
13. 商标权	5 000
14. 待摊的固定资产改良费用	5 000
15. 实收投资者资本	2 560 000
16. 向银行借入的短期借款	30 000
17. 应付供应单位购买材料款	20 000
18. 应交纳的税金	75 000
19. 应付职工的工资	15 000
20. 预收购买单位的货款	20 000

三、要求：将各资金项目划分为资产、负债和所有者权益，并加总合计数（可列表）。

习题二

（一）资料：某企业 20×2 年 1 月份发生下列经济业务（为简化核算，暂不考虑增值税等）：

① 投资人投资 8 000 000 元，存入银行存款户。

② 用银行存款购入一项专利技术，价值 200 000 元。

③ 用银行存款购买机器设备,共计 2 500 000 元。
④ 从银行存款户中归还银行短期借款 2 000 000 元。
⑤ 从银行存款户中提取现金 20 000 元以备日常支用。
⑥ 以现金购买零星办公用品 18 000 元,直接发往各办公科室用。
⑦ 购入材料一批,计 230 000 元,货款尚未支付。
⑧ 本月产品销售收入共计 760 000 元,账款未收。
⑨ 收到某单位所欠款项 68 000 元,存入银行存款户。
⑩ 从银行存款账户提取现金 154 000 元,准备发放职工工资。
⑪ 发放职工工资 57 800 元。
⑫ 购入材料一批,计 120 000 元,货款已从银行存款户中付讫。
⑬ 从银行存款账户中支付上月所欠某单位款项 180 000 元。
⑭ 从银行存款账户中支付管理部门其他各种费用 55 000 元。
⑮ 从银行存款账户中支付广告费 30 000 元。

(二)要求:指出上列资料每项经济业务涉及的会计科目(不考虑增值税等),并指出这项业务中,该科目应记增还是应记减。

习题三

(一)资料:A 公司 20×3 年 8 月 31 日,全部账户资料如下表(单位:元):

账户	期初余额	本期借方发生额	本期贷方发生额	期末余额
银行存款	600 000	800 000		1 020 000
原材料		30 000	—	30 000
固定资产	1 000 000			1 200 000
短期借款		40 000	—	160 000
应付账款	160 000	160 000	10 000	
应付票据		—	40 000	40 000
实收资本	1 000 000	—	960 000	
资本公积		160 000	—	80 000

(二)要求:利用资产与负债账户的余额计算公式完成上述表格中所空栏目的计算与填写。

第三章 会计科目与账户

第一节 会计科目

一、会计科目的概念与分类

（一）会计科目的概念

会计科目，简称科目，是对会计要素的具体内容进行分类核算的项目。

会计要素是对会计对象的基本分类。资产、负债、所有者权益、收入、费用和利润这六个会计要素又是会计核算和监督的内容。如果仅依这六个会计要素对于纷繁复杂的企业经济业务进行记录和反映，又显得过于粗略。因此，为满足经济管理及有关各方对会计信息的质量要求，必须对会计要素进行细化。即采用一定的形式，对每一个会计要素所反映的具体内容进一步进行划分，设置会计科目。

在会计核算系统不断地搜集、输入、加工、转换、输出会计信息的过程中，不能回避信息分类问题。从管理学角度来看，分类是管理的基础，分类是管理的一种形式。会计科目是对会计对象的具体内容进行分类核算的项目，也就是按照经济内容对各个会计要素所做的进一步分类。由于经济业务错综复杂，即使涉及同类会计要素，但它们的业务性质、经济内容和作用都存在着很大的差别，所以按其差异不同也应分为不同的会计科目。例如，短期借款和应付账款同属于负债类，但它们形成的原因和偿付期限各不相同，必须分别设置"短期借款"和"应付账款"两个会计科目。对于企业的各项会计要素，也都应按其经济内容的差异设置不同的会计科目。

通过设置会计科目可以把复杂多样、性质不同的经济业务进行科学的分类，将复杂经济信息变成有规律的、易识别的经济信息，并为其转换为会计信息准备条件。设置会计科目也是设置账户的依据，是进行会计核算和加强会计监督的重要手段，也便于国家宏观经济管理部门、企业管理者、投资者、信贷者及有关方面利用会计分类信息掌握和分析企业的财务状况和经营成果。

（二）会计科目的意义

会计科目是进行各项会计记录和提供各项会计信息的基础，在会计核算中具有重要意义。主要表现在：

（1）会计科目是复式记账的基础。复式记账要求每一笔经济业务在两个或两个以上相互联系的账户中进行登记，以反映资金运动的来龙去脉。

（2）会计科目是编制记账凭证的依据。会计科目是确定所发生的经济业务应记入何种账簿以及分门别类登记的依据。

（3）会计科目为成本计算与财产清查提供了前提条件。会计科目的设置，有助于成本核算，使各种成本计算成为可能；而通过账面记录与实际结存的核对，又为财产清查、保证账实相符提供了必备的条件。

（4）会计科目为编制会计报表提供了方便。会计报表是提供会计信息的主要手段。为了保证会计信息的质量及其提供信息的及时性，会计报表中的许多项目与会计科目是一致的，并根据会计科目的本期发生额或余额填列。

（三）会计科目的分类

会计科目可按其反映的经济内容（即所属会计要素）、所提供信息的详细程度及其统驭关系分类。

1. 按反映的经济内容分类

会计科目按其反映的经济内容不同，可分为资产类科目、负债类科目、共同类科目、所有者权益类科目、成本类科目和损益类科目。

（1）资产类科目。是对资产要素的具体内容进行分类核算的项目，按资产的流动性分为反映流动资产的科目和反映非流动资产的科目。

（2）负债类科目。是对负债要素的具体内容进行分类核算的项目，按负债的偿还期限分为反映流动负债的科目和反映非流动负债的科目。

（3）共同类科目。是既有资产性质又有负债性质的科目。主要有"清算资金往来""外汇买卖""衍生工具""套期工具""被套期项目"等科目。

（4）所有者权益类科目。是对所有者权益要素的具体内容进行分类核算的项目，按所有者权益的形成和性质可分为反映资本的科目和反映留存收益的科目。

（5）成本类科目。是对可归属于产品生产成本、劳务成本的具体内容进行分类核算的项目，按成本的内容和性质的不同分为反映制造成本的科目、反映劳务成本的科目等。

（6）损益类科目。是对收入、费用等的具体内容进行分类核算的项目。

2. 按提供信息的详细程度及其统驭关系分类

会计科目按其提供信息的详细程度及其统驭关系，可以分为总分类科目和明细分类科目。

（1）总分类科目。又称总账科目或一级科目，是对会计要素的具体内容进行总括分类，提供总括信息的会计科目。

（2）明细分类科目。又称明细科目，是对总分类科目作进一步分类，提供更为详细和具体会计信息的科目。如果某一总分类科目所属的明细分类科目较多，可在总分类科目下设置二级明细科目，在二级明细科目下设置三级明细科目。

二、会计科目的设置

（一）会计科目设置的原则

会计科目作为反映会计要素的构成及其变化情况，为投资者、债权人、企业经营管理者等信息使用者提供会计信息的重要手段，在其设置过程中应努力做到科学、合理、适用。

各单位由于经济业务活动的具体内容、规模大小与业务繁简程度等情况不尽相同,在具体设置会计科目时,应考虑其自身特点和具体情况,但设置会计科目时都应遵循以下原则:

1. 合法性原则

合法性原则指所设置的会计科目应当符合国家统一会计准则、制度的规定。

会计科目的设置,首先必须具有合法性,即为了保证会计核算指标口径一致和会计信息的可比性,适应国家宏观经济管理的需要,设置会计科目应当符合国家相关法律法规的规定,遵循《企业会计准则》的规定。这是对会计科目设置最基本的要求。

2. 相关性原则

相关性原则指所设置的会计科目应为提供有关各方所需要的会计信息服务,满足对外报告与对内管理的要求。相关性原则可从两个方面来理解:

(1) 对于企业自身来说,相关性原则指的是会计科目的设置必须和企业经济业务的性质相联系,满足企业管理的需要。这是因为,虽然同是以盈利为目的的企业组织,但由于所处行业和经济业务不同,会计核算的对象也不尽相同。如工业企业和商业企业在会计科目的设置上就存在一定的差异。前者的主要经济活动是制造工业产品,因而必须设置为生产产品准备的各种材料、生产过程发生的各种耗费的有关科目以及产品成本核算的科目;而后者的主要经济活动是购进和出售商品,因而必须设置反映库存商品的科目等。

(2) 从企业会计信息的使用者角度来看,会计科目的设置还必须满足经济管理和对外提供会计信息的需要,即会计科目的设置应充分考虑有关方面对会计信息的需求,既要满足国家宏观经济管理、企业内部经济管理的要求,还要考虑投资者、债权人等有关方面对会计信息的需要。

相关性原则要求企业会计科目的设置必须能够提供上述各方面的信息,从而有助于有关方面作出相关的经济决策。

3. 实用性原则

实用性原则指所设置的会计科目应符合单位自身特点,满足单位实际需要。

会计科目的实用性是要求在保证会计科目设置的合法性和相关性的同时,做到统一性和灵活性相结合。即在设置会计科目时,要尽量根据企业自身业务的特点,在不影响会计核算要求和会计报表指标汇总,及对外提供统一财务会计报告的前提下,根据实际情况,自行增加、减少或合并某些会计科目。因此,会计科目设置不是越多越好,太多了会增加会计核算的工作量和成本,降低效率;会计科目的设置也不是越少越好,太少了则可能导致无法得到具体的会计信息,影响会计核算的准确性,不利于有关各方的经济决策。

(二) 常用会计科目

企业常用会计科目的分类、序号、编号和名称,可见表3-1。

表3–1 常用会计科目参照表

编号	名称	编号	名称
	一、资产类	2211	应付职工薪酬
1001	库存现金	2221	应交税费
1002	银行存款	2231	应付利息
1012	其他货币资金	2232	应付股利
1101	交易性金融资产	2241	其他应付款
1121	应收票据	2501	长期借款
1122	应收账款	2502	应付债券
1123	预付账款	2701	长期应付款
1131	应收股利	2711	专项应付款
1132	应收利息	2801	预计负债
1221	其他应收款	2901	递延所得税负债
1231	坏账准备		三、共同类
1401	材料采购	3101	衍生工具
1402	在途物资	3201	套期工具
1403	原材料	3202	被套期项目
1404	材料成本差异		四、所有者权益类
1405	库存商品	4001	实收资本
1406	发出商品	4002	资本公积
1407	商品进销差价	4101	盈余公积
1408	委托加工物资	4103	本年利润
1471	存货跌价准备	4104	利润分配
1501	持有至到期投资		五、成本类
1502	持有至到期投资减值准备	5001	生产成本
1503	可供出售金融资产	5101	制造费用
1511	长期股权投资	5201	劳务成本
1512	长期股权投资减值准备	5301	研发支出
1521	投资性房地产		六、损益类
1531	长期应收款	6001	主营业务收入
1601	固定资产	6051	其他业务收入
1602	累计折旧	6101	公允价值变动损益
1603	固定资产减值准备	6111	投资收益
1604	在建工程	6301	营业外收入
1605	工程物资	6401	主营业务成本
1606	固定资产清理	6402	其他业务成本
1701	无形资产	6403	营业税金及附加
1702	累计摊销	6601	销售费用
1703	无形资产减值准备	6602	管理费用
1711	商誉	6603	财务费用
1801	长期待摊费用	6701	资产减值损失
1811	递延所得税资产	6711	营业外支出
1901	待处理财产损溢	6801	所得税费用
	二、负债类	6901	以前年度损益调整
2001	短期借款		
2201	应付票据		
2202	应付账款		
2203	预收账款		

第二节 账户

一、账户的概念与分类

会计科目只是对会计对象的具体内容进行分类的项目。但企业发生的各项经济业务是十分复杂的,为了序时、连续、系统地记录由于经济业务的发生而引起会计要素的增减变动,提供各种会计信息,必须根据会计科目开设相应的账户,以便对经济业务进行分类、系统和连续地记录。

(一) 账户的概念

账户是根据会计科目设置的,具有一定格式和结构,用于分类反映会计要素增减变动情况及其结果的载体。设置账户是会计核算的重要方法之一。

(二) 账户的分类

账户可根据其核算的经济内容、提供信息的详细程度及统驭关系进行分类。

1. 账户按核算的经济内容分类

账户根据其核算的经济内容,分为资产类账户、负债类账户、共同类账户、所有者权益类账户、成本类账户、损益类账户六类。其中,有些资产类账户、负债类账户和所有者权益类账户存在备抵账户或备抵附加调整账户。

备抵账户,又称抵减账户,是指用来抵减被调整账户余额,以确定被调整账户实有数额而设置的独立账户。

备抵账户主要是为了计算相应被调整的账户的净额而设置的。其特点是:

(1) 与被调整账户余额方向正好相反,如"固定资产"账户(被调整账户)余额在借方,"累计折旧"账户(备抵账户)余额就在贷方;"本年利润"(被调整账户)余额在贷方,"利润分配"(备抵账户)余额就在借方。

(2) 与被调整账户相互联系、相互依存。

(3) 二者反映的经济内容相同。

$$被调整账户实际余额 = 被调整账户的余额 - 备抵账户余额$$

备抵附加调整账户是既可能用来抵减又可能用来增加被调整账户的余额,以求得被调整账户实际余额的账户。当被调整账户的余额与调整账户的余额的方向相反时,属于备抵账户;当被调整账户的余额与调整账户的余额的方向相同时,属于附加账户。如材料按计划成本计价时,"材料成本差异"是"原材料"的备抵附加账户。用公式表示:

$$被调整账户实际余额 = 被调整账户的余额 \pm 备抵附加调整账户的余额$$

备抵附加调整账户包括"材料成本差异""产品成本差异""商品进销差价"等账户,其被调整账户分别为"原材料""产成品"或"库存商品"账户。"利润分配"账户也可视为备抵附加调整账户。

2. 账户按提供信息的详细程度及统驭关系分类

根据提供信息的详细程度及统驭关系，账户分为总分类账户和明细分类账户。

总分类账户是指根据总分类科目设置的、用于对会计要素具体内容进行总括分类核算的账户，简称总账账户或总账。明细分类账户是根据明细分类科目设置的、用来对会计要素具体内容进行明细分类核算的账户，简称明细账。总账账户称为一级账户，总账以下的账户称为明细账户。

总分类账户和所属的明细分类账户核算的内容相同，只是反映内容的详细程度有所不同，两者相互补充，相互制约，相互核对。总分类账户统驭和控制所辖明细分类账户，明细分类账户从属于总分类账户。

明细分类账户是在总分类账户的基础上，对总分类账户按照一定的标准和需要进行细分，然后对这种细分之后的账户所对应经济业务的数量和变化情况进行的描述。与明细分类科目一样，明细分类账户可以根据需要进一步细分为二级明细账户和三级明细账户，甚至四级明细账户。

以工业企业的"原材料"这个资产类账户为例，"原材料"账户是一个总分类账户，用以反映（工业）企业拥有的各种材料的数量总额及其变化情况。在这个总分类账户下，企业通常会设置诸如"原料及主要材料""辅助材料""燃料"等二级明细账户。如果有需要，还可以对上述二级分类明细账户进一步按照品种、规格和型号等特征分设三级明细账户。

需要强调的是，与会计科目一样，并不是所有的账户都必须设置明细分类账户，应该根据企业的实际情况决定是否设置或者如何设置明细分类账户。比如说，通常，"库存现金"这个总分类账户，核算内容比较简单，形式较为单一，就可以不设置明细分类账户；而对于大型的工业企业来说，"原材料"这个总分类账户，由于其包括的材料种类繁多，存放状态和品种、型号都不同，为了核算方便，可能会设置三级或三级以下的明细分类账户。

二、账户的功能与结构

（一）账户的功能

账户的功能在于连续、系统、完整地提供企业经济活动中各会计要素增减变动及其结果的具体信息。其中，账户所提供的会计要素在特定会计期间增加和减少的金额，分别称为账户的"本期增加发生额"和"本期减少发生额"，两者统称为账户的"本期发生额"；会计要素在会计期末的增减变动结果，称为账户的"余额"，具体表现为期初余额和期末余额。账户上期的期末余额转入本期，即为本期的期初余额；账户本期的期末余额转入下期，即为下期的期初余额。

账户的期初余额、期末余额、本期增加发生额和本期减少发生额统称为账户的四个金额要素。对于同一账户而言，期初余额和期末余额是相对于一定的会计期间来说的，基本关系如下：

$$期末余额 = 期初余额 + 本期增加发生额 - 本期减少发生额$$

对于资产、成本、费用类账户：

期末余额 = 期初借方余额 + 本期借方发生额 - 本期贷方发生额

对于负债、所有者权益、收入类账户：

期末余额 = 期初贷方余额 + 本期贷方发生额 - 本期借方发生额

（二）账户的结构

账户的结构是指账户的组成部分及其相互关系。账户的具体内容尽管各种各样，但通常由以下内容组成：

（1）账户名称，即会计科目。

（2）日期，即所依据记账凭证中注明的日期。

（3）凭证字号，即所依据记账凭证的编号。

（4）摘要，即经济业务的简要说明。

（5）金额，即增加额、减少额和余额。

账户分为左方、右方两个方向。一方登记增加，另一方登记减少。至于哪一方登记增加，哪一方登记减少，取决于所记录经济业务和账户的性质。登记本期增加的金额，称为本期增加发生额；登记本期减少的金额，称为本期减少发生额；增减相抵后的差额，称为余额。余额按照表示的时间不同，分为期初余额和期末余额。其基本关系如下：

期末余额 = 期初余额 + 本期增加发生额 - 本期减少发生额

由于所使用的记账方法不同，账户左右两方具体反映的内容也不相同。我国统一使用借贷记账法。借贷记账法账户的基本格式如表3-2所示。

表3-2　××账户（会计科目）

××年		凭证		摘要	借方	贷方	借或贷	余额
月	日	种类	号数					

从账户名称、记录增加额和减少额的左右两方来看，账户结构在整体上类似于汉字"丁"和英文大写字母"T"，因此账户的基本结构在实务中被形象地称为丁字账户或者T形账户。丁字账户或者T形账户如图3-1所示。

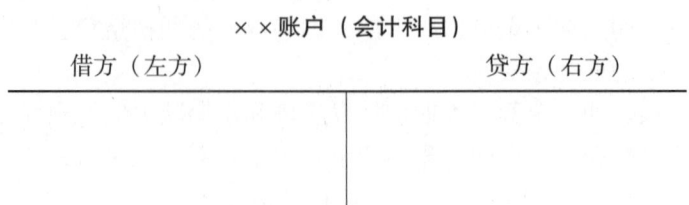

图3-1　丁字账户或者T形账户示意图

上列账户的基本格式，是手工记账经常采用的格式。在电子计算机记账的情况下，尽管账户的格式并不明显，但是仍然要按照上列账户的基本结构即账户名称、记录经济业务的日期、所依据的记账凭证的编号、经济业务摘要、增减金额、余额等开展程序设计，进行数据处理。

三、账户与会计科目的关系

从理论上讲，会计科目与账户是两个不同的概念，两者既有联系，又有区别。会计科目与账户都是对会计对象具体内容的分类，两者核算内容一致，性质相同。会计科目是账户的名称，也是设置账户的依据；账户是会计科目的具体运用，具有一定的结构和格式，并通过其结构反映某项经济内容的增减变动及其余额。

例如，"固定资产"账户与"固定资产"科目核算的内容、范围完全相同。没有会计科目，账户便失去了设置的依据；没有账户，会计科目就无法发挥作用。如果说两者有区别，则是：会计科目仅仅是账户的名称，不存在结构；而账户则具有一定的格式和结构。会计科目仅说明某一科目反映的经济内容是什么，而根据这个科目所设置的账户不仅说明其反映的经济内容是什么，而且是系统反映、记录其增减变化及结余情况的工具。会计科目的作用主要是为了开设账户，填制凭证所用；而账户的作用主要是提供某一具体科目（会计对象）的会计资料，为编制会计报表所用。在实际工作中，会计科目和账户往往不加严格区分，相互通用。

思考与练习

重要概念

会计科目　账户　备抵账户　账户的基本结构　账户的功能　总分类账户　明细分类账户

思考题

1. 什么是会计科目？什么是账户？它们之间有什么区别和联系？
2. 什么叫总分类账？什么叫明细分类账？它们之间的关系怎样？
3. 账户有什么样的基本结构？其提供的具体经济指标的记录方向取决于什么？
4. 设置会计科目应遵循哪些原则？常用的资产类、负债类账户有哪些？

客观题

一、单项选择题

1. 对会计要素的具体内容进行分类核算的项目是（　　）。
   A. 会计科目　　　B. 填制会计凭证　　　C. 登记会计账簿　　　D. 财产清查
2. "应收账款"属于（　　）类会计科目。
   A. 负债类　　　B. 资产类　　　C. 所有者权益类　　　D. 损益类
3. 会计科目是指对（　　）的具体内容进行分类核算的项目。

A. 会计主体　　　　B. 会计要素　　　　C. 会计科目　　　　D. 会计信息

4. 账户是根据( )设置的,具有一定格式和结构,用于分类反映会计要素增减变动情况及其结果的载体。

A. 会计要素　　　　B. 会计主体　　　　C. 会计科目　　　　D. 会计信息

5. 总分类账户是指根据( )设置的,用于对会计要素具体内容进行总括分类核算的账户。

A. 总分类科目　　　B. 会计主体　　　　C. 会计科目　　　　D. 明细分类科目

6. 在借贷记账法下,账户的左方和右方分别称为( )。

A. 借方、贷方　　　B. 贷方、借方　　　C. 借方、借方　　　D. 贷方、贷方

7. 明细分类账户是根据( )设置的,用来对会计要素具体内容进行明细分类核算的账户。

A. 总分类科目　　　B. 会计科目　　　　C. 会计主体　　　　D. 明细分类科目

8. 账户金额变动的基本关系是( )。

A. 期末余额 = 期初余额 + 本期减少额 – 本期增加额
B. 期初余额 = 期末余额 + 本期增加额 – 本期减少额
C. 期末余额 = 期初余额 + 本期增加额 – 本期减少额
D. 期初余额 = 期末余额 + 本期减少额 – 本期增加额

9. 成本类科目是指用于核算( )的发生和归集情况,提供成本相关会计信息的会计科目。

A. 收入　　　　　　B. 费用　　　　　　C. 成本　　　　　　D. 利润

10. 下列会计科目中,不属于资产类科目的是( )。

A. 应收账款　　　　B. 应交税费　　　　C. 坏账准备　　　　D. 长期待摊费用

11. 账户的基本结构一般分为( )。

A. 发生额和余额两部分　　　　　　　　B. 期初余额和期末余额两部分
C. 前后两部分　　　　　　　　　　　　D. 左右两部分

12. 下列项目中,账户不能提供的指标是( )。

A. 期初余额　　　　B. 期中余额　　　　C. 本期发生额　　　D. 期末余额

13. 总分类账户对明细分类账户起着( )作用。

A. 统驭和控制　　　B. 指导　　　　　　C. 补充和说明　　　D. 辅助

14. 各账户之间最本质的差别在于( )。

A. 反映的经济业务内容不同　　　　　　B. 账户的结构不同
C. 记账符号不同　　　　　　　　　　　D. 经济用途不同

15. 在下列项目中,与管理费用属于同一类科目的是( )。

A. 无形资产　　　　B. 本年利润　　　　C. 应交税费　　　　D. 投资收益

16. 下列会计科目中,属于成本类的是( )。

A. 管理费用　　　　B. 应交税费　　　　C. 在建工程　　　　D. 制造费用

二、多项选择题

1. 下列说法正确的是( )。

A. 会计科目不仅表明了本身的核算内容,也决定了其自身的结构
B. 会计科目的名称也就是账户名称
C. 会计科目和账户所反映的经济内容是不同的
D. 账户是分类核算经济业务的工具

2. 会计科目按其所归属的会计要素不同,可分为( )。

A. 所有者权益类　　B. 负债类　　　　　C. 损益类　　　　　D. 成本类
E. 资产类　　　　　F. 共同类

3. 会计科目按其所提供信息的详细程度及其统驭关系不同,分为( )科目。

A. 明细分类 　　　　　B. 总分类 　　　　　C. 损益类 　　　　　D. 成本类

4. 账户的基本结构包括(　　)。

A. 账户的名称 　　　　　　　　　　　　B. 记录各项经济业务的日期
C. 记账凭证的编号 　　　　　　　　　　D. 经济业务摘要
E. 增加和减少金额 　　　　　　　　　　F. 余额

5. 账户的"期末余额"一般在(　　)

A. 账户左方 　　　　　B. 账户右方 　　　　　C. 账户增加方
D. 可能在左方，也可能在右方

6. 设置会计科目应当遵循的原则有(　　)

A. 合法性原则 　　　B. 相关性原则 　　　C. 灵活性原则 　　　D. 实用性原则
E. 真实性原则 　　　F. 及时性原则

7. "固定资产——房屋及建筑物"科目应属于(　　)。

A. 资产类 　　　　B. 所有者权益类 　　　C. 二级明细 　　　D. 成本类
E. 负债类

8. 下列科目属于总分类科目的有(　　)。

A. 原材料 　　　　B. 甲材料 　　　　C. 应付账款 　　　　D. 资本公积
E. 未分配利润

三、判断题

1. 目前企业的总分类账户一般是根据国家有关会计制度规定的会计科目设置的。(　　)
2. 对于明细科目较多的会计科目，可在总分类科目下设置二级或多级明细科目。(　　)
3. 会计科目与账户都是对会计对象具体内容的科学分类，两者口径一致，性质相同，具有相同的格式和结构。(　　)
4. 所有的总分类账户都需设置明细分类账户。(　　)
5. "原材料"科目可按原料及材料的类别、品种、规格设置明细科目。(　　)
6. 所有企业设置的会计科目都是一样的。(　　)
7. 会计科目设置得越多越好。(　　)
8. 会计科目仅是账户的名称，不存在具体的结构。(　　)
9. 为了全面、清晰地记录各项经济业务，每一个账户既要有明确的经济内容，又必须有一定的结构。(　　)
10. 会计科目是对会计要素的具体内容进行分类核算的项目。(　　)
11. 总分类科目下设置的明细科目太多时，可在总分类科目与明细科目之间设置二级科目。(　　)
12. 设置会计科目必须与会计制度完全一致，企业无权增加或减少。(　　)
13. 管理费用和制造费用都是属于成本类科目。(　　)
14. 按一级科目设置的账户，又称总分类账户或总账账户。(　　)
15. 一个账户的同一方，可能既记录某类经济业务的增加，同时又记录该类经济业务的减少。(　　)
16. 总分类账户统驭和控制所属的明细分类账户，明细分类账户从属于总分类账户。(　　)
17. 账户的期末余额的方向，一定与该账户本期增加额的方向一致。(　　)
18. 账户本期增加额和本期减少额相抵后的差额，称为本期发生额。(　　)

练习题

习题一

（一）资料：S公司20×5年3月底，各账户有关资料表如下：（单位：万元）

账　户	期初余额 借方	期初余额 贷方	本期发生额 借方	本期发生额 贷方	期末余额 借方	期末余额 贷方
固定资产			10 000	—	210 000	
原材料	25 000		6 000		24 000	
生产成本	36 000		7 000	—		
产成品			—	—	59 000	
库存现金	3 000				3 300	
银行存款	70 000			24 100	46 900	
应收账款	7 000		—	1 200		
实收资本		300 000	—	10 000		
累计折旧			—	—		20 000
短期借款		60 000	20 000	—		
应付账款		14 000		6 000		16 000
应交税费		6 000		—		6 000
合计						

（二）要求：根据以上资料将正确数字填入空格内，并计算出合计数。

习题二

（一）资料：A公司20×5年1月31日各账户资料如下：

账　户	期初余额	本期借方发生额	本期贷方发生额	期末余额
银行存款	600 000	800 000	380 000	1 020 000
原材料	—	30 000	—	30 000
固定资产	1 000 000	200 000		1 200 000
短期借款	200 000	40 000		160 000
应付账款	160 000	160 000	10 000	10 000
应付票据	—	—	40 000	40 000
实收资本	1 000 000		960 000	1 960 000
资本公积	240 000	160 000	—	80 000

（二）要求：将上述所给资料，重新整理，令其分期初、本期发生、期末合计栏三段借贷平衡。

第四章 会计记账方法

第一节 会计记账方法的种类

一、单式记账法

单式记账法是指对发生的每一项经济业务,只在一个账户中加以登记的记账方法。

单式记账法是相对于复式记账法而言的。单式记账法下,除了对有关人欠、欠人的现金、银行存款等收付业务和各种往来账项在两个或两个以上有关账户中进行登记外,其他经济业务只需要在一个账户中进行登记。

例如,用银行存款购买材料,只记"银行存款"账户,不记"原材料"账户;购买材料,货款未付时,只记"应付账款"账户,不记"原材料"账户;收到应收款或偿付应付款时,则同时登记"库存现金"账户或"银行存款"和"应收账款"账户。对于固定资产折旧、材料物资的耗用等经济业务,因不涉及现金或银行存款的收付,故不予登记。

单式记账法的主要特点是:

第一,账户设置不完整。单式记账法通常只设置"库存现金""银行存款""应收账款""应付账款"等少数账户,其他账户都不设置。

第二,只按时序反映一部分经济业务。单式记账法只反映能引起货币资金、债权、债务增减变化的经济业务。

第三,只反映一部分经济业务的一个方面。单式记账法只反映货币资金、债权、债务等的增减变动,对导致其发生变动的原因不予反映。

第四,不能进行总体试算平衡。因为单式记账法没有记录所有的经济业务,所反映的经济业务也只是一个方面,因此不能进行全面的试算平衡。

由于单式记账法不能全面、完整、系统地反映交易或事项的来龙去脉,也不便于检查、核对账户记录的正确性,是一种比较简单、不完整的记账方法,现已很少使用,仅用于业务简单或很单一的经济个体和家庭。

二、复式记账法

(一)复式记账法的概念

复式记账法是指对于每一笔经济业务,都必须用相等的金额在两个或两个以上相互联系的账户中进行登记,全面系统地反映会计要素增减变化的一种记账方法。现代会计运用复式记账法。

（二）复式记账法的优点

复式记账是相对于单式记账而言的。单式记账是一种较为简单、不完整的记账方法，一般只记录现金的收付以及人欠、欠人的事项；复式记账是一种比较科学的记账方法，它要求对发生的每一项经济业务，都要以相等的金额在两个或两个以上的账户中记录，完整地反映企业经济业务的全貌。与单式记账法相比，复式记账法的优点主要有：

（1）能够全面反映经济业务的内容和资金运动的来龙去脉。由于复式记账对于每一项经济业务，都在两个或两个以上相互关联的账户中进行记录，账户对应关系清楚，不仅可以了解每一项经济业务的来龙去脉，而且在全部经济业务都登记入账以后，可以通过账户记录全面、系统地了解经济业务的内容和资金运动的来龙去脉。

（2）能够进行试算平衡，便于查账和对账。由于复式记账是每项经济业务发生后，都以相等的金额在有关账户中进行记录，因而可据以进行试算平衡，便于检查账户记录是否正确，并进行对账。

（三）复式记账法的种类

复式记账法可分为借贷记账法、增减记账法和收付记账法等。

1. 借贷记账法

借贷记账法是13～14世纪形成于意大利的一种复式记账法，现为世界各国广泛采用，是目前国际上通用的记账方法。我国《企业会计准则——基本准则》第十一条规定："企业应当采用借贷记账法记账。"

2. 增减记账法

增减记账法是20世纪60年代我国商业系统推广应用的一种复式记账法。其主要特点是：

（1）以"增""减"为记账符号，所有账户都分为增、减两方，将会计科目固定分为资金来源和资金占用两大类。无论是资金占用，或是资金来源，只要数额增加就记入有关账户的增方，减少就记入有关账户的减方。

（2）以"两类科目记同增同减，同类科目记有增有减"为记账规则。凡涉及资金占用账户和资金来源账户同时增加或减少的经济业务，分别记入两类有关账户的增方或减方；凡涉及资金占用（或资金来源）类账户之间此增彼减的经济业务，则分别记入该类有关账户的增方和减方。

（3）用差额平衡公式检验账簿记录的正确性。

3. 收付记账法

收付记账法是用"收""付"为记账符号，表示资金运用、资金来源、费用和收益变动的一种记账方法。其主要特点是：

（1）会计科目分为"结存类"和"收付类"两大类科目。"结存类"科目包括库存现金、银行存款、材料物资和固定资产等；"收付类"中的收入类科目包括收入、其他收入、公积金、公益金和暂收款等，付出类科目包括支出、其他支出、管理费、待摊费用、基建投资和暂付款等。

（2）记账规则是"两类科目，同收同付；同类科目，有收有付"。

（3）根据"收入－付出＝结存"这一平衡关系进行试算平衡，并检验账簿记录的正确性。

第二节 借贷记账法

一、借贷记账法的概念

借贷记账法是指以"借"和"贷"作为记账符号的一种复式记账法。

借贷记账法起源于13世纪的意大利。"借""贷"两字的含义，最初是从借贷资本经营者（银行）的角度来解释的，他们把收进的存款记在贷主的名下，表示债务（资金来源）；把付出的放款记在借主的名下，表示债权（资金占用）。当时，"借""贷"二字反映的是债权、债务的变化。随着借贷记账法在非借贷领域的广泛应用以及会计方法的改进，"借""贷"二字已失去了原有的含义而演变成纯粹的记账符号，成为会计上的专门术语，用来标明记账方向。

二、借贷记账法下的账户结构

（一）借贷记账法下账户的基本结构

借贷记账法下，账户的左方称为借方，右方称为贷方。所有账户的借方和贷方按相反方向记录增加数和减少数，即一方登记增加额，另一方就登记减少额。借贷记账法的丁字账户或者T形账户如图4－1所示。

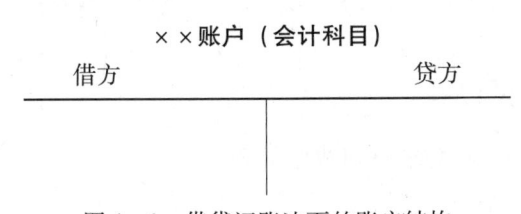

图4－1 借贷记账法下的账户结构

至于"借"表示增加，还是"贷"表示增加，则取决于账户的性质与所记录经济内容的性质。通常而言，资产、成本和费用类账户的增加用"借"表示，减少用"贷"表示；负债、所有者权益和收入类账户的增加用"贷"表示，减少用"借"表示。备抵账户的结构与所调整账户的结构正好相反。

（二）资产和成本类账户的结构

在借贷记账法下，资产类、成本类账户的借方登记增加额，贷方登记减少额；期末余额一般在借方，有时可能无余额。其余额的计算公式为：

期末借方余额 ＝ 期初借方余额 ＋ 本期借方发生额 － 本期贷方发生额

资产类、成本类账户的具体结构如图4－2所示。

资产类、成本类账户

借方		贷方	
期初余额	××		
本期增加发生额	×××	本期减少发生额	×××
	×××		×××
	…		…
本期增加发生额合计	×××	本期减少发生额合计	×××
期末余额	××		

图 4-2　资产类、成本类账户结构图

（三）负债和所有者权益类账户的结构

在借贷记账法下，负债类、所有者权益类账户的贷方登记增加额，借方登记减少额；余额一般在贷方，有时可能无余额。其余额的计算公式如下：

期末贷方余额 = 期初贷方余额 + 本期贷方发生额 - 本期借方发生额

负债类、所有者权益类账户的结构如图 4-3 所示。

负债类、所有者权益类账户

借方		贷方	
		期初余额	××
本期减少发生额	×××	本期增加发生额	×××
	×××		×××
	…		…
本期减少发生额合计	×××	本期增加发生额合计	×××
		期末余额	××

图 4-3　负债类、所有者权益类账户结构图

（四）损益类账户的结构

损益类账户主要包括收入类账户和费用类账户。

1. 收入类账户的结构

在借贷记账法下，收入类账户的借方登记减少额，贷方登记增加额。本期收入净额在期末转入"本年利润"账户，用以计算当期损益，结转后无余额。

收入类账户的结构如图 4-4 所示。

收入类账户

借方		贷方	
		期初余额	0
		本期增加发生额	×××
			×××
期末结转"本年利润"	×××		…
期末结转合计	×××	本期增加发生额合计	×××
		期末余额	0

图 4-4　收入类账户结构图

2. 费用类账户的结构

在借贷记账法下,费用类账户的借方登记增加额,贷方登记减少额。期间费用账户本期费用净额在期末转入"本年利润"账户,用以计算当期损益,结转后无余额。

期间费用账户的结构如图 4-5 所示。

期间费用账户

借方		贷方	
期初余额	0		
本期增加发生额	×××		
	×××		
	…	期末结转"本年利润"	×××
本期增加发生额合计	×××	期末结转合计	×××
期末余额	0		

图 4-5 费用类账户结构图

账户的基本结构及记录的内容可用图 4-6 概括:

××账户

借方	贷方
资产类账户增加	资产类账户减少
成本费用类账户增加	成本费用类账户减少
负债类账户减少	负债类账户增加
所有者权益类账户减少	所有者权益类账户增加
收入成果类账户减少	收入成果类账户增加

图 4-6 账户的基本结构及记录的内容

三、借贷记账法的记账规则

记账规则是指采用某种记账方法登记具体经济业务时应当遵循的规律。

借贷记账法的记账规则是"有借必有贷,借贷必相等"。即对于每一笔经济业务,都要在两个或两个以上相互联系的账户中以借方和贷方相等的金额进行登记。

这一记账规则的形成,是由借贷记账法的记账符号决定的。前已述及,经济业务发生所引起的会计要素的增减变化不外乎九种情况。而这九种情况用借贷记账法的记账符号来表示,每一种情况都是既有借又有贷,而且借贷的金额相等。因此,借贷记账法就以"有借必有贷,借贷必相等"作为它的记账规则,并要求对任何一项经济业务的记录,一方面要记入有关账户的借方,另一方面同时要记入有关账户的贷方,而不能都记借方或者都记贷方,并且记入借方的金额要与记入贷方的金额相等。否则,记账就会发生错误。

运用借贷记账法的记账规则登记经济业务时,一般按以下步骤进行:
① 分析经济业务中所涉及的账户名称,并判断账户的性质。
② 确定账户所涉及的资金数量是增加还是减少,增加或者减少的金额是多少。
③ 根据账户的结构(图 4-6)确定记入账户的方向、金额。

【例4-1】A公司20×1年5月份发生以下经济业务：

① 5月3日，收到投资人张×追加投资200 000元，存入银行。

这是属于资产和所有者权益同时增加的业务类型。这项业务使公司资产类账户"银行存款"增加200 000元，同时使所有者权益类账户"实收资本"增加200 000元，会计等式两边的金额同增。银行存款属于资产类账户，增加记借方；实收资本属于所有者权益类，增加记贷方。登记入账如图4-7所示。

借方	实收资本	贷方	借方	银行存款	贷方
	期初余额	300 000		期初余额 335 000	
	①	200 000	← →	① 200 000	

图4-7 业务①的入账过程

② 5月8日，A公司向供应商购入原材料一批，价值20 000元，货款暂欠，材料已验收入库（暂不考虑增值税）。

这是属于资产和负债同时增加的业务类型。这项经济业务使A公司的"原材料"账户增加20 000元，同时"应付账款"账户增加20 000元。"原材料"账户属于资产类账户，增加记入借方；"应付账款"账户属于负债类账户，增加记入贷方。该业务引起会计等式两边同增。登记入账如图4-8。

借方	应付账款	贷方	借方	原材料	贷方
	期初余额	10 000		期初余额 100 000	
	②	20 000	← →	② 20 000	

图4-8 业务②的入账过程

③ 5月15日，A公司以银行存款支付上月所欠购原材料款10 000元。

这是属于资产和负债同时减少的业务类型。这项业务，使A公司的资产类账户"银行存款"减少10 000元，应记入账户的贷方；使负债类账户"应付账款"减少10 000元，应记入账户的借方。这项业务引起会计等式两边同减，登记入账如图4-9所示。

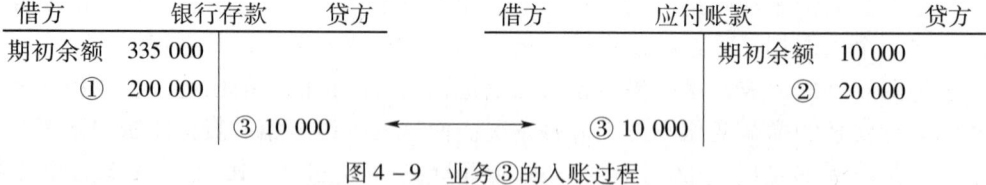

借方	银行存款	贷方	借方	应付账款	贷方
期初余额 335 000				期初余额 10 000	
① 200 000				② 20 000	
		③ 10 000	← →	③ 10 000	

图4-9 业务③的入账过程

④ 5月21日，从银行提取现金2 000元以备零用。

这是属于一项资产增加，另一项资产减少的业务类型。这项业务使A公司"库存现金"增加2 000元，同时使"银行存款"减少2 000元。二者都属于资产类账户，应分别记入"库存现金"账户的借方和"银行存款"账户的贷方。登记入账如图4-10所示。

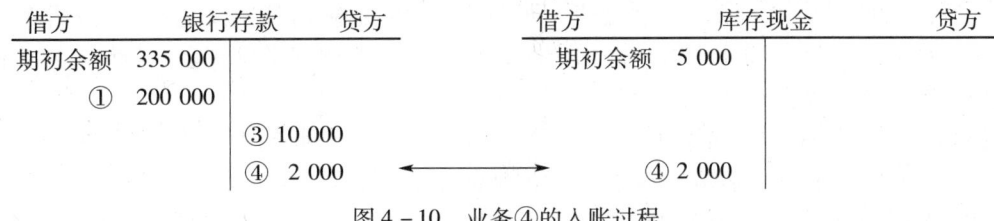

图 4-10 业务④的入账过程

⑤ 5 月 26 日，向银行借入短期借款 20 000 元，期限 6 个月，用于归还前欠的材料款。

这是属于一项负债增加、另一项负债减少的业务类型。其中"短期借款"增加记入贷方，"应付账款"减少记入借方，仍然是"有借必有贷，借贷必相等"。登记入账如图 4-11 所示。

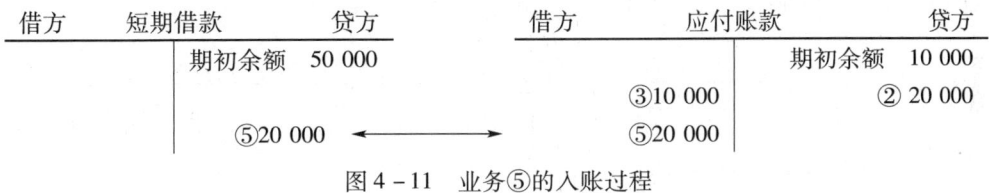

图 4-11 业务⑤的入账过程

⑥ 5 月 31 日，经批准，企业将资本公积 50 000 元转增实收资本。

这一经济业务的发生，引起所有者权益内部项目的增减变动，涉及所有者权益类账户中"资本公积"和"实收资本"两个账户："资本公积"账户减少 50 000 元，"实收资本"账户增加 50 000 元。因此，应以相同的金额 50 000 元记入"资本公积"借方和"实收资本"贷方，所有者权益总额不变。登记入账如图 4-12 所示。

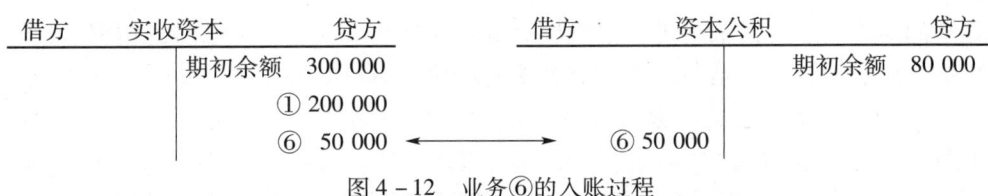

图 4-12 业务⑥的入账过程

从上述经济业务记入账户的过程可看出借贷记账法的三条规则：

第一，对于每项经济业务都必须同时记入两个或两个以上相互联系的账户。

第二，所记入的账户可属于同类，也可属于不同类，这取决于经济业务的类型，但记入账户时，一个记在借方，则另一个必须记在贷方。

第三，对于每项经济业务都应以相等的金额在借贷两方同时登记。

上述举例的每一笔经济业务中，所涉及的账户只有一个借方账户和一个贷方账户。但实际的经济业务远比这复杂得多，往往一笔经济业务同时涉及一个账户的借方和几个账户的贷方，或者是一个账户的贷方和几个账户的借方，或是多个账户的借方和多个账户的贷方。但无论有多复杂，在借贷记账法下，都应遵循"有借必有贷，借贷必相等"的记账规则。当一笔经济业务涉及一个账户的借方和几个账户的贷方时，必须使记入借方账户的金额等于记入贷方的几个账户金额之和,即借贷两方的金额相等。反过来,当一笔经济业务涉及一个账户的贷方和几个账户的借方时,也应使记入贷方账户的金额与记入借方的几个账户金额之和相等。

【例4-2】B公司购入原材料一批,价格125 500元,以银行存款支付125 000元,余款用现金支付,材料已验收入库(暂不考虑增值税)。

这一笔经济业务,所涉及的账户有资产类账户中的"原材料"账户、"银行存款"账户与"库存现金"账户。其中:原材料增加125 500元,银行存款减少125 000元,现金减少500元。资产类账户,增加记入借方,减少记入贷方。这里所涉及的三个资产账户中,"原材料"账户增加记入借方;"银行存款"账户、"库存现金"账户减少应记入贷方。因此,这项业务涉及借方有一个账户,贷方有两个账户。处理时,应使借方"原材料"账户的金额等于记入贷方"银行存款"账户和"库存现金"账户的金额之和,即"原材料"账户借方登记125 500元,"银行存款"账户贷方登记125 000元和"库存现金"账户贷方登记500元,借贷两方金额相等。具体入账如图4-13所示。

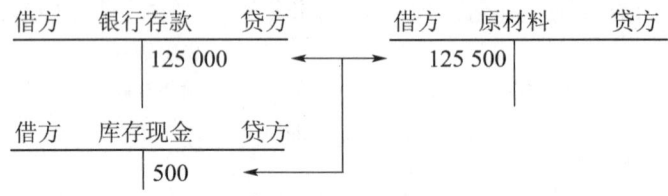

图4-13 购买原材料、付款业务的入账过程

四、借贷记账法下的账户对应关系与会计分录

(一)账户的对应关系

账户的对应关系是指采用借贷记账法对每笔交易或事项进行记录时,相关账户之间形成的应借、应贷的相互关系。存在对应关系的账户称为对应账户。

如例4-1,业务①中,"银行存款"的对应账户为"实收资本",二者形成对应关系;业务②中,"应付账款"的对应账户为"原材料",二者形成对应关系;业务③中,"银行存款"的对应账户为"应付账款",二者形成对应关系等。

(二)会计分录

1. 会计分录的含义

会计分录,简称分录,是对每项经济业务列示出应借、应贷的账户及其金额的一种记录。

会计分录由应借应贷方向、相互对应的科目及其金额三个要素构成。在我国,会计分录记载于记账凭证中。

在会计实务工作中,为了便于把经济事项正确而恰当地记入相关账户,需要采用一种专门的方法,根据经济业务的内容决定应记入的账户、应借应贷的方向及金额,以确保各项经济业务正确的账户对应关系,这种方法就是编制会计分录。

首先,企业在日常经营过程中发生的大量经济业务,如果将其直接记入有关账户,不但工作量大，而且容易发生差错，进而影响会计信息的正确性。其次，原始凭证是企业在经济业务发生时所取得或填制的，它一般没有标明该项经济业务应记账户的名称、记账方向等，因而会计人员无法据此直接记账。为了便于记账，保证账户记录的正确性，在记账之前，应先对经济业务进行分析，确定经济业务所涉及的账户及其借贷方向和金额。因此，编制会计分录，是对经济业务的会计确认和计量结果进行的初步记载，也是将经济业务登记入账前的一项准备工作，是保证记账正确性的重要一环。

2. 会计分录的分类

按照所涉及账户的多少，会计分录分为简单会计分录和复合会计分录。简单会计分录指只涉及一个账户借方和另一个账户贷方的会计分录，即一借一贷的会计分录。复合会计分录指由两个以上（不含两个）对应账户所组成的会计分录，即一借多贷、多借一贷或多借多贷的会计分录。

3. 会计分录的编制步骤

① 分析经济业务事项涉及的账户。一项经济业务发生后，首先分析该项经济业务所涉及的会计账户类型，是属于资产类账户、负债类账户、所有者权益类账户，还是属于收入类账户、费用成本类账户等。

② 确定涉及哪些账户，是增加还是减少。在第一步的基础上，确定经济业务事项具体涉及哪些账户，比如是资产类账户中的"库存现金"，还是负债类账户中的"短期借款"等，该账户的金额是增加了还是减少了。

③ 确定哪个（或哪些）账户记借方，哪个（或哪些）账户记贷方。

④ 编制会计分录，并检查是否符合记账规则。

【例4-3】仍以前面所举A公司5月份的经济业务为例，编制会计分录：

① 借：银行存款　　　　　　　　　　　　　　200 000
　　贷：实收资本　　　　　　　　　　　　　　　　　　200 000
② 借：原材料　　　　　　　　　　　　　　　 20 000
　　贷：应付账款　　　　　　　　　　　　　　　　　　 20 000
③ 借：应付账款　　　　　　　　　　　　　　 10 000
　　贷：银行存款　　　　　　　　　　　　　　　　　　 10 000
④ 借：库存现金　　　　　　　　　　　　　　　2 000
　　贷：银行存款　　　　　　　　　　　　　　　　　　　2 000
⑤ 借：应付账款　　　　　　　　　　　　　　 20 000
　　贷：短期借款　　　　　　　　　　　　　　　　　　 20 000
⑥ 借：资本公积　　　　　　　　　　　　　　 50 000
　　贷：实收资本　　　　　　　　　　　　　　　　　　 50 000

上述会计分录都是一借一贷的会计分录，属于简单会计分录。

【例4-4】大华公司以银行存款偿还到期一次还本付息的短期借款4 000元，同时支付借款利息150元。

此笔经济业务涉及的账户是资产类账户的"银行存款"账户、负债类账户中的"短期借款"账户以及费用类账户中的"财务费用"账户。"银行存款"减少了4150元，计入该账户贷方；"短期借款"减少了4 000元，计入该账户借方；借款利息是一项财务费用，增加了150元，应计入"财务费用"账户的借方。会计分录如下：

借：短期借款 4 000
　　财务费用 150
　　贷：银行存款 4 150

这笔分录即是复合会计分录，它涉及两个以上的账户。借方和贷方的金额总额相等，符合借贷记账法的记账规则。

无论是简单会计分录还是复合会计分录，其编制步骤都是相同的。编制会计分录时，应认真分析经济业务所涉及的账户类型、金额的增减，确定应借应贷的方向和金额。从会计核算的全部过程来看，编制会计分录是会计工作中的基础性工作，它贯穿于每个会计循环的始终。如果会计分录出现了错误，必然影响全部的会计数据资料和信息的质量，所以必须正确地编制会计分录，为账簿记录、财务会计报告的准确性提供基础保障。

五、借贷记账法下的试算平衡

（一）试算平衡的含义

试算平衡是指根据借贷记账法的记账规则和资产与权益的恒等关系，通过对所有账户的发生额和余额的汇总计算和比较，来检查记录是否正确的一种方法。

（二）试算平衡的分类

试算平衡包括发生额试算平衡法和余额试算平衡法两种方法。

1. 发生额试算平衡法

发生额试算平衡是指全部账户本期借方发生额合计与全部账户本期贷方发生额合计保持平衡。即：

全部账户本期借方发生额合计 = 全部账户本期贷方发生额合计

由于借贷记账法对每项经济业务的记录都是按照"有借必有贷，借贷必相等"的记账规则进行的，这就使每项经济业务的借方发生额和贷方发生额一定相等，所以一定时期内的全部账户借方发生额合计与全部账户贷方发生额合计也必定相等。

例4-1 A公司5月份发生的6笔经济业务，编制发生额试算平衡表如表4-1所示。

表4-1 本期发生额试算平衡表

20×1年5月31日

会计科目	本期发生额	
	借方	贷方
库存现金	④2 000	
银行存款	①200 000	③10 000；④2 000
原材料	②20 000	
短期借款		⑤20 000
应付账款	③10 000；⑤20 000	②20 000
实收资本		①200 000；⑥50 000
资本公积	⑥50 000	
合计	302 000	302 000

2. 余额试算平衡法

余额试算平衡是指全部账户借方期末（初）余额合计与全部账户贷方期末（初）余额合计保持平衡。余额试算平衡根据余额时间不同，分为期初余额平衡与期末余额平衡两类。期初余额平衡是期初所有账户借方余额合计与贷方余额合计相等，期末余额平衡是期末所有账户借方余额合计与贷方余额合计相等。这是由"资产＝负债＋所有者权益"的恒等关系决定的。因此，余额试算平衡的直接依据是财务状况等式。公式为：

全部账户借方期末（初）余额合计 ＝ 全部账户贷方期末（初）余额合计

根据"资产＝负债＋所有者权益"的恒等关系，运用借贷记账法在账户中记录经济业务的结果，各项资产余额合计必然等于各项负债和所有者权益的余额合计。在借贷记账法下，资产账户的余额体现在账户的借方，负债和所有者权益账户的余额体现在账户的贷方，因此所有账户的借方余额合计与所有账户的贷方余额合计必然相等。

（三）试算平衡表的编制

试算平衡是通过编制试算平衡表进行的。试算平衡表通常是在期末结出各账户的本期发生额合计和期末余额后编制的。试算平衡表一般应设置"期初余额""本期发生额""期末余额"三大栏目，其下分设"借方""贷方"两个小栏。各大栏中的借方合计与贷方合计应该平衡相等，否则便存在记账错误。为了简化表格，试算平衡表也可只根据各个账户的本期发生额编制，不填列各账户的期初余额和期末余额。

【例 4-5】假定 A 公司 5 月有关账户的期初余额如表 4-2 所示。

表 4-2　A 公司有关账户 5 月份期初余额

会计科目	期初余额	
	借方	贷方
库存现金	5 000	
银行存款	335 000	
原材料	100 000	
短期借款		50 000
应付账款		10 000
实收资本		300 000
资本公积		80 000
合计	440 000	440 000

根据表 4-2 和前述 6 笔经济业务可编制 A 公司余额试算平衡表如表 4-3 所示。

表 4-3 余额试算平衡表

20×1 年 5 月 31 日

会计科目	期初余额		期末余额	
	借方	贷方	借方	贷方
库存现金	5 000		7 000	
银行存款	335 000		523 000	
原材料	100 000		120 000	
短期借款		50 000		70 000
应付账款		10 000		
实收资本		300 000		550 000
资本公积		80 000		30 000
合计	440 000	440 000	650 000	650 000

实际工作中，余额试算平衡通过编制试算平衡表进行。A 公司 5 月份的试算平衡情况如表 4-4 所示。

表 4-4 试算平衡表

20×1 年 5 月 31 日

会计科目	期初余额		本期发生额		期末余额	
	借方	贷方	借方	贷方	借方	贷方
库存现金	5 000		2 000		7 000	
银行存款	335 000		200 000	12 000	523 000	
原材料	100 000		20 000		120 000	
短期借款		50 000		20 000		70 000
应付账款		10 000	30 000	20 000		
实收资本		300 000		250 000		550 000
资本公积		80 000	50 000			30 000
合计	440 000	440 000	302 000	302 000	650 000	650 000

在编制试算平衡表时，应注意以下几点：

（1）必须保证所有账户的数额均已记入试算平衡表。因为会计等式是对会计要素整体而言的，缺少任何一个账户的数额都会造成期初或期末借方余额合计与贷方余额合计不相等的情况。

（2）如果试算平衡表借贷不相等，说明账户记录有错误，应认真查找，直到平衡为止。

（3）即使实现了有关三栏的平衡关系，也不能说明账户记录绝对正确，因为有些错误并不会影响借贷双方的平衡关系。例如发生以下错误：

①漏记某项经济业务，将使本期借贷双方的发生额发生等额减少，借贷仍然平衡。

②重记某项经济业务，将使本期借贷双方的发生额发生等额虚增，借贷仍然平衡。

③某项经济业务记错有关账户，借贷仍然平衡。

④ 某项经济业务在账户记录中颠倒了记账方向，借贷仍然平衡。
⑤ 借方或贷方发生额中偶然发生多记少记并相互抵销，借贷仍然平衡等。
因此，在编制试算平衡表之前，应认真核对有关账户记录，预防上述错误的发生。

第三节　总分类账户与明细分类账户的平行登记

一、总分类账户与明细分类账户的关系

账户按提供信息的详细程度及统驭关系不同，可分为总分类账户和明细分类账户。

（一）总分类账户

总分类账户，是指根据总分类科目设置的，用于对会计要素具体内容进行总括分类核算的账户，简称总账账户或总账。根据账户所反映的经济内容可以分为资产类、负债类、所有者权益类、成本类、损益类五大类。

（二）明细分类账户

明细分类账户，是指根据明细分类科目设置的，用于对会计要素具体内容进行明细分类核算的账户，简称明细账。明细分类账户也可进一步分为二级明细账、三级明细账等。在实际工作中，将总账账户称为一级账户，总账以下账户称为明细账户。

（三）总分类账户与明细分类账户的关系

总分类账户对其所属的明细分类账户具有统驭控制作用，明细分类账户对总分类账户具有补充说明作用。总分类账户与其所属明细分类账户在总金额上是相等的。

总分类账户是对会计要素各项目增减变化的总括反映，提供总括的资料，是对有关明细分类账户资料的综合。而明细分类账户反映的是会计要素各项目增减变化的详细情况，提供了某一具体方面的详细资料，有些明细分类账户还可以提供实物数量指标和劳动量指标等，是对其总分类账户资料的具体化。

二、总分类账户与明细分类账户的平行登记

平行登记是指对所发生的每项经济业务都要以会计凭证为依据，一方面记入有关总分类账户，另一方面记入有关总分类账户所属明细分类账户的方法。

根据总分类账户与明细分类账户的关系，在会计核算中为了便于对账户记录进行核对，保证账户记录的正确性和完整性，满足管理上对总括会计信息和详细会计信息的需求，总分类账户与其所属的明细分类账户必须采用平行登记的方法。

总分类账户与明细分类账户的平行登记要求做到：所依据的会计凭证相同；借贷方向相同；所属会计期间相同；计入总分类账户的金额与计入其所属明细分类账户的合计金额相等。

1. 依据相同

对于发生的经济业务，要依据相同的会计凭证，一方面在有关的总分类账户中登记，另一方面在该总分类账户所属明细分类账户中登记。

2. 方向相同

对于发生的每一项经济业务，记入总分类账户和其所属明细分类账户的方向必须相同。如果总分类账户登记在借方，所属的明细分类账户也应该登记在借方；相反，如果总分类账户登记在贷方，那么其所属明细分类账户也应该登记在贷方。

3. 期间相同

对于发生的每一项经济业务，在记入总分类账户和明细分类账户过程中，可以有先有后，但必须在同一会计期间全部登记入账。即一项经济业务发生后，必须在记入总分类账户进行总括登记的同一会计期间，在其所属明细分类账户进行明细分类登记。

4. 金额相等

对于发生的每一项经济业务，记入总分类账户的金额必须等于记入所属明细分类账户的金额之和。进而，总分类账户本期发生额与其所属明细分类账户本期发生额合计相等，总分类账户期初余额与其所属明细分类账户期初余额合计相等，总分类账户期末余额与其所属明细分类账户期末余额合计相等。

下面以"原材料"账户和"应付账款"账户为例，说明总分类账户与明细分类账户的平行登记方法。

【例4-6】B公司20×1年4月1日"原材料"和"应付账款"两个总分类账户及其所属明细分类账户的有关资料如下：

"原材料"总分类账户有借方金额36 000元，其所属明细分类账户余额如下：

名称	重量	单价	金额
A材料	300kg	60元	18 000元
B材料	200kg	90元	18 000元
合计			36 000元

"应付账款"总分类账户有贷方余额38 000元，其所属明细分类账户余额如下：

名称	金额
红光公司	22 000元
科创公司	16 000元
合计	38 000元

该公司4月份发生下列经济业务：

① 4月2日，向红光公司购入A材料500kg，单价60元，价款30 000元；B材料300kg，单价90元，价款27 000元（暂不考虑增值税）。材料已验收入库，货款尚未支付。编制会计分录如下：

借：原材料——A材料　　　　　　　　　　　　　　　　30 000
　　　　　——B材料　　　　　　　　　　　　　　　　27 000

贷：应付账款——红光公司　　　　　　　　　　　　　　　　57 000

②4月6日，车间从仓库领用原材料一批，其中A材料700kg，单价60元，计42 000元；B材料300kg，单价90元，计27 000元。编制会计分录如下：

借：生产成本　　　　　　　　　　　　　　　　　69 000
　　贷：原材料——A材料　　　　　　　　　　　　　　42 000
　　　　　　——B材料　　　　　　　　　　　　　　27 000

③4月12日，向科创公司购入材料一批（暂不考虑增值税），其中A材料300kg，单价60元，价款18 000元；B材料400kg，单价90元，价款36 000元。材料已验收入库，货款尚未支付。编制会计分录如下：

借：原材料——A材料　　　　　　　　　　　　　　18 000
　　　　——B材料　　　　　　　　　　　　　　36 000
　　贷：应付账款——科创公司　　　　　　　　　　　　54 000

④4月20日，以银行存款偿还欠红光公司的货款50 000元，偿还欠科创公司的货款46 000元。编制会计分录如下：

借：应付账款——红光公司　　　　　　　　　　　　　　50 000
　　　　——科创公司　　　　　　　　　　　　　　46 000
　　贷：银行存款　　　　　　　　　　　　　　　　96 000

根据上述业务，在"原材料"和"应付账款"的总分类账户及其所属的明细分类账户中进行平行登记，步骤如下：

①将月初余额分别记入"原材料"和"应付账款"总分类账户及其所属的明细分类账户，在"原材料"的明细分类账户中，还需要登记各种材料的数量和单价。

②根据经济业务发生的先后次序和编制的会计分录，依次在"原材料"和"应付账款"两个总分类账户和其所属的明细分类账户中进行平行登记，并计算出各账户的本期发生额和期末余额。

上述业务，在有关的"原材料"和"应付账款"总分类账户和所属明细分类账户中的登记结果，如表4-5～表4-10所示。

表4-5　总分类账户

会计科目：原材料

20×1年		凭证号数	摘要	对方科目	借方	贷方	借或贷	余额
月	日							
4	1		月初余额				借	36 000
	2	①	购入	应付账款	57 000		借	93 000
	6	②	生产领用	生产成本		69 000	借	24 000
	12	③	购入	应付账款	54 000		借	78 000
4	31		本月合计		111 000	69 000	借	78 000

表4-6 原材料明细分类账户

明细科目：A材料　　　　　　　　　　　　　　　　　　　　　　　　　数量单位：kg

20×1年		凭证号数	摘要	收入			发出			结存		
月	日			数量	单价	金额	数量	单价	金额	数量	单价	金额
4	1		月初余额							300	60	18 000
	2	①	购入	500	60	30 000				800	60	48 000
	6	②	生产领用				700	60	42 000	100	60	6 000
	12	③	购入	300	60	18 000				400	60	24 000
4	31		本月合计	800		48 000	700		42 000	400	60	24 000

表4-7 原材料明细分类账户

明细科目：B材料　　　　　　　　　　　　　　　　　　　　　　　　　数量单位：kg

20×1年		凭证号数	摘要	收入			发出			结存		
月	日			数量	单价	金额	数量	单价	金额	数量	单价	金额
4	1		月初余额							200	90	18 000
	2	①	购入	300	90	27 000				500	90	45 000
	6	②	生产领用				300	90	27 000	200	90	18 000
	12	③	购入	400	90	36 000				600	90	54 000
4	31		本月合计	700		63 000	300		27 000	600	90	54 000

表4-8 总分类账户

会计科目：应付账款

20×1年		凭证号数	摘要	对方科目	借方	贷方	借或贷	余额
月	日							
4	1		月初余额				贷	38 000
	2	①	购入材料	原材料		57 000	贷	95 000
	12	③	购入材料	原材料		54 000	贷	149 000
	20	④	偿还货款	银行存款	96 000		贷	53 000
4	31		本月合计		96 000	111 000	贷	53 000

表4-9 应付账款明细分类账

明细科目：红光公司

20×1年		凭证号数	摘要	借方	贷方	借或贷	余额
月	日						
4	1		月初余额			贷	22 000
	2	①	购入材料		57 000	贷	79 000
	20	④	偿还货款	50 000		贷	29 000
4	31		本月合计	50 000	57 000	贷	29 000

表4-10 应付账款明细分类账

明细科目：科创公司

20×1年		凭证号数	摘要	借方	贷方	借或贷	余额
月	日						
4	1		月初余额			贷	16 000
	12	③	购入材料		54 000	贷	70 000
	20	④	偿还货款	46 000		贷	24 000
4	31		本月合计	46 000	54 000	贷	24 000

可以看出，在平行登记下，"原材料"和"应付账款"总分类账户的期初余额、本期借方发生额、本期贷方发生额以及期末余额，都分别与其所属的明细分类账户的期初余额之和、本期借方发生额之和、本期贷方发生额之和以及期末余额之和相等。这样，总分类账户对明细分类账户的统驭作用，明细分类账户对总分类账户的补充作用一目了然。

由于总分类账户本期发生额及余额与其所属明细分类账户的本期发生额及余额的合计必然相等关系，期末可对总分类账户和其所属的明细分类账户进行核对和检查，以便发现和纠正错误。这种核对，是通过编制"总分类账户与明细分类账户发生额及余额对照表"进行的。

例如，上例中，"原材料"和"应付账款"两个总分类账户与其所属明细分类账户的对照情况，如表4-11所示。

表4-11 总分类账户与明细分类账户发生额及余额对照表

20×1年4月

会计科目	期初余额		本期发生额		期末余额	
	借方	贷方	借方	贷方	借方	贷方
原材料	36 000		111 000	69 000	78 000	
A材料	18 000		48 000	42 000	24 000	
B材料	18 000		63 000	27 000	54 000	
应付账款		38 000	96 000	111 000		53 000
红光公司		22 000	50 000	57 000		29 000
科创公司		16 000	46 000	54 000		24 000

从表4-11可以看出，"原材料"总分类账户的期初余额36 000元，等于"A材料"期初余额18 000元加上"B材料"的期初余额18 000元之和；本期借方发生额111 000元，等于"A材料"借方发生额48 000元加上"B材料"借方发生额63 000元之和；本期贷方发生额69 000元，也等于"A材料"的贷方发生额42 000元与"B材料"的贷方发生额27 000元之和；期末余额78 000元，等于"A材料"期末余额24 000元与"B材料"期末余额54 000元之和。同样，"应付账款"总分类账户期初余额，本期借方、贷方

发生额和期末余额与其所属明细分类账户的期初余额，本期借方、贷方发生额和期末余额之和也分别相等。通过这样的相互核对，可以确定上述账户登记是正确的。

思考与练习

重要概念

会计科目　复式记账　试算平衡　会计分录　账户　总分类账户　明细分类账户　平行登记

思考题

1. 什么是复式记账法？什么是借贷记账法？其记账原理是什么？
2. 借贷记账法下账户的基本结构是什么？经济业务的记录方向取决于什么？
3. 什么是会计分录？借贷记账法下如何进行试算平衡？
4. 什么是平行登记？如何进行平行登记？

客观题

一、单项选择题

1. 借贷记账法的理论依据是(　　)。
   A. 复式记账法　　　　　　　　　　B. 资产 = 负债 + 所有者权益
   C. 有借必有贷，借贷必相等　　　　D. 借贷平衡
2. 我国会计准则规定的记账方法是(　　)。
   A. 增减记账法　　B. 收付记账法　　C. 借贷记账法　　D. 单式记账法
3. 复式记账法是对每一笔经济业务都在(　　)相互联系的账户中进行登记。
   A. 两个　　　　　B. 三个　　　　　C. 一个　　　　　D. 两个或两个以上
4. 以下项目中，借贷记账法的"借"表示的是(　　)。
   A. 费用的增加　　B. 负债的增加　　C. 所有者权益的增加　　D. 收入的增加
5. 费用（成本）类账户的借方登记(　　)。
   A. 增加发生额　　B. 减少发生额　　C. 增加或减少发生额　　D. 以上都不对
6. 负债类账户的期末余额一般在(　　)。
   A. 借方　　　　　B. 贷方　　　　　C. 借方或贷方　　D. 一般无期末余额
7. "应收账款"账户的期末余额等于(　　)。
   A. 期初余额 + 本期借方发生额 − 本期贷方发生额
   B. 期初余额 − 本期借方发生额 − 本期贷方发生额
   C. 期初余额 + 本期借方发生额 + 本期贷方发生额
   D. 期初余额 − 本期借方发生额 + 本期贷方发生额
8. 发生额试算平衡公式是(　　)。
   A. 全部账户本期借方发生额合计 = 全部账户本期贷方发生额合计
   B. 某账户本期借方发生额合计 = 该账户本期贷方发生额合计
   C. 资产本期借方发生额合计 = 负债本期贷方发生额合计
   D. 借方增加额合计 = 贷方增加额合计

9. 某企业月初"短期借款"科目贷方100 000元,本月向银行借入短期借款450 000元,以银行存款偿还短期借款200 000元。则月末"短期借款"科目的余额为( )。

A. 借方650 000元　　B. 贷方350 000元　　C. 借方150 000元　　D. 贷方150 000元

10. 在一般情况下,一个账户的增加发生额与其期末余额记在账户的( )。

A. 借方　　B. 贷方　　C. 相同方向　　D. 相反方向

11. 用转账支票购买办公用品,其会计分录是( )。

A. 借:管理费用;贷:库存现金　　B. 借:库存商品;贷:银行存款
C. 借:管理费用;贷:银行存款　　D. 借:银行存款;贷:管理费用

12. 某公司年初资产总额为100万元,本期负债减少5万元,所有者权益增加20万元,则期末资产总额为( )万元。

A. 100　　B. 120　　C. 115　　D. 125

13. 复式记账是对企业每笔发生的经济业务都在两个或者两个以上相互联系的( )中进行记录的记账方法。

A. 会计要素　　B. 会计账户　　C. 会计凭证　　D. 会计账号

14. 如果某一账户的左边登记增加,右边登记减少,期初余额在左方,若本期期末余额在右方,则表明( )。

A. 本期增加发生额低于本期减少发生额的差额小于期初余额
B. 本期增加发生额低于本期减少发生额的差额大于期初余额
C. 本期增加发生额超过本期减少发生额的差额大于期初余额
D. 本期增加发生额超过本期减少发生额的差额小于期初余额

15. 下列经济业务中,属于资产内部一个项目增加,另一个项目减少的业务是( )。

A. 从银行提取现金　　B. 以银行存款归还借款
C. 借入短期借款存入银行　　D. 购买材料款项尚未支付

16. 某企业资产总额为5 000万元,负债为1 000万元,以银行存款500万元偿还借款,并以银行存款500万元购买固定资产后,则该企业资产总额为( )万元。

A. 4 000　　B. 5500　　C. 4 500　　D. 5 000

二、多项选择题

1. 有关借贷记账法,下列说法正确的是( )。

A. 采用"借""贷"作为记账符号
B. 以"资产=负债+所有者权益"这一会计等式作为理论依据
C. 记账规则是"有借必有贷,借贷必相等"
D. 是我国会计核算的法定记账方法

2. 有关资产类账户的结构,下列说法正确的是( )。

A. 借方登记资产金额的增加　　B. 贷方登记资产金额的减少
C. 期末余额一般在借方　　D. 借方登记资产的减少

3. 从银行借入短期借款10 000元,用于归还前欠货款。正确的说法有( )。

A. 借记"银行存款"10 000元　　B. 贷记"短期借款"10 000元
C. 借记"应付账款"10 000元　　D. 贷记"应付账款"10 000元

4. 收到投资人投入固定资产200 000元。正确的说法有( )。

A. 借记"固定资产"200 000元　　B. 贷记"实收资本"200 000元
C. 贷记"固定资产"200 000元　　D. 借记"实收资本"200 000元

5. 某项经济业务发生后,一个资产账户记借方,则有可能( )。

A. 另一个资产账户记贷方　　B. 另一个负债账户记贷方

C. 另一个所有者权益账户记贷方 D. 另一个资产账户记借方

6. 总分类账户与明细分类账户的平行登记的要点是( )。
   A. 所依据会计凭证相同 B. 借贷方向相同
   C. 所属会计期间相同
   D. 计入总分类账户的金额与计入其所属明细分类账户的合计金额相等

7. 会计分录包括( )。
   A. 简单会计分录 B. 复合会计分录
   C. 单式分录 D. 混合分录

8. 有关总分类账户和明细分类账户的关系,以下说法正确的有( )。
   A. 总分类账户对明细分类账户具有统驭控制作用
   B. 明细分类账户对总分类账户具有补充说明作用
   C. 记入总分类账户的金额与记入其所属明细分类账户的金额之和应当相等
   D. 总分类账户与明细分类账户所起的作用不同

9. 借贷记账法中,"借""贷"二字正确的含义是( )。
   A. "借"表示增加,"贷"表示减少
   B. "贷"表示增加,"借"表示减少
   C. "借""贷"二字只是一个符号,不能单纯代表增加,也不能单纯代表减少
   D. "借""贷"二字依据会计科目不同,有时代表增加,有时代表减少

三、判断题

1. 会计科目是确定所发生的经济业务应记入何种账簿以及分门别类登记的依据。( )
2. 总分类账户本期发生额与其所属明细分类账户本期发生额合计相等。( )
3. 总分类账户期初、期末余额与其所属明细分类账户期初、期末余额合计未必相等。( )
4. 对每一项经济业务,记入总分类账户的同时必须记入明细分类账户。( )
5. 总分类账户登记在借方,其所属的明细分类账户可以登记在贷方。( )
6. 资产类账户登记借方金额,表示该账户金额的增加,登记贷方金额,表示该账户金额减少。( )
7. 权益类账户发生增加额时登记在该账户的贷方,发生减少额时登记在该账户的借方,其余额一般出现在账户的借方。( )
8. 费用(成本)类账户期末一般无余额,如果有余额,则期末余额在贷方。( )
9. 对每一个账户来说,期初余额只可能在账户的一方——借方或贷方。( )

练习题

习题一

(一)资料:某公司 20×1 年 5 月 31 日,有关总分类账户的余额如下:

原材料明细分类账和应付账款明细分类账的余额如下:

A 材料	200t	5 000 元/t	计 1 000 000 元
B 材料	1 000kg	300 元/kg	计 300 000 元
C 材料	5 000kg	40 元/kg	计 200 000 元
原材料合计			1 500 000 元
欠大明公司货款		50 000 元	
欠星光公司货款		30 000 元	
应付账款合计		80 000 元	

6月发生以下有关业务（为简化核算，本习题材料购入业务均不考虑增值税等）：

① 3 日，从大明公司购入 A 种材料 12t，5 000 元/t，材料已验收入库，货款尚未支付。

② 5 日，以银行存款购入价款为 670 000 元的材料，材料已验收入库。其中：A 材料 80t，5 000 元/t，计 400 000 元；B 材料 500kg，300 元/kg，计 150 000 元；C 材料 3 000kg，40 元/kg，计 120 000 元。

③ 10 日，仓库发出价款为 1 030 000 元的生产用原材料。其中：A 材料 120t，5 000 元/t，计 600 000 元；B 材料 900kg，300 元/kg，计 270 000 元；C 材料 4 000kg，40 元/kg，计 160 000 元。

④ 12 日，从大明公司购入 A 材料 10t，5000 元/t；从星光公司购入 C 材料 1 750kg，40 元/kg；材料已验收入库，货款尚未支付。

⑤ 15 日，仓库发出价款为 520 000 元的生产用原材料。其中：A 材料 60t，5 000 元/t，计 300 000 元；B 材料 400kg，300 元/kg，计 120 000 元；C 材料 2 500kg，40 元/kg，计 100 000 元。

⑥ 18 日，用银行存款归还应付账款 30 000 元。其中：归还大明公司货款 20 000 元，归还星光公司货款 10 000 元。

⑦ 22 日，用银行存款购入价款为 650 000 元的原材料，材料已验收入库。其中：A 材料 30t，5 000 元/t，计 150 000 元；B 材料 1200kg，300 元/kg，计 360 000 元；C 材料 3 500kg，40 元/kg，计 140 000 元。

⑧ 29 日，向银行借入短期借款用以归还应付账款 90 000 元。其中：归还大明公司货款 54 000 元，归还星光公司货款 36 000 元。

（二）要求：1. 开设"原材料"和"应付账款"总账（用三栏式）并登记期初余额。

2. 开设"原材料——A 材料""原材料——B 材料"和"原材料——C 材料"明细分类账户（用数量金额式）和"应付账款——大明公司"和"应付账款——星光公司"明细分类账户（用三栏式），并登记期初余额。

3. 根据资料编制会计分录，并登记"原材料"和"应付账款"总分类账和明细分类账。

4. 结计总账和明细分类账余额，编制"原材料明细分类账试算平衡表"和"应付账款明细分类账试算平衡表"。

习题二

（一）资料：W 公司 20×1 年 4 月初，各账户余额如下：（单位：元）

资产	余额	负债及所有者权益	余额
固定资产	2 000 000	实收资本	3 000 000
无形资产	0	长期借款	360 000
原材料	460 000	应付职工薪酬	310 000
生产成本	260 000	短期借款	120 000
产成品	450 000	其他应付款	30 000
库存现金	5 000	应付账款	180 000
银行存款	350 000		
应收账款	420 000		
其他应收款	55 000		
合计	4 000 000	合计	4 000 000

本月份发生以下经济业务（为简化核算，本习题材料购入业务均不考虑增值税等）：

① 投资人投入机器设备 1 200 000 元。

② 从 A 厂购入原材料 240 000 元，款项未付。

③ 购入专利技术 100 000 元，以银行存款支付。

④ 仓库发出材料 40 000 元，用于生产产品。
⑤ 职工张明出差，预借差旅费 2 000 元，办妥借款手续，以现金付给。
⑥ 本月生产产品已验收入库（产成品），实际生产成本共计 140 000 元。
⑦ 用银行存款购买一间厂房 300 000 元（暂不考虑相关税费）。
⑧ 向银行借入短期借款 240 000 元，直接归还欠 A 供应单位应付账款。
⑨ 用银行存款归还欠 B 公司货款 50 000 元。
⑩ 张明出差回来，报销差旅费 1 500 元，其余 500 元现金交回。
⑪ 通过银行结算，收回 C 公司前欠货款 390 000 元。
⑫ 开出支票，用银行存款归还短期借款 240 000 元。
⑬ 提取现金 10 000 元，以备日常零用。
⑭ 开出支票，用银行存款购入燃料 20 000 元，燃料已验收入库。
⑮ 借入长期借款 100 000 元，已存入银行账户。

（二）要求：

1. 根据资料编制会计分录，开设各账户（用丁字账代替），并登记期初余额。
2. 将会计分录过入各账户，计算各账户本期发生额和余额。
3. 编制本月份"总分类账户本期发生额及余额表"。

第五章 企业主要经济业务的账务处理(一)

第一节 企业主要的经济业务

一、企业主要经济业务的内容

不同企业的经济业务各有特点,其生产经营业务流程也不尽相同。但企业都必须有款项收付、资金筹集、设备购置、材料采购、产品生产、商品销售、期间费用、利润分配等经济业务,它们是企业主要经济业务的内容。

二、借贷记账法下主要的账务处理

针对企业生产经营过程中发生的上述经济业务,在借贷记账法下,对于企业经济业务的账务处理主要包括:①资金筹集业务的账务处理;②固定资产业务的账务处理;③材料业务的账务处理;④生产业务的账务处理;⑤销售业务的账务处理;⑥期间费用的账务处理;⑦利润形成与分配的账务处理。

除此之外,库存现金和银行存款也是日常发生最多的业务之一。

三、库存现金的账务处理

库存现金通常是指存放于企业财会部门、由出纳人员经手管理的货币资金。库存现金是企业流动性最强的货币性资产,具有货币性、通用性与无限制可流通等基本特征。企业必须对现金进行严格的管理和控制,遵守国家有关的现金管理制度,正确进行现金收支的核算,监督现金使用的合法性和合理性。

(一)账户设置

为了核算和监督库存现金的收支和结存情况,企业应设置"库存现金"科目。"库存现金"账户属于资产类账户。该账户借方登记现金的增加,贷方登记现金的减少,期末余额在借方,反映企业持有的库存现金。企业内部各部门周转使用的备用金,通过"备用金"科目单独核算。

(二)账务处理

库存现金的账务处理主要有现金收入与现金支出。

【例5-1】A企业本月发生以下现金业务,编制会计分录。

①企业从开户银行提取现金5 000元备用。会计分录如下:

借：库存现金　　　　　　　　　　　　　　　　　　　　　　5 000
　　　　贷：银行存款　　　　　　　　　　　　　　　　　　　　　5 000
② 办公室职员徐欣出差预借差旅费3 000元，以现金支付。会计分录如下：
　　借：其他应收款——徐欣　　　　　　　　　　　　　　　　　3 000
　　　　贷：库存现金　　　　　　　　　　　　　　　　　　　　　3 000
③ 徐欣出差回来，原借款3 000元，经审核报销2 850元，剩余150元现金交回。会计分录如下：
　　借：库存现金　　　　　　　　　　　　　　　　　　　　　　　150
　　　　管理费用　　　　　　　　　　　　　　　　　　　　　　　2 850
　　　　贷：其他应收款——徐欣　　　　　　　　　　　　　　　　3 000
④ 职工刘洪报销由其个人垫支的厂部办公用品300元，以现金支付。会计分录如下：
　　借：管理费用　　　　　　　　　　　　　　　　　　　　　　　300
　　　　贷：库存现金　　　　　　　　　　　　　　　　　　　　　300

四、银行存款的账务处理

银行存款是指企业存入银行或其他金融机构的各种款项。企业应按照规定在银行开立账户，办理存款、收款和转账手续等结算。企业日常生产经营活动中，与外部其他单位发生结算业务，除少量按规定可以使用现金支付外，其余大部分都必须通过银行办理转账结算。银行存款的收付应严格执行银行结算制度的规定。

（一）账户设置

为核算银行存款的增加、减少及余额，企业应设置"银行存款"账户。

"银行存款"账户属于资产类账户，用以核算企业存入银行或其他金融机构的各种款项。该账户借方登记存入的款项，贷方登记提取或支出的款项。期末余额在借方，反映企业存在银行或其他金融机构的各种款项。但是，企业的银行汇票存款、银行本票存款、信用卡存款、信用证保证金存款、存出投资款、外埠存款等，通过"其他货币资金"账户核算。

企业应在"银行存款"账户下，按照开户银行、存款种类等分别进行明细核算。

（二）账务处理

【例5-2】A企业为制造业，增值税税率13%。本月发生以下有关存款业务，编制会计分录如下：

① 采购员李明采购材料，货款113 000元，其中材料价款100 000元，增值税13 000元，材料已验收入库，已用银行存款支付。
　　借：原材料　　　　　　　　　　　　　　　　　　　　　　100 000
　　　　应交税费——应交增值税（进项税额）　　　　　　　　　13 000
　　　　贷：银行存款　　　　　　　　　　　　　　　　　　　113 000
② 销售A产品10台，不含税价格500 000元，增值税税率13%，货款和税款已收入

企业存款账户。

  借：银行存款   565 000
   贷：主营业务收入   500 000
     应交税费——应交增值税（销项税额） 65 000

第二节　资金筹集业务的账务处理

  企业的资金筹集业务按其资金来源通常分为所有者权益筹资和负债筹资。所有者权益筹资形成所有者权益（通常称为权益资本），包括投资者的投资及其增值。这部分资本的所有者既享有企业的经营收益，也承担企业的经营风险。负债筹资形成债权人的权益（通常称为债务资本），主要包括企业向债权人借入的资金和结算形成的负债资金等。这部分资本的所有者享有按合同或协议收回本金和利息的权利。

一、所有者权益筹资业务

（一）所有者投入资本的构成

  所有者投入资本按照投资主体的不同可以分为国家资本金、法人资本金、个人资本金和外商资本金等。
  所有者投入的资本主要包括实收资本（或股本）和资本公积。

  1. 实收资本

  实收资本（或股本）是指企业的投资者按照企业章程、合同或协议的约定实际投入企业的资本金，以及按照有关规定由资本公积、盈余公积等转增资本的资金。

  实收资本是所有者权益的主体和基础，是企业注册登记的法定资本总额的来源，它表明所有者对企业的基本产权关系。实收资本的构成比例即投资者的出资比例或股东的股份比例，是企业据以向投资者或股东进行利润分配或股利分配的主要依据。

  2. 资本公积

  资本公积是企业收到投资者投入的超出其在企业注册资本（或股本）中所占份额的投资，以及直接计入所有者权益的利得和损失等。资本公积作为企业所有者权益的重要组成部分，主要用于转增资本。

  资本公积从形成来源上看，是企业非收益转化而形成的资本，而不是由企业实现的利润转化而来的。资本公积从本质上讲，属于投入资本范畴，但它与实收资本又有所不同。实收资本一般是投资者投入的为谋求价值增值的原始投资，属于法定资本，与企业的注册资本相一致。因此，实收资本无论是在来源上，还是在金额上，均有比较严格的限制。资本公积不仅在金额上无严格的限制，而且在来源上也较为广泛，它可以是投资者的额外收入，也可以是其他方式所形成。

  根据我国《公司法》等有关法规规定，资本公积的用途主要用于转增资本（或股本）。资本公积由全体投资者共同享有。因此，资本公积在转增资本（或股本）时，应按各个投资者在实收资本中所占的投资比例计算的份额，分别转增各个投资者的投资金额。资本公积转增资本并不改变企业的所有者权益总额，但它可以改变企业投入资本的结构。

（二）账户设置

企业通常设置以下账户对所有者权益筹资业务进行核算。

1."实收资本（或股本）"账户

为了反映和监督投资者投入资本的增减变动情况，企业须设置"实收资本"（股份有限公司一般设置"股本"账户）进行实收资本的核算。该账户属于所有者权益类账户，用以核算企业接受投资者投入的实收资本。

该账户的贷方登记所有者投入企业资本的增加额，借方登记所有者投入企业资本的减少额。期末余额在贷方，反映企业期末实收资本（或股本）的总额。该账户可按投资者的不同设置明细账户，进行明细核算。

2."资本公积"账户

"资本公积"账户属于所有者权益类账户，用以核算企业收到投资者出资额超出其在注册资本或股本中所占份额的部分，以及直接计入所有者权益的利得和损失等。

该账户的贷方登记资本公积的增加额，借方登记资本公积的减少额。期末余额在贷方，反映企业期末资本公积的结余数额。

"资本公积"账户可按资本公积的来源不同，分别设置"资本溢价"（或"股本溢价"）、"其他资本公积"进行明细核算。

（三）账务处理

企业收到所有者投入资本后，应根据原始凭证，分别不同的出资方式进行会计处理。

企业接受投资者投入的资本，借记"银行存款""固定资产""无形资产""长期股权投资"等科目；按其在注册资本或股本中所占份额，贷记"实收资本（或股本）"科目，按其差额，贷记"资本公积——资本溢价（或股本溢价）"科目。

1. 接受现金资产投资

（1）股份有限公司以外的企业接受投资者的现金资产投资时，应按实际收到或存入企业开户银行的金额，借记"库存现金""银行存款"账户，贷记"实收资本"账户。对于实际收到或者存入企业开户银行的金额超过投资者在企业注册资本中所占份额的部分，应当计入"资本公积"。

【例5-3】A公司收到某国有公司投入的现金资本200万元、B公司投入的现金资本100万元、个人C投入的现金资本50万元，共计350万元，款项均已存入银行。编制会计分录如下：

```
借：银行存款                    3 500 000
    贷：实收资本——某国有公司      2 000 000
            ——B公司              1 000 000
            ——C个人                500 000
```

（2）股份有限公司接受投资者现金资产投资时，往往是以公司发行股票，投资者购买股票的形式。股份公司发行股票时，既可以按面值发行，也可以溢价发行（我国规定不能折价发行）。股份公司在核定的股本总额及核定股份总额的范围内发行股票时，应在实际收到现金资产时进行会计处理。

【例5-4】①A公司20×1年1月1日按面值发行普通股股票600万股，每股面值1元；按面值发行优先股股票60万股，每股面值1元。发行委托证券公司，已收到所有银行款项。处理如下：

  借：银行存款   6 600 000
    贷：股本——普通股   6 000 000
      ——优先股   600 000

如果企业溢价发行股票，应设置"资本公积"账户反映溢价发行收入，"股本"仍然反映股票的面值。

② 假设该公司普通股以每股1.1元出售，优先股以每股1.2元出售。经委托收到款项时，账务处理如下：

应计入资本公积的金额 = 7 320 000 - 6 600 000 = 720 000（元）

  借：银行存款   7 320 000
    贷：股本——普通股   6 000 000
      ——优先股   600 000
      资本公积——股本溢价（普通股） 720 000

2. 接受非现金资产投资

（1）接受非现金资产投资。

① 接受投入固定资产。投资者以厂房、建筑物、机器设备等固定资产对企业进行投资时，一般可按投资合同或协议约定的固定资产价值（但投资合同或协定约定价值不公允的除外），借记"固定资产"账户，贷记"实收资本"账户。对于投资各方确认的固定资产价值超过投资者在企业注册资本中所占份额的部分，应计入"资本公积"账户。

【例5-5】A公司收到B公司作为资本投入的不需要安装的机器设备一台，双方协议约定价值为300 000元。会计分录如下：

  借：固定资产   300 000
    贷：实收资本——B公司   300 000

② 接受存货投资。企业接受投资者投入的材料物资时，应在办理实物转移手续后，按投资合同约定价值确认的存货价值（投资合同约定价值不公允的除外）借记"原材料""库存商品"等科目，按增值税专用发票上注明的增值税额，借记"应交税费——应交增值税（进项税额）"科目，按其在注册资本中应拥有的价值，贷记"实收资本"科目。对于投资各方确认的存货价值超过投资者在企业注册资本中所占份额的那部分，应计入资本公积。

【例5-6】A公司为制造业，本月收到B公司投入的原材料一批，货款80 000元，增值税税率13%，10 400元；工具一批，货款5 000元，增值税650元。均已验收入库，双方商定，以价税合计作为投资额。会计分录如下：

  借：原材料   80 000
    低值易耗品   5 000

　　　　应交税费——应交增值税（进项税额）　　　　　　　　11 050
　　　　　贷：实收资本——B公司　　　　　　　　　　　　　　　　96 050

③ 接受无形资产投资。企业收到无形资产投资时，应按合同、协议或公司章程规定，在移交有关凭证时，按投资合同或协议约定价值确认的无形资产价值（但投资合同或协定约定价值不公允的除外），借记"无形资产"，贷记"实收资本"，对于投资各方确认的无形资产价值超过投资者在企业注册资本中所占份额的部分，应计入"资本公积"。

【例5-7】A公司收到B公司作为资本投入的专利权一项，双方协议约定价值为200 000元。会计分录如下：
　　　　借：无形资产——专利权　　　　　　　　　　　　　　　200 000
　　　　　贷：实收资本——B公司　　　　　　　　　　　　　　　　200 000

二、负债筹资业务

（一）负债筹资的构成

负债筹资主要包括短期借款、长期借款以及结算形成的负债等。

1. 短期借款

短期借款是指企业为了满足其生产经营对资金的临时性需要而向银行或其他金融机构等借入的偿还期限在一年以内（含一年）的各种借款。

短期借款应当按照借款本金和确定的银行借款利率按期计提利息，计入当期损益。

2. 长期借款

长期借款是指企业向银行或其他金融机构等借入的偿还期限在一年以上（不含一年）的各种借款。

长期借款一般用于企业固定资产购建、改扩建工程的资金需要，以及对外投资等的资金需要，目的是为了保持长期经营能力等。长期借款是企业非流动负债的重要组成部分，必须加强管理和核算。

3. 结算形成的负债

结算形成的负债主要有应付账款、应付职工薪酬、应交税费等。

（二）账户设置

企业通常设置以下账户对负债筹资业务进行会计核算。

1."短期借款"账户

为了核算企业借入的各种短期借款的增减变动和结余情况，企业应设置"短期借款"账户。该账户属于负债类账户。该账户贷方登记短期借款的增加额（即当期取得的短期借款），借方登记短期借款的减少额（即当期短期借款的偿还额）。期末余额在贷方，反映企业尚未偿还的短期借款。当企业取得借款时，借记"银行存款"账户，贷记"短期借款"账户；当企业用短期借款直接归还应付购货款或应付票据时，借记"应付账款"或"应付票据"等账户，贷记"短期借款"账户。

短期借款应按借款种类、贷款人和币种进行明细核算。

2."长期借款"账户

为了核算企业长期借款的借入、归还等情况，应设置和运用"长期借款"账户。该账户属于负债类账户。该账户的贷方登记企业借入的长期借款本金等，借方登记归还的长期借款的本金等。期末余额在贷方，反映企业尚未偿还的长期借款。

"长期借款"账户应按贷款单位和贷款种类，分别设置"本金""利息调整"等进行明细核算。

3."应付利息"账户

"应付利息"账户属于负债类账户，用以核算企业按照合同约定应支付的借款利息，包括按月计提的短期借款利息、吸收存款、分期付息到期还本的长期借款、企业债券应支付的利息。

该账户贷方登记企业按照合同利率计算确定的应付未付利息，借方登记归还的利息。期末余额在贷方，反映企业应付未付的利息。该账户可按存款人或债权人进行明细核算。

4."财务费用"账户

"财务费用"账户属于损益类账户，用以核算企业为筹集生产经营所需资金等而发生的筹资费用，包括利息支出（减利息收入）、汇兑损益以及相关的手续费、企业发生的现金折扣或收到的现金折扣等。为构建或生产满足资本化条件的资产发生的应予资本化的借款费用，通过"在建工程""制造费用"等账户核算。

该账户借方登记手续费、利息费用等财务费用的增加额，贷方登记应冲减财务费用的利息收入、期末转入"本年利润"账户的财务费用净额等。期末结转后，该账户无余额。

"财务费用"账户应按费用项目进行明细核算。

（三）账务处理

1. 短期借款的账务处理

企业借入的各种短期借款，借记"银行存款"科目，贷记"短期借款"科目；归还借款时作相反的会计分录。如果企业用短期借款直接归还应付购货款或应付票据时，借记"应付账款"或"应付票据"等科目，贷记"短期借款"科目。

资产负债表日，应按计算确定的短期借款利息费用，借记"财务费用"科目，贷记"银行存款""应付利息"等科目。

在实务中，企业计算确定短期借款的利息费用时，有两种处理办法：

（1）按月计提，计入财务费用。当短期借款的利息金额较大，到期时利息是一次支付的，或者利息按季度或按半年支付的，为了合理计算各期的损益，一般采用资产负债表日计提利息费用的处理方法。计提利息时，借记"财务费用"科目，贷记"应付利息"科目；实际支付时，按已计提的利息金额，借记"应付利息"科目，尚未计提的部分借记"财务费用"科目，按实际支付的数额贷记"银行存款"科目。

（2）在实际支付利息或收到银行的计息通知时，直接记入"财务费用"。当短期借款的利息金额较小，并且是按月或者按季支付时，一般不需采用计提利息费用方法，而是在归还本金时将所有利息一次记入"财务费用"，不通过"应付利息"科目。

短期借款利息在计提或实际支付时均不通过"短期借款"科目,而是通过"应付利息"科目或直接用银行存款支付。

【例5-8】华夏公司20×1年1月1日从银行借入短期借款10万元,期限6个月,年利率为6%,按季度支付利息。本年6月30日,归还到期本金。

① 借款取得时:
  借:银行存款   100 000
    贷:短期借款   100 000

② 1月份预提利息费用500元(100 000×6%÷12):
  借:财务费用   500
    贷:应付利息   500

③ 2~5月份会计处理同②。

④ 短期借款偿还时(6月30日):
  借:短期借款   100 000
    应付利息   2 500
    财务费用   500
    贷:银行存款   103 000

2. 长期借款的账务处理

企业借入长期借款,应按实际收到的金额,借记"银行存款"科目,按借款本金贷记"长期借款——本金"科目,如果存在差额,还应借记"长期借款——利息调整"科目。

资产负债表日,企业应按确定的长期借款的利息费用,借记"在建工程""制造费用""财务费用""研发支出"等科目,按确定的应付未付利息,贷记"应付利息"科目,按其差额,贷记"长期借款——利息调整"等科目。

企业归还长期借款时,按归还的长期借款本金,借记"长期借款——本金"科目,按归还的利息,借记"应付利息"科目,按实际归还的款项,贷记"银行存款"科目。

【例5-9】20×1年1月1日,华夏公司向银行借入3年期借款500 000元用于基建工程,借款年利率为8%,每年计息一次,到期(20×3年12月31日)一次还本付息。工程于当年20×1年12月31日竣工交付使用。会计分录如下:

① 取得借款时:
  借:银行存款   500 000
    贷:长期借款——本金   500 000

② 第一年20×1年年末计息时:
当年利息费用=500 000×8%=40 000(元)
应予以资本化,记入在建工程成本:
  借:在建工程   40 000
    贷:应付利息   40 000

③ 第二年20×2年12月31日计息时:
利息费用=500 000×8%=40 000(元)
因工程已竣工交付使用,借款利息应予以费用化,记入财务费用。
  借:财务费用   40 000

　　　　贷：应付利息　　　　　　　　　　　　　　　　　　　　40 000
　④ 第三年年末 20×3 年 12 月 31 日计息的会计处理同上一年。
　　　　借：财务费用　　　　　　　　　　　　　　　　　　　　40 000
　　　　贷：应付利息　　　　　　　　　　　　　　　　　　　　40 000
　⑤ 20×3 年 12 月 31 日归还长期借款本息：
　　　　借：长期借款——本金　　　　　　　　　　　　　　　　500 000
　　　　　　应付利息　　　　　　　　　　　　　　　　　　　　120 000
　　　　贷：银行存款　　　　　　　　　　　　　　　　　　　　620 000

第三节　固定资产业务的账务处理

一、固定资产的概念、特征和分类

（一）固定资产的概念

固定资产是指为生产商品、提供劳务、出租或者经营管理而持有的，使用寿命超过一个会计年度的有形资产。

（二）固定资产的特征

固定资产同时具有以下特征：

（1）固定资产属于一种有形资产。固定资产具有实物特征。这一特征将固定资产与无形资产区别开来。有些无形资产可能同时符合固定资产的其他特征，如企业的无形资产商标，是为生产商品、提供劳务而持有的，使用寿命也超过一个会计年度，但由于其没有实物形态，所以不属于固定资产。

（2）为生产商品、提供劳务、出租或者经营管理而持有。企业持有固定资产的目的是为了生产商品、提供劳务、出租或经营管理，即企业持有的固定资产是企业的劳动工具或手段而不是用于出售的产品。其中"出租"的固定资产，是指企业以经营租赁方式出租的机器设备类固定资产，不包括以经营租赁方式出租的建筑物。后者属于企业的投资性房地产，不属于固定资产。

（3）使用寿命超过一个会计年度。固定资产的使用寿命，是指企业使用固定资产的预计期间，或者该固定资产所能生产产品或提供劳务的数量。通常情况下，固定资产的使用寿命是指使用固定资产的预计期间，比如自用房屋建筑物的使用寿命表现为企业对该建筑物的预计使用年限。对于某些机器设备或运输设备等固定资产，其使用寿命表现为以该固定资产所能生产产品或提供劳务的数量，例如汽车或飞机等，通常按其预计行驶或飞行里程来估计使用寿命。

固定资产使用寿命超过一个会计年度，意味着固定资产属于非流动资产，随着使用和磨损，通过计提折旧方式逐渐减少账面价值。对固定资产计提折旧，是对固定资产进行后续计量的重要内容。

（三）固定资产的分类

企业的固定资产种类繁多，型号、规格各异，其经济用途和使用情况也不尽相同。为了加强固定资产的管理，正确组织会计核算，便于分析和考核固定资产的使用情况以及正确计提固定资产折旧，必须对固定资产进行科学、合理的分类。固定资产的分类主要有：

1. 按经济用途分类

（1）生产经营用固定资产。指直接服务于企业生产经营过程的各种固定资产，如生产经营用的房屋、建筑物、动力设备、工作机器、运输设备、仪器仪表和工具、器具等。

（2）非生产经营用固定资产。指不直接服务于企业生产经营过程的各种固定资产，如职工食堂等使用的房屋、设备和其他固定资产等。

固定资产按其经济用途分类，可以反映出企业生产经营用和非生产经营用固定资产在全部固定资产中所占的比重，便于了解企业的生产经营能力和生活设施情况，分析、考核固定资产的技术构成和配备是否合理，促使企业合理配备固定资产。但这种分类方法不利于考查固定资产的使用情况，也不利于掌握固定资产的所有权情况。

2. 按使用情况分类

（1）使用中固定资产。指正在使用的各种生产经营用和非生产经营用固定资产。包括由于季节性生产、大修理等原因而停止使用的固定资产，企业内部替换使用的固定资产，以及出租给其他单位使用的固定资产等。

（2）未使用固定资产。指尚未使用的新增固定资产，因在原有基础上进行改建、扩建而暂停使用的固定资产，以及因生产经营任务变更而暂停使用的固定资产等。

（3）不需用固定资产。指目前和今后都不再需要使用，等待调配处理的各种固定资产。

固定资产按其使用情况分类，可以反映出企业在用固定资产在全部固定资产中所占的比重，便于分析、考核固定资产的利用程度，并据以正确地计提固定资产折旧，促使企业合理使用固定资产，充分挖掘固定资产的使用潜力，及时处理不需用的固定资产，提高固定资产的利用效率。但这种分类方法不利于考查固定资产的构成与配备是否合理，也反映不出固定资产的产权关系。

3. 按所有权分类

固定资产按其所有权分类，可以分为自有固定资产和融资租入固定资产。

（1）自有固定资产。指所有权归属企业，企业可以自由支配使用的各种固定资产。它又可以分为自用固定资产和租出固定资产。其中：自用固定资产是指本企业正在使用的各种固定资产，其所有权和使用权都归属于本企业；租出固定资产是指企业出租给其他单位使用并收取租金的各种固定资产（指在经营租赁方式下出租的固定资产），其使用权虽然暂时让渡给其他单位，但其所有权仍属于本企业。

（2）融资租入固定资产。指采用融资租赁方式从其他单位租入，在租赁期间不拥有所有权但拥有控制权的各种固定资产。这类资产的所有权最终可能转移给承租企业，也可能不转移，但由于它实质上转移了与资产所有权有关的全部风险和报酬，故承租企业在租赁期间内可以将其视同自有固定资产进行管理与核算。

固定资产按其所有权分类,可以清楚反映出企业固定资产的产权关系和自有生产能力的水平,便于分析、考核自用、出租和租入的固定资产的使用效益。但这种分类方法不利于考查企业固定资产的技术构成和配备是否合理。

二、固定资产的成本

(一) 固定资产的确认

某一资产项目,如果要作为固定资产加以确认,首先要符合固定资产的定义,其次还需要满足固定资产的确认条件。固定资产在同时满足以下两个条件时,才能予以确认:

(1) 与该固定资产有关的经济利益很可能流入企业。资产最重要的特征是预期会给企业带来经济利益。企业在确认固定资产时,需要判断与该项固定资产有关的经济利益是否很可能流入企业。如果与该项固定资产有关的经济利益很可能流入企业,并同时满足固定资产确认的其他条件,那么企业应将其确认为固定资产;否则,不应将其确认为固定资产。

(2) 该固定资产的成本能够可靠地计量。成本能够可靠地计量是资产确认的一项基本条件。企业在确定固定资产成本时必须取得确凿证据,但是,有时需要根据所获得的最新资料,对固定资产的成本进行合理的估计。比如,企业对于已达到预定可使用状态但尚未办理竣工决算的固定资产,需要根据工程预算、工程造价或者工程实际发生的成本等资料,按估计价值确定其成本,办理竣工决算后,再按照实际成本调整原来的暂估价值。

(二) 固定资产的成本

固定资产的成本是指企业购建某项固定资产达到预定可使用状态前所发生的一切合理、必要的支出。

企业可以通过外购、自行建造、投资者投入、非货币性资产交换、债务重组、企业合并和融资租赁等方式取得固定资产。取得方式不同,固定资产成本的具体构成内容及其确定方法也不尽相同。

外购固定资产的成本,包括购买价款、相关税费、使固定资产达到预定可使用状态前所发生的可归属于该项资产的运输费、装卸费、安装费和专业人员服务费等。

三、固定资产的折旧

(一) 固定资产折旧的意义和相关概念

固定资产折旧是指在固定资产使用寿命内,按照确定的方法对应计折旧额进行的系统分摊。其中,应计折旧额是指应当计提折旧的固定资产的原价扣除其预计净残值后的金额。已计提减值准备的固定资产,还应当扣除已计提的固定资产减值准备累计金额。

固定资产折旧的账务处理中,还需要厘清以下概念:

1. **固定资产使用寿命**

固定资产的使用寿命是指企业使用固定资产的预计期间,或该固定资产所能生产产品或提供劳务的数量。企业确定固定资产使用寿命时,应当考虑下列因素:

(1) 该项固定资产预计生产能力或实物产量。

(2) 该项固定资产预计有形损耗。如设备使用中发生磨损、房屋建筑物受到自然侵蚀等;

(3) 该项固定资产预计无形损耗。如因新技术的出现而使现有的资产技术水平相对陈旧、市场需求变化使产品过时等;

(4) 法律或者类似规定对该项固定资产使用的限制。某些固定资产的使用寿命可能受法律或类似规定的约束。

2. **固定资产原价**

固定资产的原价指固定资产的购置成本。

3. **预计净残值**

预计净残值是指假定固定资产的预计使用寿命已满并处于使用寿命终了时的预期状态,企业目前从该项固定资产的处置中获得的收益扣除预计处置费用后的金额。

4. **预计净残值率**

预计净残值率是指固定资产预计净残值额占其原价的比率。

企业应当根据固定资产的性质和使用情况合理确定固定资产的预计净残值。预计净残值一经确定,不得随意变更。

5. **固定资产减值准备**

固定资产减值准备是指固定资产已计提的固定资产减值准备累计金额。固定资产计提减值准备后,应当在剩余使用寿命内根据调整后的固定资产账面价值(固定资产账面余额扣减累计折旧和累计减值准备后的金额)和预计净残值,重新计算确定折旧率和折旧额。

(二) 固定资产折旧的计提

企业应当按月对所有的固定资产计提折旧。但是,已提足折旧仍继续使用的固定资产、单独计价入账的土地和持有待售的固定资产除外。提足折旧是指已经提足该项固定资产的应计折旧额。即企业在固定资产折旧中应做到:

(1) 按月计提固定资产折旧。固定资产应当按月计提折旧,并根据用途计入相关资产的成本或者当期损益。当月增加的固定资产,当月不计提折旧,从下月起计提折旧;当月减少的固定资产,当月仍计提折旧,从下月起不计提折旧。

(2) 提足折旧后的固定资产不再计提折旧。固定资产提足折旧后,不论能否继续使用,均不再计提折旧。提前报废的固定资产,不再补提折旧(已提足折旧仍继续使用的固定资产、单独计价入账的土地和持有待售的固定资产除外)。

(3) 达到预定可使用状态的固定资产。已达到预定可使用状态但尚未办理竣工决算的固定资产,应当按照估计价值确定其成本,并计提折旧;待办理竣工决算后再按实际成本调整原来的暂估价值,但不需要调整原已计提的折旧额。

(4) 每年年度终了进行复核。固定资产在其使用过程中，因所处经济环境、技术环境以及其他环境均有可能发生很大变化，企业至少应当于每年年度终了，对固定资产的使用寿命、预计净残值和折旧方法进行复核。固定资产的预计使用寿命预计数与原先估计数有差异的，应当调整固定资产使用寿命。预计净残值预计数与原先估计数有差异的，应当调整预计净残值。与固定资产有关的经济利益预期实现方式有重大改变的，应当改变固定资产折旧方法。

固定资产使用寿命、预计净残值和折旧方法的改变，应当作为会计估计变更。

（三）固定资产的折旧方法

企业可选用的折旧方法有年限平均法、工作量法、双倍余额递减法和年数总和法等。企业选用不同的固定资产折旧方法，将影响固定资产使用寿命期内不同时期的折旧费用。因此，固定资产的折旧方法一经确定，不得随意变更。

1. 年限平均法

年限平均法，又称直线法，是指将固定资产的应计折旧额均匀地分摊到固定资产预计使用寿命内的一种方法。各月应计提折旧额的计算公式如下：

$$月折旧额 = (固定资产原价 - 预计净残值) \times 月折旧率$$

其中：

$$月折旧率 = 年折旧率 \div 12$$

$$年折旧率 = \frac{1}{预计使用寿命(年)} \times 100\%$$

或：

$$月折旧额 = 固定资产原价 \times \frac{1 - 预计净残值率}{预计使用寿命(月)}$$

【例5-10】A公司有固定资产办公楼一栋，原价为5 000 000元，预计可使用20年，预计报废时的净残值率为2%。该固定资产折旧率和折旧额的计算如下：

$$年折旧率 = 1 \div 20 = 5\%$$

$$月折旧率 = 5\% \div 12 = 0.42\%$$

$$预计净残值 = 5\,000\,000 \times 2\% = 100\,000(元)$$

$$月折旧额 = (5\,000\,000 - 100\,000) \times 0.42\% = 20\,580(元)$$

采用这种方法计算的每期折旧额均相等。当固定资产各期负荷程度相同时，各期应分摊相同的折旧费，这时采用年限平均法计算折旧是合理的。但是，如果固定资产各期负荷程度不同，采用年限平均法计算折旧时，则不能反映固定资产的实际使用情况，提取的折旧数与固定资产的损耗程度也不相符。

2. 工作量法

工作量法，是根据实际工作量计算每期应提折旧额的一种方法。计算公式如下：

$$某项固定资产月折旧额 = 该项固定资产当月工作量 \times 单位工作量折旧额$$

其中：

$$单位工作量折旧额 = \frac{固定资产原价 \times (1 - 预计净残值率)}{预计总工作量}$$

【例5-11】A公司的一辆运货卡车,原价为60万元,预计总行驶里程为50万公里,预计报废时净残值率为5%,本月行驶4 000公里。该辆卡车的月折旧额计算如下:

$$单位里程折旧额 = \frac{600\ 000 \times (1 - 5\%)}{500\ 000} = 1.14(元/公里)$$

$$本月折旧额 = 4\ 000 \times 1.14 = 4\ 560(元)$$

【例5-12】A公司的一台机器设备原价为80万元,预计生产产品产量为400万个,预计净残值率为5%,本月生产产品4万个。假设A公司没有对该机器设备计提减值准备。则该台机器设备的本月折旧额计算如下:

$$单个折旧额 = 800\ 000 \times (1 - 5\%) \div 4\ 000\ 000 = 0.19(元/个)$$

$$本月折旧额 = 40\ 000 \times 0.19 = 7\ 600(元)$$

3. 双倍余额递减法

双倍余额递减法,是指在不考虑固定资产预计净残值的情况下,根据每期期初固定资产原价减去累计折旧后的余额和双倍的直线法折旧率计算固定资产折旧的一种方法。计算公式如下:

$$年折旧率 = 2 \div 预计使用寿命(年) \times 100\%$$

$$月折旧率 = 年折旧率 \div 12$$

$$月折旧额 = 固定资产账面净值 \times 月折旧率$$

在固定资产折旧年限到期的前两年内,将固定资产的账面净值扣除预计净残值后的净值平均摊销。

【例5-13】W公司的一台设备原价为5万元,预计使用寿命为5年,预计净残值率为4%。假设W公司没有对该机器设备计提减值准备。该公司按双倍余额递减法计算折旧,每年折旧额计算如下:

$$年折旧率 = 2 \div 5 \times 100\% = 40\%$$

$$第1年应提的折旧额 = 50\ 000 \times 40\% = 20\ 000(元)$$

$$第2年应提的折旧额 = (50\ 000 - 20\ 000) \times 40\% = 12\ 000(元)$$

$$第3年应提的折旧额 = (50\ 000 - 20\ 000 - 12\ 000) \times 40\% = 7\ 200(元)$$

从第4年起改按年限平均法(直线法)计提折旧:

$$第4、5年应提折旧额 = (50\ 000 - 20\ 000 - 12\ 000 - 7\ 200 - 50\ 000 \times 4\%) \div 2$$
$$= 4\ 400(元)$$

每年各月折旧额根据年折旧额除以12来计算。

4. 年数总和法

年数总和法,又称年限合计法,是将固定资产的原价减去预计净残值的余额乘以一个以固定资产尚可使用寿命为分子,以预计使用寿命逐年数字之和为分母的逐年递减的分数计算每年的折旧额。计算公式如下:

$$年折旧率 = 尚可使用年限 / 预计使用寿命的年数总和 \times 100\%$$

$$月折旧率 = 年折旧率 \div 12$$

$$月折旧额 = (固定资产原价 - 预计净残值) \times 月折旧率$$

【例5-14】承例5-13。假设该公司采用年数总和法计提折旧,则该固定资产各年的折旧率依次为5/15、4/15、3/15、2/15、1/15,按年数总和法计算的各年应提折旧,可计算如表 5-1 所示。

表 5-1　年数总和法计算折旧　　　　　　　　　金额单位：元

年序	尚可使用年限	原价－净残值	变动折旧率	年折旧额	累计折旧
1	5	48 000	5/15	16 000	16 000
2	4	48 000	4/15	12 800	28 800
3	3	48 000	3/15	9 600	38 400
4	2	48 000	2/15	6 400	44 800
5	1	48 000	1/15	3 200	48 000

双倍余额递减法和年数总和法都属于加速折旧方法，其特点是在固定资产使用的早期多提折旧，后期少提折旧，其递减的速度逐年加快，从而相对加快折旧的速度，目的是使固定资产成本在估计使用寿命期内尽早地得到补偿。

企业在选择固定资产折旧方法时，应当根据与固定资产有关的经济利益的预期消耗方式做出决定。由于收入可能受到投入、生产过程、销售等因素的影响，这些因素与固定资产有关经济利益的预期消耗方式无关，因此，企业不应以包括使用固定资产在内的经济活动所产生的收入为基础进行折旧。

四、账户设置

企业通常设置以下账户对固定资产业务进行会计核算：

1. "在建工程" 账户

"在建工程" 属于资产类账户，用以核算企业基建、更新改造等在建工程发生的支出。

该账户借方登记企业各项在建工程的实际支出，贷方登记工程达到预定可使用状态时转出的成本等。期末余额在借方，反映企业期末尚未达到预定可使用状态的在建工程的成本。

该账户可按 "建筑工程" "安装工程" "在安装设备" "待摊支出" 以及单项工程等进行明细核算。

2. "工程物资" 账户

"工程物资" 账户属于资产类账户，用以核算企业为在建工程准备的各种物资的成本，包括工程用材料、尚未安装的设备以及为生产准备的工器具等。

该账户借方登记企业购入工程物资的成本，贷方登记领用工程物资的成本。期末余额在借方，反映企业期末为在建工程准备的各种物资的成本。

该账户可按 "专用材料" "专用设备" "工器具" 等进行明细核算。

3. "固定资产" 账户

"固定资产" 账户属于资产类账户，用以核算企业持有的固定资产原价。

该账户的借方登记固定资产原价的增加，贷方登记固定资产原价的减少。期末余额在借方，反映企业期末固定资产的原价。

企业应按固定资产类别和项目进行明细核算。企业临时租入的固定资产,应另设备查簿进行登记,不在本账户核算。

4."累计折旧"账户

"累计折旧"账户属于资产类备抵账户,用以核算企业固定资产计提的累计折旧。

该账户贷方登记企业按月计提的折旧额,即累计折旧的增加额,借方登记因减少固定资产而转出的累计折旧。期末余额在贷方,反映期末固定资产的累计折旧额。

该账户可按固定资产的类别或项目进行明细核算。

5."固定资产清理"账户

"固定资产清理"账户核算企业因出售、报废、毁损、对外投资、非货币性资产交换、债务重组等原因转出的固定资产价值,以及在清理过程中发生的相关费用。

该账户借方登记转出的固定资产价值、清理过程中应支付的相关税费及其他费用,贷方登记收回出售固定资产的价款、残料价值和变价收入等。期末余额在借方,反映尚未清理完毕的固定资产清理净损失。

该账户应按被清理的固定资产项目进行明细核算。

五、账务处理

(一)固定资产购入

1. 购入不需要安装的固定资产

企业购入不需要安装的固定资产,其取得成本为企业实际支付的购买价款、包装费、运杂费、保险费、专业人员服务费和相关税费等。账务处理为:按应计入固定资产成本的金额,借记"固定资产",可以抵扣的进项税,借记"应交税费——应交增值税(进项税额)"科目,贷记"银行存款""其他应付款""应付票据"等科目。

【例5-15】A公司购入一台不需要安装的机器设备,取得的增值税专用发票上注明的设备价款为10万元,增值税进项税额为1.3万元,款项全部付清。假定不考虑除增值税外的其他相关税费。会计分录如下:

  借:固定资产   100 000
    应交税费——应交增值税(进项税额) 13 000
   贷:银行存款   113 000

2. 购入需要安装的固定资产

企业购入需要安装的固定资产,其取得成本是在购置成本的基础上,加上安装调试成本等。其账务处理为:按应计入固定资产成本的金额,先记入"在建工程"账户,安装完毕达到可使用状态时,再转入"固定资产"账户。

【例5-16】A公司购入一台需要安装的机器设备,取得的增值税专用发票上注明的设备价款为20万元,增值税进项税额为26 000元,支付的运输费为2 500元,款项已通过银行支付;由A公司工人安装,安装设备时,支付安装工人的工资为14 600元。假定不考虑其他相关税费。

① 支付设备价款、增值税、运输费，合计 228 500 元。会计分录如下：
　　借：在建工程（价款＋运费）　　　　　　　　202 500
　　　　应交税费——应交增值税（进项税额）　　 26 000
　　　贷：银行存款　　　　　　　　　　　　　　　　　　228 500
② 支付本公司安装工人工资 14 600 元。会计分录如下：
　　借：在建工程　　　　　　　　　　　　　　　 14 600
　　　贷：应付职工薪酬　　　　　　　　　　　　　　　　 14 600
③ 设备安装完毕，达到预定可使用状态。会计分录如下：
　　固定资产的购置成本 ＝ 202 500 ＋ 14 600 ＝ 217 100（元）
　　借：固定资产　　　　　　　　　　　　　　　217 100
　　　贷：在建工程　　　　　　　　　　　　　　　　　　217 100

3. 自行建造的固定资产

企业自行建造的固定资产的成本，由建造该项资产达到预定可使用状态前所发生的必要支出构成，包括工程物资成本、人工成本、交纳的相关税费、应予资本化的借款费用以及应分摊的间接费用等。

自建固定资产应先通过"在建工程"科目核算，工程达到预定可使用状态时，再从"在建工程"科目转入"固定资产"科目。

购入工程物资时，借记"工程物资"科目，贷记"银行存款"等科目。领用工程物资时，借记"在建工程"科目，贷记"工程物资"科目。在建工程领用本企业原材料时，借记"在建工程"科目，贷记"原材料""应交税费——应交增值税（进项税额转出）"等科目。

在建工程领用本企业生产的商品时，借记"在建工程"科目，贷记"库存商品""应交税费——应交增值税（销项税额）"等科目。自营工程发生的其他费用（如分配工程人员工资等），借记"在建工程"账户，贷记"银行存款""应付职工薪酬"等账户。

自营工程达到预定可使用状态时，按其成本，借记"固定资产"科目，贷记"在建工程"科目。

【例 5－17】A 公司为制造业，税率 13%。自建仓库一座，购入为工程准备的各种物资 200 000 元，支付物资增值税额为 26 000 元，均以银行存款支付。实际领用工程物资 200 000 元，工程人员应计工资 100 000 元，企业辅助生产车间为工程提供有关劳务支出 30 000 元。工程竣工并达到预定可使用状态。会计分录如下：

① 购入工程物资时：
　　借：工程物资　　　　　　　　　　　　　　　200 000
　　　　应交税金——应交增值税　　　　　　　　 26 000
　　　贷：银行存款　　　　　　　　　　　　　　　　　　226 000
② 工程领用工程物资时：
　　借：在建工程——仓库　　　　　　　　　　　200 000
　　　贷：工程物资　　　　　　　　　　　　　　　　　　200 000
③ 分配工程人员工资时：
　　借：在建工程——仓库　　　　　　　　　　　100 000

　　　　贷：应付职工薪酬　　　　　　　　　　　　　　　　　　　　100 000
　④ 分配企业辅助生产车间为工程提供有关劳务支出时：
　　　　借：在建工程——仓库　　　　　　　　　　　　　　　　　 30 000
　　　　　　贷：生产成本——辅助生产成本　　　　　　　　　　　　　 30 000
　⑤ 工程完工转入固定资产成本 = 200 000 + 100 000 + 30 000 = 330 000（元）
　　　　借：固定资产　　　　　　　　　　　　　　　　　　　　　　330 000
　　　　　　贷：在建工程——仓库　　　　　　　　　　　　　　　　　330 000

（二）固定资产折旧

　　企业按月计提的固定资产折旧，根据固定资产的用途计入相关资产的成本或者当期损益，借记"制造费用""销售费用""管理费用""研发支出""其他业务成本"等科目，贷记"累计折旧"科目。其中，基本生产车间所使用的固定资产，计提折旧应计入"制造费用"；销售部门所使用的固定资产，其计提折旧应计入"销售费用"；管理部门所使用的固定资产，其计提折旧应计入"管理费用"；产品研发部门所使用的固定资产，其计提折旧应计入"研发支出"；经营租出的固定资产，其应提折旧应计入"其他业务成本"。

　　【例5-18】A公司20×1年6月份各类固定资产应计提的折旧总额为80 000元。其中，A、B、C三个生产车间分别为30 000元、20 000元、10 000元，销售部门4 000元，行政管理部门10 000元，经营租出的固定资产6 000元。会计分录如下：
　　　　借：制造费用——A车间　　　　　　　　　　　　　　　　　 30 000
　　　　　　　　 ——B车间　　　　　　　　　　　　　　　　　 20 000
　　　　　　　　 ——C车间　　　　　　　　　　　　　　　　　 10 000
　　　　　　销售费用　　　　　　　　　　　　　　　　　　　　　　　4 000
　　　　　　管理费用　　　　　　　　　　　　　　　　　　　　　　 10 000
　　　　　　其他业务成本　　　　　　　　　　　　　　　　　　　　　6 000
　　　　　　贷：累计折旧　　　　　　　　　　　　　　　　　　　　 80 000

　　【例5-19】B公司20×1年7月份固定资产计提折旧情况如下：一车间厂房计提折旧3 800 000元，机器设备计提折旧4 500 000元；管理部门房屋建筑物计提折旧6 500 000元，运输工具计提折旧2 400 000元；销售部门房屋建筑物计提折旧3 200 000元，运输工具计提折旧2 630 000元。当月新购置机器设备一台，价值为5 400 000元，预计使用寿命为10年，该企业计提折旧采用年限平均法。

　　本例中，新购置的机器设备本月不计提折旧。本月计提的折旧费用中，车间使用固定资产计提的折旧计入"制造费用"，管理部门使用固定资产计提的折旧计入"管理费用"，销售部门使用固定资产计提的折旧计入"销售费用"。会计处理如下：
　　　　借：制造费用——一车间　　　　　　　　　　　　　　　　8 300 000
　　　　　　管理费用　　　　　　　　　　　　　　　　　　　　　8 900 000
　　　　　　销售费用　　　　　　　　　　　　　　　　　　　　　5 830 000
　　　　　　贷：累计折旧　　　　　　　　　　　　　　　　　　23 030 000

第四节 材料业务的账务处理

一、材料的采购成本

材料的采购成本是指企业物资从采购到入库前所发生的全部合理的、必要的支出，包括购买价款、运输费、装卸费、保险费以及其他可归属于存货采购成本的费用。

在实务中，企业也可以将发生的运输费、装卸费、保险费以及其他可归属于存货采购成本的费用先进行归集，期末按照所购材料的存销情况进行分摊。

材料采购是企业供应过程的重要步骤，是企业供（采）、产、销的起点。材料在生产过程中，或构成产品实体，或有助于产品的形成。材料经过一个生产周期就要被消耗掉，或改变原来的实物形态。材料的价值也会随着生产过程进行，一次地、全部地转移到所生产的产品中去，构成产品价值的一部分。而商品流通企业的商品采购，则是商品经营的前提条件。丰富多彩的商品才能吸引众多顾客，才能使生意兴隆。

材料是企业生产、经营的重要条件。没有材料和商品，加工或销售过程就无从谈起，"巧妇难为无米之炊"。因此，及时足额地供应材料，是生产经营正常进行的必要保证。

二、账户设置

企业通常设置以下账户对材料业务进行会计核算。

1．"原材料"账户

"原材料"账户属于资产类账户，用以核算企业库存的各种材料，包括原料及主要材料、辅助材料、外购半成品（外购件）、修理用备件（备品备件）、包装材料、燃料等的计划成本或实际成本。企业收到来料加工装配业务的原料、零件等，应当设置备查簿进行登记。

该账户借方登记已经验收入库材料的成本，贷方登记发出材料的成本。期末余额在借方，反映企业库存材料的计划成本或实际成本。

"原材料"账户可按材料保管地点（仓库）、材料的类别、品种和规格等进行明细核算。

2．"材料采购"账户

"材料采购"账户属于资产类账户，用以核算企业采用计划成本进行材料日常核算而购入材料的采购成本（包括买价和采购费用）。

该账户借方登记企业采用计划成本进行核算时，采购材料的实际成本以及材料入库时结转的节约差异，贷方登记入库材料的计划成本以及材料入库时结转的超支差异。期末余额在借方，反映企业在途材料的采购成本。

该账户可按供应单位和材料品种进行明细核算。

3．"材料成本差异"账户

"材料成本差异"账户属于资产类账户，用以核算企业材料按计划成本核算时实际成本与计划成本的差额。

该账户借方登记入库材料形成的超支差异以及转出的发出材料应负担的节约差异，贷方登记入库材料形成的节约差异以及转出的发出材料应负担的超支差异。期末余额如果在借方，反映企业库存材料等的实际成本大于计划成本的差异；期末余额如果在贷方，反映企业库存材料等的实际成本小于计划成本的差异。

该账户可以分别"原材料""周转材料"等，按照类别或品种进行明细核算。

4."**在途物资**"账户

"在途物资"账户属于资产类账户，用以核算企业采用实际成本（或进价）进行材料、商品等物资的日常核算，货款已经支付尚未验收入库的在途物资的采购成本。

该账户借方登记购入材料、商品等物资的买价和采购费用（采购实际成本），贷方登记已验收入库材料、商品等物资应结转的实际采购成本。期末余额在借方，反映企业期末在途材料、商品等物资的采购成本。该账户可按供应单位和物资品种进行明细核算。

5."**应付账款**"账户

"应付账款"账户属于负债类账户，用以核算企业因购买材料、商品和接受劳务等经营活动应支付给供应单位的款项。

该账户的贷方登记企业因购入材料、商品和接受劳务等尚未支付的款项，借方登记偿付的应付账款。期末余额一般在贷方，反映企业期末尚未支付的应付账款余额；如果在借方，则反映企业期末预付账款余额。

该账户可按债权人名称进行明细核算。

6."**应付票据**"账户

"应付票据"账户属于负债类账户，用以核算企业购买材料、商品和接受劳务等开出、承兑的商业汇票，包括银行承兑汇票和商业承兑汇票。

该账户的贷方登记企业开出、承兑的商业汇票，借方登记企业已经支付或者到期无力支付商业汇票的票面金额。期末余额在贷方，反映企业尚未到期的商业汇票的票面金额。

该账户可按债权人名称进行明细核算。

商业汇票是收款人或付款人签发，由承兑人（付款人）承兑，并于到期日向收款人或被背书人支付款项的证明。由收款人签发，经付款人承兑，或由付款人签发并承兑的商业汇票叫商业承兑汇票；由收款人或承兑申请人签发，并由承兑申请人向开户银行申请，经银行审查同意承兑的商业汇票叫银行承兑汇票。商业汇票一律记名，允许背书转让。经承兑后的商业汇票，承兑人即付款人负有到期无条件支付票款的责任。

7."**预付账款**"账户

"预付账款"账户属于资产类账户，用以核算企业按照合同规定预付的款项。预付款项情况不多的，也可以不设置该账户，将预付的款项直接记入"应付账款"账户。

该账户的借方登记企业因购货等业务预付的款项，贷方登记企业收到货物后应支付的款项等。期末余额在借方，反映企业预付的款项；期末余额在贷方，反映企业尚需补付的款项。

该账户可按供货单位进行明细核算。

8."**应交税费**"账户

"应交税费"账户属于负债类账户，用以核算企业按照税法等规定应交纳的各种税费，包括增值税、消费税、所得税、资源税、土地增值税、城市维护建设税、房产税、土地使用税、车船税、教育费附加、矿产资源补偿费等。企业代扣代缴的个人所得税等，也通过"应交税费"账户核算。

该账户的贷方登记各种应交未交税费的增加额，借方登记实际缴纳的各种税费。期末余额在贷方，反映企业尚未交纳的税费；期末余额在借方，反映企业多交或尚未抵扣的税费。

该账户可按应交的税费项目进行明细核算。

三、账务处理

材料的日常收发可以采用实际成本核算，也可以采用计划成本核算。材料收发业务较多且计划成本资料较为健全和准确的企业，一般采用计划成本进行日常收发核算。

采用计划成本法进行原材料的日常核算时，收发凭证按材料的计划成本计价，原材料的总分类账和明细分类账均按计划成本登记，实际成本与计划成本之间的差异，通过"材料成本差异"科目核算。月份终了，应将发出材料的计划成本调整为实际成本。对于性质和用途相似的存货，应当采用相同的成本计算方法确定发出存货的实际成本。

（一）实际成本法核算的账务处理

原材料采用实际成本法进行日常收发核算，是指原材料的日常收发及结存，无论是总分类账还是明细分类账，均按照实际成本进行核算的方法。

实际成本法下，一般通过"原材料"和"在途物资"等科目进行核算。企业外购材料时，按材料是否验收入库分为以下两种情况：

1. 材料已验收入库

（1）货款已付，账单已到，材料已验收入库。如果货款已经支付，发票账单已到，材料已经验收入库，按支付的实际金额，借记"原材料""应交税费——应交增值税（进项税额）"等科目，贷记"银行存款""预付账款"等科目。

【例5-20】W公司购入A材料一批，增值税专用发票上记载的货款为100 000元，增值税税率13%，计13 000元，全部款项已用银行存款支付，材料已验收入库。会计分录如下：

借：原材料——A材料　　　　　　　　　　　100 000
　　应交税费——应交增值税（进项税额）　　 13 000
　贷：银行存款　　　　　　　　　　　　　　113 000

（2）货款未付，材料已验收入库。如果货款尚未支付，材料已经验收入库，按相关发票凭证上应付的金额，借记"原材料""应交税费——应交增值税（进项税额）"等科目，贷记"应付账款""应付票据"等科目。

【例5-21】W公司购入B材料一批，增值税专用发票上记载的货款为50 000元，增值税税率13%，计6 500元，银行转来的结算凭证已到，款项尚未支付，材料已验收入库。会计分录如下：

借：原材料——B材料　　　　　　　　　　　50 000

应交税费——应交增值税（进项税额）	6 500
贷：应付账款	56 500

（3）货款未付，材料入库，凭证未到。如果货款尚未支付，材料已经验收入库，但月末仍未收到相关发票凭证，按照暂估价入账，即借记"原材料"科目，贷记"应付账款"等科目。下月初作相反分录予以冲回，收到相关发票账单后再编制会计分录。

【例5-22】W公司购入G材料一批，材料已验收入库，但月末仍未收到发票等相关凭证，货款未支付。月末，按照暂估价50 000元入账：

借：原材料——G材料（按照暂估价）	50 000
贷：应付账款	50 000

下月初作相反分录予以冲回：

借：原材料——G材料（按照暂估价）	50 000（红字）
贷：应付账款	50 000（红字）

收到相关发票账单后（增值税税率13%，发票列明的材料实际价款52 000元）：

借：原材料——G材料	52 000
应交税费——应交增值税（进项税额）	6 760
贷：应付账款	58 760

2. 材料尚未验收入库

如果发票凭证已到，但材料尚未验收入库，按支付或应付的实际金额，借记"材料采购"科目，贷记"银行存款""应付账款"等科目；待验收入库时再作后续分录。

对于可以抵扣的增值税进项税额，一般纳税人企业应根据收到的增值税专用发票上注明的增值税额，借记"应交税费——应交增值税（进项税额）"科目。

【例5-23】W公司购入D材料，货款60 000元，增值税税率13%，计7 800元，发票账单已到，全部款项从银行存款账户支付，但材料尚未到达，尚未验收入库。会计分录如下：

借：材料采购	60 000
应交税费——应交增值税（进项税额）	7 800
贷：银行存款	67 800

20天后，该批材料到达并已验收入库。

借：原材料——D材料	60 000
贷：材料采购	60 000

3. 实际成本法下发出存货成本的确定

企业在确定发出存货的成本时，可以采用先进先出法、移动加权平均法、月末一次加权平均法和个别计价法四种方法。企业不得采用后进先出法确定发出存货的成本。

（1）先进先出法。是以先购入的存货应先发出（销售或耗用）这样一种存货实物流转假设为前提，对发出存货进行计价。采用这种方法，先购入的存货成本在后购入存货成本之前转出，据此确定发出存货和期末存货的成本。

（2）移动加权平均法。是指以每次进货的成本加上原有库存进货的成本，除以每次进货数量加上原有库存存货的数量，据以计算加权平均单位成本，作为在下次进货前计算各次发出存货成本的依据。计算公式如下：

$$存货单位成本 = \frac{原有库存存货的实际成本 + 本次进货的实际成本}{原有库存存货数量 + 本次进货数量}$$

$$发出存货成本 = 发出存货数量 \times 存货单位成本$$

（3）月末一次加权平均法。是指以当月全部进货数量加上月初存货数量作为权数，除以当月全部进货成本加上月初存货成本，计算出存货的加权平均单位成本，以此为基础计算当月发出存货的成本和期末存货成本的一种方法。

$$存货单位成本 = \frac{\begin{pmatrix}月初库存存货\\的实际成本\end{pmatrix} + \sum\left[\begin{pmatrix}本月某批进货\\的实际单位成本\end{pmatrix} \times \begin{pmatrix}本月某批\\进货的数量\end{pmatrix}\right]}{月初库存存货数量 + 本月各批进货数量之和}$$

$$发出存货成本 = 发出存货数量 \times 存货单位成本$$

（4）个别计价法。亦称个别认定法、具体辨认法、分批实际法，其特征是注重所发出存货实物流转与成本之间的联系，逐一辨认各批发出存货和期末存货所属的购进批别，分别按其购入所确定的单位成本，计算各批发出存货和期末存货的成本。即把每一种存货的实际成本作为计算发出存货成本和期末存货成本的基础。一般情况下，不能替代使用的存货、为特定项目专门购入的存货，通常采用个别计价法确定发出存货的成本。

在实际工作中，由于企业广泛采用计算机系统进行会计处理，个别计价法已广泛应用于企业发出存货的计价，该方法确定的存货成本最为准确。

（二）计划成本法核算的账务处理

计划成本法下，一般通过"材料采购""原材料""材料成本差异"等账户进行核算。企业外购材料时，按材料是否验收入库分为以下两种情况：

1. 材料已经验收入库

（1）账单到、款已付，材料已验收入库。如果发票账单已到，货款已经支付，材料已经验收入库，按实际支付的金额，借记"材料采购""应交税费——应交增值税（进项税额）"账户，贷记"银行存款"账户；按计划成本金额，借记"原材料"，贷记"材料采购"账户；按计划成本与实际成本之间的差异，借记（或贷记）"材料采购"账户，贷记（或借记）"材料成本差异"账户。

【例5-24】甲公司生产专用C材料。本月购入C材料一批，专用发票上记载的货款为3 000 000元，增值税税率13%，计390 000元，发票账单已收到，材料已验收入库，计划成本为3 200 000元，全部款项已用银行存款支付。

借：材料采购　　　　　　　　　　　　　　3 000 000
　　应交税费——应交增值税（进项税额）　　 390 000
　　　贷：银行存款　　　　　　　　　　　　　　3 390 000

月末，假设甲公司汇总本月已付款（或已开出并承兑商业汇票）、已入库的C材料仅上例5-24这一批，计划成本为3 200 000元。

借：原材料——C材料　　　　　　　　　　3 200 000
　　　贷：材料采购　　　　　　　　　　　　　　3 200 000

上述入库C材料的实际成本为3 000 000元，入库C材料的成本差异为节约200 000

元（即 3 200 000 – 3 000 000）。

  借：材料采购   200 000
    贷：材料成本差异——C 材料   200 000

（2）账单到、款未付，材料已验收入库。如果发票账单已到，货款尚未支付，材料已经验收入库，应按相关发票凭证上应付的金额，借记"材料采购""应交税费——应交增值税（进项税额）"账户，贷记"应付账款""应付票据"等账户；按计划成本金额，借记"原材料"账户，贷记"材料采购"账户；按计划成本与实际成本之间的差额，借记（或贷记）"材料采购"账户，贷记（或借记）"材料成本差异"账户。

【例 5 – 25】乙公司购入 A 材料一批，增值税专用发票上记载的货款为 50 000 元，增值税税率 13%，计 6 500 元，银行转来的发票等结算凭证已到，款项尚未支付，材料已验收入库。这批 A 材料的计划成本总额 52 000 元。

根据发票凭证上的应付金额：
  借：材料采购   50 000
    应交税费——应交增值税（进项税额）   6 500
    贷：应付账款   56 500

按计划成本：
  借：原材料——A 材料   52 000
    贷：材料采购   52 000

按计划成本与实际成本的差额（52 000 – 50 000）：
  借：材料采购   2 000
    贷：材料成本差异（贷差）   2 000

（3）账单未到、款未付，材料已验收入库。如果材料已经入库，发票账单等相关凭证未到，货款尚未支付。至月末仍未收到相关发票凭证，可以按照计划成本暂估入账，即借记"原材料"账户，贷记"应付账款"等账户，下月初作相反分录予以冲回，待收到相关发票账单后再编制会计分录。

【例 5 – 26】甲公司从 H 公司购入 A 材料一批，材料已验收入库，但月末仍未收到发票等相关凭证，未付款。这批 A 材料的计划成本总额 53 000 元。

月末，先按照入库材料的计划成本 53 000 元入账：
  借：原材料——A 材料（按照计划成本价） 53 000
    贷：应付账款——H 公司   53 000

下月初冲回：
  借：原材料——A 材料   53 000（红字）
    贷：应付账款——H 公司   53 000（红字）

下月，收到相关发票账单，货款为 50 000 元，增值税额 6 500 元，货款通过银行支付：
  借：材料采购   50 000
    应交税费——应交增值税（进项税额）   6 500
    贷：银行存款   56 500

按计划成本：

借：原材料——A 材料	53 000	
贷：材料采购		53 000

按计划成本与实际成本的差额（53 000 – 50 000）：

借：材料采购	3 000	
贷：材料成本差异（贷差）		3 000

2. 材料尚未验收入库

如果相关发票账单已到，款已付，但材料尚未验收入库，按支付的金额，借记"材料采购""应交税费——应交增值税（进项税额）"等，贷记"银行存款"账户；待验收入库再作后续分录。

【例5-27】甲公司购入 A 材料，货款 50 000 元，增值税 6 500 元，发票账单已到，全部款项从银行存款户支付，但材料至月末尚未到达，尚未验收入库。该材料于 20 天后到达，计划成本为 53 000 元。支付货款时：

借：材料采购	50 000	
应交税费——应交增值税（进项税额）	6 500	
贷：银行存款		56 500

20 天后，该批材料到达并已验收入库。

借：原材料——A 材料	53 000	
贷：材料采购		53 000

按计划成本与实际成本的差额（53 000 – 50 000）：

借：材料采购	3 000	
贷：材料成本差异（贷差）		3 000

3. 计划成本法下发出存货成本的确定

计划成本法下，平时发出材料时，一律用计划成本。期末，计算材料成本差异率，结转发出材料应负担的差异额。企业发出各种材料的成本差异，可以按当月的成本差异率计算，也可以按上月的成本差异率计算。差异率的计算公式如下：

$$本月材料成本差异率 = \frac{月初结存材料成本差异 + 本月收入材料成本差异}{月初结存材料计划成本 + 本月收入材料计划成本} \times 100\%$$

$$上月材料成本差异率 = \frac{月初结存材料成本差异}{月初结存材料计划成本} \times 100\%$$

$$发出材料应负担的差异额 = 发出材料的计划成本 \times 材料成本差异率$$

分配发出材料成本差异时，可按当月成本差异率计算或按照上月成本差异率进行计算，但一经确定，各月必须一致，不能任意改变。这是会计核算相关性和一致性的要求。

【例5-28】甲公司材料按计划成本核算。本月，根据"发料凭证汇总表"记录，L 材料消耗（计划成本）为：基本生产车间领用 2 000 000 元，辅助生产车间领用 600 000 元，车间管理部门领用 250 000 元，企业行政管理部门领用 50 000 元。

（1）月末，根据领料单汇总记录，作账务处理如下：

借：生产成本——基本生产成本	2 000 000	
——辅助生产成本	600 000	
制造费用	250 000	

| 管理费用 | 50 000 |
| 贷：原材料——L材料 | 2 900 000 |

(2) 分配材料成本差异：

甲公司用当月成本差异率计算成本差异，本月月初结存L材料的计划成本总额为1 000 000元，成本差异为超支30 740元；当月入库L材料的计划成本3 200 000元，成本差异为节约200 000元。则：

$$材料成本差异率 = \frac{30\ 740 - 200\ 000}{1\ 000\ 000 + 3\ 200\ 000} \times 100\% = -4.03\%$$

计算发出材料的成本差异为：

基本生产车间应负担的成本差异 = 2 000 000 × (- 4.03%) = - 80 600（元）
辅助生产车间应负担的成本差异 = 600 000 × (- 4.03%) = - 24 180（元）
车间管理部门应负担的成本差异 = 250 000 × (- 4.03%) = - 10 075（元）
行政管理部门应负担的成本差异 = 50 000 × (- 4.03%) = - 2 015（元）

合计　　　　　　　　　　　　　　　　　　　　　　　　－116 870 元

结转发出材料成本差异的会计分录为：

借：材料成本差异	116 870
贷：生产成本——基本生产成本	80 600
——辅助生产成本	24 180
制造费用	10 075
管理费用	2 015

思考与练习

重要概念

库存现金　银行存款　所有者权益筹资　负债筹资　固定资产　固定资产折旧　材料采购成本

思考题

1. 企业主要经济业务账务处理的主要内容有哪些？
2. 企业的筹资业务按来源包括哪些？需设置哪些账户进行核算？
3. 固定资产的成本包括哪些内容？如何对固定资产提取折旧？
4. 企业材料采购业务中，需要设置哪些账户？如何核算？

客观题

以下客观题中，假设除材料增值税外，暂不考虑运费、保险费等的增值税。

一、单项选择题

1. D公司7月1日向银行借入资金60万元，期限6个月，年利率为6%，到期还本，按月计提利息，按季付息。该公司7月31日应计提的利息为(　　)万元。

A. 0.3　　　　　　B. 0.6　　　　　　C. 0.9　　　　　　D. 3.6

2. D公司购入旧设备一台，实际支付价款10 000元，增值税1 300元，支付运杂费500元，安装费600元。则该设备入账的原值为(　　)元。

A. 11 000　　　　B. 11 100　　　　C. 12 400　　　　D. 10 000

3. R公司为增值税一般纳税人，购入材料一批，增值税专用发票上标明的价款为25万元，增值税为3.25万元，另支付材料的保险费3万元。该批材料的采购成本为(　　)万元。

A. 28　　　　　　B. 29　　　　　　C. 29.25　　　　　D. 32

4. R公司在用的一台机器设备原值80 000元，估计净残值8 000元，预计可使用12年。按直线法计提折旧，则第二年应计提折旧为(　　)元。

A. 6 600　　　　　B. 6 000　　　　　C. 7 000　　　　　D. 8 000

5. 企业生产车间使用的固定资产发生的下列支出，直接计入当期损益的是(　　)。

A. 购入时发生的安装费用　　　　　　B. 发生的装修费用
C. 购入时发生的运杂费　　　　　　　D. 发生的修理费

6. 企业接受存货投资时，对于投资各方确认的存货价值超过投资者在企业注册资本中所占份额的那部分，应计入(　　)

A. 注册资本　　　B. 盈余公积　　　C. 资本公积　　　D. 未分配利润

7. 企业自行建造管理用房屋一间，购入所需的各种物资100 000元，另支付增值税13 000元，全部用于建造中。另外还支付工程人员工资20 000元，提取工程人员的福利费2 800元，支付其他费用3 755元。该企业增值税税率为13%。则该房屋的实际造价为(　　)元。

A. 145 980　　　　B. 139 555　　　　C. 136 755　　　　D. 113 000

8. 材料按计划成本核算时，材料采购业务中，如果发票凭证已到，但材料尚未验收入库，按支付或应付的实际金额，借记(　　)科目，贷记"银行存款""应付账款"等科目。

A. 原材料　　　　B. 应收账款　　　C. 材料采购　　　D. 其他应收款

二、多项选择题

1. 下列项目中，属于货币资金的有(　　)。

A. 库存现金　　　B. 银行存款　　　C. 其他货币资金　　D. 应收票据

2. 库存现金具有(　　)基本特征的货币资金。

A. 货币性　　　　B. 无限制可流通　　C. 通用性　　　　D. 流动性最强

3. 关于"预付账款"账户，下列说法正确的有(　　)。

A. "预付账款"属于资产性质的账户
B. 预付货款不多的企业，可不单独设置"预付账款"账户，将预付货款记入"应付账款"账户的借方
C. "预付账款"账户贷方余额反映的是应付供应单位的款项
D. "预付账款"账户核算企业因销售业务产生的往来款项

4. 下列各项构成企业外购固定资产的成本的有(　　)。

A. 支付的买价　　　　　　　　　　　B. 支付的安装费用和保险费
C. 支付的运输费　　　　　　　　　　D. 使用后加工外单位产品代收代缴的消费税

5. 在采用自营方式建造固定资产的情况下，下列项目应计入固定资产取得成本的有(　　)。

A. 工程人员的工资及福利费　　　　　B. 工程领用本企业库存材料的实际成本
C. 生产车间为工程提供的水、电等费用
D. 企业行政管理部门为组织和管理生产经营活动而发生的费用

6. 确定固定资产的使用寿命时，下列说法正确的有(　　)。

A. 企业至少应当于每年年度终了，对固定资产的使用寿命进行复核

B. 使用寿命预计数与原先估计数有差异的,应当调整固定资产使用寿命,作为会计估计变更
C. 按该项资产的预计生产能力或实物产量确定使用寿命
D. 按该项固定资产预计有形损耗确定使用寿命

7. 下列各项影响固定资产折旧的因素有(　　)。
   A. 预计净残值　　　　B. 原价　　　　C. 已计提的减值准备　D. 使用寿命
8. 下列各项固定资产,应当计提折旧的有(　　)。
   A. 闲置的固定资产　　　　　　　　B. 单独计价入账的土地
   C. 经营租出的固定资产　　　　　　D. 已提足折旧仍继续使用的固定资产
9. 企业负债筹资形成债权人权益,这部分资本的所有者享有(　　)。
   A. 取得分红　　　　　　　　　　　B. 按合同或协议收回本金
   C. 取得利息　　　　　　　　　　　D. 享有企业福利

三、判断题

1. 短期借款不多的企业,可以不设置"短期借款"科目。企业少量短期借款时,直接将其记入"应付账款"科目的贷方。(　　)
2. 企业接受非现金投资,符合固定资产确认条件的,应按其投资合同约定的价值编制会计分录,借记"固定资产"科目,贷记"实收资本"科目。(　　)
3. 企业外地采购材料设立的采购专户应只付不收,付完结束账户。(　　)
4. 短期借款利息在预提或实际支付时均应通过"短期借款"科目核算。(　　)
5. 企业行政管理部门为组织和管理生产经营活动而发生的费用应计入管理费用。(　　)
6. 工作量法计提折旧的特点是每年提取的折旧额相等。(　　)
7. 企业管理部门以经营租赁方式将一台固定资产租给某单位使用,该固定资产的所有权尚未转移。企业对该固定资产仍应计提折旧,计提折旧时应记入"管理费用"账户。(　　)
8. 未达到预定可使用状态、尚未办理竣工决算的固定资产,应当按照估计价值确定其成本,计提折旧;待办理竣工决算后,再按实际成本调整原来的暂估价值,并调整原已计提的折旧额。(　　)

练习题

习题一

(一)资料:D企业是增值税的一般纳税人,税率13%。本月发生以下有关存款业务:

① 采购员张三采购甲材料,货款50 000元(不含税),材料已验收入库,货款和税金已用银行存款支付。
② 销售W产品1台,不含税价格100 000元,增值税税率13%,货款和税款已收到存入银行。
③ 采购员李四出差,预借差旅费5 000元,以现金支付。
④ 用现金采购办公用品800元,已经发放管理部门使用。

(二)要求:就以上业务作出会计分录。

习题二

(一)资料:S公司20×1年1月1日发行普通股股票10 000万股,每股面值1元,发行价5元,假设不考虑中介机构的发行费用,已收到款项。

(二)要求:就以上业务作出账务处理。

习题三

(一)资料:A公司本年1月12日购入一台不需要安装的通信设备,取得的增值税专用发票上注明的该设备价款为50万元,增值税进项税额为6.5万元,款项已经一次全部付清。假定不考虑除增值税外的其他相关税费。

（二）要求：对以上业务进行账务处理。

习题四

（一）资料：T公司本月各类固定资产用直线法计算的折旧总额为100 000元。其中，生产车间用固定资产应计提折旧60 000元，销售部门用固定资产应提折旧10 000元，管理部门30 000元。

（二）要求：对以上业务作出账务处理。

习题五

（一）资料：甲公司为增值税一般纳税人，增值税税率13%，原材料采用实际成本核算。20×1年4月，与A材料采购相关的资料如下：

①8日，向东方公司购入A材料3 000kg，发票账单已收到，货款36 000元，增值税额4 680元。材料已经验收入库，款项未付。

②11日，向西部材料公司购入甲材料400kg，单价60元，价款24 000元（不含税）；乙材料400kg，单价80元，价款32 000元（不含税）。材料已验收入库，货款和税金已用银行存款支付。

③18日，购入A材料5 000kg，增值税专用发票上注明的货款为49 500元，增值税额为6 435元，材料已验收入库，货款由银行存款支付。

（二）要求：对4月份甲公司采购材料作出账务处理。

第六章 企业主要经济业务的账务处理(二)

第一节 生产业务的账务处理

企业产品的生产过程同时也是生产资料的耗费过程。企业在生产过程中发生的各项生产费用，是企业为获得收入而预先垫支并需要得到补偿的资金耗费，包括耗用的原材料、燃料、动力、厂房、机器设备的折旧费用，支付给职工的工资以及为车间或整个企业管理所需的开支和其他费用等。企业在一定时期内，生产经营过程中发生的能以货币表现的各种消耗，就是企业的生产费用。

任何生产费用的发生都是由特定的经济用途引起的，最终都要归集、分配给特定的产品，形成产品成本。当产品完工销售之后，生产成本就从该产品销售后的收入中得到补偿。因此，只有正确计算产品成本，才能保证生产耗费的收回和生产过程的不断进行。

产品成本核算是指把一定时期内企业生产过程中所发生的费用，按其性质和发生地点，分类归集、汇总、核算，计算出该时期内生产费用发生总额，并按适当方法分别计算出各种产品的实际成本和单位成本等。

一、生产费用的构成

生产费用是指与企业日常生产经营活动有关的费用，按其经济用途可分为直接材料、直接人工和制造费用。

1. 直接材料

直接材料是指构成产品实体的原材料以及有助于产品形成的主要材料和辅助材料。

2. 直接人工

直接人工是指直接从事产品生产人员的薪酬。

3. 制造费用

制造费用是指企业为生产产品和提供劳务而发生的各项间接费用。

二、账户设置

企业通常设置以下账户对生产费用业务进行会计核算。

(一)"生产成本"账户

"生产成本"账户属于成本类账户，用以核算企业生产各种产品（半成品、自制半成品等）、自制材料、自制工具、自制设备等发生的各种生产成本。

该账户的借方登记应计入产品生产成本的各种费用,包括直接计入产品生产成本的直接材料费、直接人工费和其他直接支出,以及期末按照一定的方法分配计入产品生产成本的制造费用;贷方登记结转完工入库产成品的生产成本。期末余额在借方,反映企业期末尚未加工完成的在产品成本。

"生产成本"账户可按基本生产成本和辅助生产成本进行明细分类核算。基本生产成本应当分别按照基本生产车间和成本核算对象(如产品的品种、类别、订单、批别、生产阶段等)设置明细账(或成本计算单),并按照规定的成本项目设置专栏,进行明细核算。"生产成本"账户的核算内容和账户结构,如图6-1。

借方	生产成本	贷方
期初余额: ××× 发生额: ①材料 ××× ②工资及附加费 ××× ③制造费用 ×××		发生额: 结转完工产品实际成本 ×××
发生额合计:本期发生的生产费用 ××× 期末余额:尚未完工在产品成本 ×××		发生额合计:结转完工产品成本 ×××

图6-1 "生产成本"账户的结构

(二)"制造费用"账户

"制造费用"账户属于成本类账户,用以核算企业生产车间(部门)为生产产品和提供劳务而发生的各项间接费用。如车间管理人员工资及提取的福利费、折旧费、修理费、办公费、水电费、机物料消耗、劳动保护费、季节性和修理期间的停工损失等。这些费用项目较多,且多属间接费用,一般不能直接记入各产品成本。

该账户的借方登记实际发生的各项制造费用,贷方登记期末按照一定标准分配转入"生产成本"账户借方的应计入产品成本的制造费用。期末结转后,该账户一般无余额。

该账户可按不同的生产车间、部门和费用项目进行明细核算。

(三)"库存商品"账户

"库存商品"账户属于资产类账户,用以核算企业库存的各种商品的实际成本(或进价)或计划成本(或售价),包括库存产成品、外购商品、存放在门市部准备出售的商品、发出展览的商品以及寄存在外的商品等。

该账户的借方登记验收入库的库存商品成本,贷方登记发出的库存商品成本。期末余额在借方,反映企业期末库存商品的实际成本(或进价)或计划成本(或售价)。

该账户可按库存商品的种类、品种和规格等进行明细核算。

(四)"应付职工薪酬"账户

"应付职工薪酬"账户属于负债类账户,用以核算企业根据有关规定应付给职工的各种薪酬。

关于企业"职工"的含义，按照财政部财会〔2014〕8号《企业会计准则第9号——职工薪酬》的规定，职工是指与企业订立劳动合同的所有人员，含全职、兼职和临时职工，也包括虽未与企业订立劳动合同但由企业正式任命的人员（如董事会成员、监事会成员等）。

未与企业订立劳动合同或未由其正式任命，但向企业所提供服务与职工所提供服务类似的人员，也属于职工的范畴，包括企业通过与劳务中介公司签订用工合同而向企业提供服务的人员。

职工薪酬不论是否在当月支付，都应通过该账户核算。该账户借方登记本月实际支付的职工薪酬，贷方登记本月计算的应付职工薪酬总额，包括短期薪酬、离职后福利、辞退福利、其他长期职工福利。期末余额在贷方，反映企业应付未付的职工薪酬。

该账户可按"短期薪酬""离职后福利""辞退福利""其他长期职工福利"等进行明细核算。

三、账务处理

（一）材料费用的归集与分配

在确定材料费用时，应根据领料凭证区分车间、部门和不同用途后，按照发出材料的成本借记"生产成本""制造费用""管理费用"等科目，贷记"原材料"等科目。

对于直接用于某种产品生产的材料费用，应直接计入该产品生产成本明细账中的直接材料费用项目；对于由多种产品共同耗用、应由这些产品共同负担的材料费用，应选择适当的标准在这些产品之间进行分配，按分担的金额计入相应的成本计算对象（生产产品的品种、类别等）；对于为提供生产条件等间接消耗的各种材料费用，应先通过"制造费用"科目进行归集，期末再按照一定的标准分配计入有关产品成本；对于行政管理部门领用的材料费用，应计入"管理费用"科目。

【例6-1】W公司是一个制造业公司。20×1年7月生产A产品300件，B产品300件。仓库已发出的甲、乙两种材料的月末汇总资料（假设不考虑材料成本差异）见表6-1。

表6-1 材料发出分配汇总表

材料用途	甲材料 单价400元		乙材料 单价100元		金额合计
	数量（kg）	金额（元）	数量（件）	金额（元）	
用于产品生产	300	120 000	150	15 000	135 000
——A产品	200	80 000	50	5 000	85 000
——B产品	100	40 000	100	10 000	50 000
车间一般耗用	10	4 000			4 000
管理部门耗用			10	1 000	1 000
合计	610	124 000	160	16 000	140 000

据表6-1作会计分录如下:

① 借:生产成本——A产品　　　　　　　　　　　85 000
　　　　　　——B产品　　　　　　　　　　　　50 000
　　　　制造费用　　　　　　　　　　　　　　　4 000
　　　　管理费用　　　　　　　　　　　　　　　1 000
　　　贷:原材料——甲材料　　　　　　　　　　124 000
　　　　　　——乙材料　　　　　　　　　　　　16 000

(二) 职工薪酬的归集与分配

职工薪酬是指企业为获得职工提供的服务或解除劳动关系而给予的各种形式的报酬或补偿。具体包括短期薪酬、离职后福利、辞退福利和其他长期职工福利。

短期薪酬,是指企业在职工提供相关服务的年度报告期间结束后十二个月内需要全部予以支付的职工薪酬,因解除与职工的劳动关系给予的补偿除外。短期薪酬具体包括职工工资、奖金、津贴和补贴,职工福利费,医疗保险费、工伤保险费和生育保险费等社会保险费,住房公积金,工会经费和职工教育经费,短期带薪缺勤,短期利润分享计划,非货币性福利以及其他短期薪酬。

带薪缺勤,是指企业支付工资或提供补偿的职工缺勤,包括年休假、病假、短期伤残、婚假、产假、丧假、探亲假等。利润分享计划,是指因职工提供服务而与职工达成的基于利润或其他经营成果提供薪酬的协议。

离职后福利,是指企业为获得职工提供的服务而在职工退休或与企业解除劳动关系后,提供的各种形式的报酬和福利,如企业为职工缴纳的养老保险、失业保险等,短期薪酬和辞退福利除外。

辞退福利,是指企业在职工劳动合同到期之前解除与职工的劳动关系,或者为鼓励职工自愿接受裁减而给予职工的补偿。

其他长期职工福利,是指除短期薪酬、离职后福利、辞退福利之外所有的职工薪酬,包括长期带薪缺勤、长期残疾福利、长期利润分享计划等。

企业提供给职工配偶、子女、受赡养人、已故员工遗属及其他受益人等的福利,也属于职工薪酬。

对于短期薪酬,企业应当在职工为其提供服务的会计期间,按实际发生额确认为负债,并计入当期损益或相关资产成本。应当根据职工提供服务的受益对象,分别以下情况处理:

1. 生产产品、提供劳务的短期职工薪酬

应由生产产品、提供劳务负担的短期职工薪酬,计入产品成本或劳务成本。其中,生产工人的短期薪酬属于生产成本,应借记"生产成本"科目,贷记"应付职工薪酬"科目;生产车间管理人员的短期职工薪酬属于间接费用,应借记"制造费用"科目,贷记"应付职工薪酬"科目。

【例6-2】承上例。20×1年7月,W公司共生产A产品和B产品各300件,本月生产A产品发生的直接生产人员短期职工薪酬(工资、津贴等)共计为120 000元,B产品发生的直接生产人员短期职工薪酬共计为80 000元,生产车间管理人员短期职工薪

酬60 000元。

编制会计分录如下：

② 借：生产成本——基本生产成本——A产品　　　　120 000
　　　　　　　　　　　　　　　　——B产品　　　　　80 000
　　　　制造费用　　　　　　　　　　　　　　　　　60 000
　　　贷：应付职工薪酬——短期薪酬　　　　　　　　　　　260 000

当企业采用计件工资制时，生产工人的短期职工薪酬属于直接费用，应直接计入有关产品的成本。当企业采用计时工资制时，对于只生产一种产品的生产工人的短期职工薪酬也属于直接费用，应直接计入产品成本；对于同时生产多种产品的生产工人的短期职工薪酬，则需要采用一定的分配标准（实际生产工时或定额生产工时等），分配计入产品成本。

【例6-3】承上例。20×1年7月，W公司共生产A产品和B产品各300件。本月生产A产品发生的直接生产人员工时为6 000小时，B产品为4 000小时，生产工人短期职工薪酬（工资、津贴等）共计为200 000元，本月生产车间管理人员短期职工薪酬60 000元。

　　　　每工时工人的职工薪酬 = 200 000 ÷ (6 000 + 4 000) = 20(元／小时)
　　　　　A产品应负担的职工薪酬 = 20 × 6 000 = 120 000(元)
　　　　　B产品应负担的职工薪酬 = 20 × 4 000 = 80 000(元)

编制会计分录如下：

　　借：生产成本——基本生产成本——A产品　　　　120 000
　　　　　　　　　　　　　　　　——B产品　　　　　80 000
　　　　制造费用　　　　　　　　　　　　　　　　　60 000
　　　贷：应付职工薪酬——短期薪酬　　　　　　　　　　　260 000

2. 在建工程、无形资产负担的短期职工薪酬

应由在建工程、无形资产负担的短期职工薪酬，计入建造固定资产或无形资产的成本。

【例6-4】承上例。20×1年7月，W公司应由在建工程负担的短期薪酬（工资、津贴等）共计为100 000元。

编制会计分录如下：

　　借：在建工程　　　　　　　　　　　　　　　　　100 000
　　　贷：应付职工薪酬——短期薪酬　　　　　　　　　　　100 000

3. 其他短期职工薪酬

除了上述两种情况之外的其他短期职工薪酬，应计入当期损益。如企业行政管理部门人员和专设销售机构人员的短期职工薪酬，均属于期间费用，应分别借记"管理费用""销售费用"等科目，贷记"应付职工薪酬"科目。

【例6-5】承上例。20×1年7月，W公司企业行政管理部门人员的短期职工薪酬共计50 000元，专设销售机构人员的短期职工薪酬共计30 000元。会计分录如下：

③ 借：管理费用　　　　　　　　　　　　　　　　　50 000
　　　销售费用　　　　　　　　　　　　　　　　　30 000

贷：应付职工薪酬——短期薪酬　　　　　　　　　　　　　　　　80 000

（三）制造费用的归集和分配

　　企业发生的制造费用，应当按照合理的分配标准，按月分配计入各成本核算对象的生产成本。企业可以采取的分配标准包括机器工时、人工工时、计划分配率等。

　　企业发生制造费用时，借记"制造费用"科目，贷记"累计折旧""银行存款""应付职工薪酬"等科目；结转或分摊时，借记"生产成本"等科目，贷记"制造费用"科目。

　　【例6-6】承上例。假定上述的W公司本月生产A、B两种产品，除了上述材料费、职工薪酬（如上述计件制案例）外，还发生以下费用：

　　1. 按工资薪金总额2%计提工会经费，并拨缴工会。

　　为保证企业工会组织有一定的活动经费，按我国《企业所得税法实施条例》的规定，企业可以按照不超过工资薪金总额的2%计提工会经费。工会经费对企业来说也是生产费用。为简化核算，此项费用在企业"管理费用"账户列支。如以银行存款拨缴工会，则应同时记入"银行存款"账户的贷方。

　　④ 借：管理费用（440 000×2%）　　　　　　　　　　　　　　　8 800
　　　　　贷：应付职工薪酬　　　　　　　　　　　　　　　　　　　　　　8 800

　　2. 以银行存款拨交工会：
　　　　借：应付职工薪酬　　　　　　　　　　　　　　　　　　　　　　8 800
　　　　　贷：银行存款　　　　　　　　　　　　　　　　　　　　　　　　8 800

　　3. W公司本月应提折旧费20 000元，其中：车间使用的固定资产应提折旧14 000元，厂部使用的固定资产应提折旧6 000元。

　　折旧是指固定资产由于自然侵蚀、生产使用以及无形损耗而发生的价值转移。以货币表现的固定资产折旧称为折旧费，它表示企业在产品生产中发生的物化劳动耗费的价值。按期计入产品成本的折旧费是产品成本的重要组成部分。通过产品销售，从销售收入中收回与折旧数额相等的货币资金，形成固定资产更新重置的主要资金来源。待日后固定资产报废，就可以用历年积累的补偿资金对固定资产进行更新。

　　企业提取的折旧应先记入"制造费用""管理费用"账户的借方，反映生产费用的发生；同时应反映累计折旧数额的增加，记入"累计折旧"账户的贷方。本例会计分录如下：

　　⑤ 借：制造费用　　　　　　　　　　　　　　　　　　　　　　　14 000
　　　　　管理费用　　　　　　　　　　　　　　　　　　　　　　　　6 000
　　　　　贷：累计折旧　　　　　　　　　　　　　　　　　　　　　　　20 000

　　企业"固定资产"账户的借方余额减去"累计折旧"账户贷方所反映的累计折旧数额就是固定资产的净值。将固定资产净值与原值进行比较，可以一般地了解固定资产的新旧程度。

　　4. 以银行存款支付车间机器设备日常修理费6 000元。

　　⑥ 借：制造费用　　　　　　　　　　　　　　　　　　　　　　　　6 000
　　　　　贷：银行存款　　　　　　　　　　　　　　　　　　　　　　　　6 000

5. 以银行存款支付车间租入的机床租金 42 000 元。

⑦ 借：制造费用　　　　　　　　　　　　　　　　42 000
　　　贷：银行存款　　　　　　　　　　　　　　　　　42 000

6. 以银行存款支付车间购买办公用品费 2 000 元，公司总部购买办公用品费 5 000 元，共计 7 000 元。

⑧ 借：制造费用　　　　　　　　　　　　　　　　 2 000
　　　管理费用　　　　　　　　　　　　　　　　 5 000
　　　贷：银行存款　　　　　　　　　　　　　　　　　 7 000

7. 本月用银行存款支付绿化费 2 000 元。

⑨ 借：管理费用　　　　　　　　　　　　　　　　 2 000
　　　贷：银行存款　　　　　　　　　　　　　　　　　 2 000

8. 本月应摊销固定资产改良费用 2 500 元。

为核算企业租入固定资产的改良支出等摊销期在 1 年以上的待摊费用，须设置和运用"长期待摊费用"账户。该账户的借方登记发生的各种不能全部计入当年损益，由以后年度内分期摊销的各项费用；贷方登记摊销的各项费用。余额在借方，反映企业尚待摊销的各种摊销期限在 1 年以上的费用。

本例涉及的固定资产改良费用，显然在以前年度已经发生，当时已经记作"借：长期待摊费用；贷：银行存款"等，现应按规定在一定年限内分期平均摊销。应作会计分录如下：

⑩ 借：管理费用　　　　　　　　　　　　　　　　 2 500
　　　贷：长期待摊费用　　　　　　　　　　　　　　　 2 500

9. 以银行存款支付企业管理咨询费 1 240 元。

⑪ 借：管理费用　　　　　　　　　　　　　　　　 1 240
　　　贷：银行存款　　　　　　　　　　　　　　　　　 1 240

10. 开出支票，以银行存款支付水电费 10 000 元。其中：车间用水电费 6 000 元，企管部门用水电费 4 000 元。

⑫ 借：制造费用　　　　　　　　　　　　　　　　 6 000
　　　管理费用　　　　　　　　　　　　　　　　 4 000
　　　贷：银行存款　　　　　　　　　　　　　　　　　10 000

11. 本月应付的银行借款的利息费用共计 10 000 元。

⑬ 借：财务费用　　　　　　　　　　　　　　　　10 000
　　　贷：应付账款　　　　　　　　　　　　　　　　　10 000

至月底，制造费用、管理费用及财务费用均已汇集完毕。在只生产一种产品的企业（如发电、采掘），作为间接费用的制造费用可以直接转入该产品的生产成本明细账中；在生产多种产品的企业，则要采用一定的分配方法在各种产品之间进行分配。

分配标准可按生产工人工资和生产工时等比例进行。先求分配率：

$$制造费用分配率 = \frac{待分配的制造费用}{生产工人工资（或生产工时）总额}$$

再求各产品应负担的制造费用：

某产品应负担的制造费用 = 该产品生产工人工资(或生产工时)总额 × 制造费用分配率

将本月发生的制造费用 134 000 元,按生产工人工时比例在 A、B 两产品之间进行分配。编制分配表见表 6-2。

表 6-2 制造费用分配表

产品名称	分配标准 (生产工人工时)	分配率	分配金额
A 产品	30 000	2.68	80 400
B 产品	20 000	2.68	53 600
合计	50 000	2.68	134 000

据表 6-2 作会计分录如下:
⑭ 借:生产成本——A 产品　　　　　　　　　　　　　80 400
　　　　　　——B 产品　　　　　　　　　　　　　53 600
　　贷:制造费用　　　　　　　　　　　　　　　　134 000

汇集的管理费用、财务费用等作为期间费用于期末直接记入本期损益,转入"本年利润"科目。

(四)完工产品生产成本的计算与结转

产品生产成本计算是指将企业生产过程中为制造产品所发生的各种费用,按照成本计算对象进行归集和分配,以便计算各种产品的总成本和单位成本。产品成本信息是进行库存商品计价和确定销售成本的依据。

企业应设置产品生产成本明细账,用以归集应计入各种产品的生产费用。通过对材料费用、职工薪酬和制造费用的归集和分配,企业各月生产产品所发生的生产费用已记入"生产成本"科目中。

如果月末某种产品全部完工,该种产品生产成本明细账所归集的费用总额,就是该种完工产品的总成本,用完工产品总成本除以该种产品的完工总产量,即可计算出该种产品的单位成本。如果月末某种产品全部未完工,该种产品生产成本明细账所归集的费用总额就是该种产品在产品的总成本。

如果月末某种产品一部分完工,一部分未完工,此时归集在产品成本明细账中的费用总额还须采取适当的分配方法在完工产品和在产品之间进行分配,在此基础上计算出完工产品的总成本和单位成本。完工产品生产成本的基本计算公式为:

完工产品生产成本 = 期初在产品成本 + 本期发生的生产费用 - 期末在产品成本

产品完工并验收入库时,借记"库存商品"科目,贷记"生产成本"科目。

【例 6-7】上述 W 公司本月生产 A、B 两种产品,本月"生产成本"账户共汇集了生产费用 469 000 元,其中:"A 产品明细账"285 400 元,"B 产品明细账"183 600 元。A 产品投产 100 件,已完工入库;B 产品投产 80 件,尚在加工之中。

企业产品生产完工验收入库后,要将产品生产成本从"生产成本"账户贷方转入"库存商品"或"产成品"账户的借方。"产成品"账户用以核算库存各种产成品的实际成本,它是一个资产类账户。完工入库产品实际成本记入该账户的借方,产品出售后结转产品成本时记入该账户贷方。期末借方余额,反映已入库未出售产成品的实际成本。

本例中,A 产品已完工入库 100 件,实际成本 285 400 元,则:

$$单位 A 产品成本 = 285\,400 \div 100 = 2\,854(元／件)$$

应作如下会计分录:

⑮　借:产成品——A 产品　　　　　　　　　　285 400
　　　贷:生产成本　　　　　　　　　　　　　　　　285 400

B 产品尚未完工,"生产成本"账户的月末借方余额 183 600 元就是 B 产品 80 件的在产品成本。上述产品生产的核算在有关的总账、明细账(用丁字账代替)中的记录,见图 6-2。

借方	生产成本(总账)		贷方
期初余额	0		
①材料	135 000		
②工资	200 000		
⑭ 制造费用	134 000	⑮	285 400
本期发生额	469 000	本期发生额	285 400
期末余额	183 600		

借方	生产成本——A 产品(明细账)		贷方
期初余额	0		
①	85 000		
②	120 000		
⑭	80 400	⑮	285 400
本期发生额	285 400	本期发生额	285 400
期末余额	0		

借方	生产成本——B 产品(明细账)		贷方
期初余额	0		
①	50 000		
②	80 000		
⑭	53 600		
本期发生额	183 600	本期发生额	0
期末余额	183 600		

图 6-2　"生产成本"账户的记录

以上业务在"制造费用""管理费用""财务费用"等相关总账(用丁字账)中的记录,见图 6-3。

借方	制造费用(总账)		贷方
期初余额	0		
①	4 000		
②	60 000		
⑤	14 000		
⑥	6 000		
⑦	42 000	⑭	134 000
⑧	2 000		
⑫	6 000		
本期发生额	134 000	本期发生额	134 000
期末余额	0		

借方	管理费用(总账)		贷方
期初余额	0		
①	1 000		
③	50 000		
④	8 800		
⑤	6 000		
⑧	5 000		
⑨	2 000		
⑩	2 500		
⑪	1 240		
⑫	4 000		
本期发生额	80 540	本期发生额	

借方	财务费用（总账）		贷方
期初余额	0		
⑬	10 000		
本期发生额	10 000	本期发生额	

图6-3 "制造费用""管理费用"等账户的费用

"管理费用""财务费用"由于尚未结转，因此形成图6-3中的记录。当期末将它们转入"本年利润"账户后，这两个账户无余额。

实际工作中，一般是用多栏式明细账归集产品的生产费用，按成本项目反映各项目总成本。制造业设置的成本项目一般有三项：原材料、职工薪酬、制造费用。原材料包括企业生产产品中实际消耗的原材料、辅助材料、备品配件、外购半成品、燃料、动力、包装物以及其他材料。职工薪酬包括企业直接从事该产品生产人员的工资、奖金、津贴和补贴等，以及按从事该产品生产工人工资计算的福利费等。制造费用包括各个生产单位（分厂、车间）管理和组织生产所发生的管理人员工资、办公费、折旧费等。企业应在上述生产费用发生时，按用途记入各成本项目（制造费用先在"制造费用"账户归集，至月末分配转入生产成本）。

根据本节W公司本月所发生的经济业务，A、B两产品的成本在多栏式"生产成本明细账"上的记录，见表6-3和表6-4。

表6-3 生产成本明细账

产品名称：A产品　　　　　　　　　　　投产：100件　　完工：100件

××年		凭证号数	摘要	合计	成本项目		
月	日				材料	工资	制造费用
			期初余额	0			
		①	领用材料	85 000	85 000		
		②	本月生产工人工资	120 000		120 000	
		⑭	本月负担制造费用	80 400			80 400
		⑮	产品入库100件	-285 400	-85 000	-120 000	-80 400
			期末余额	0			

表6-4 生产成本明细账

产品名称：B产品　　　　　　　　　　　投产：100件　　完工：　件

××年		凭证号数	摘要	合计	成本项目		
月	日				材料	工资	制造费用
		①	领用材料	50 000	50 000	80 000	
		②	本月生产工人工资	80 000			
		⑭	本月应负担制造费用	53 600			53 600
			本月发生额	183 600			
			期末余额（在产品成本）	183 600			

利用表6-3所记录的A产品生产成本明细账，可以编制"A产品生产成本计算单"，见表6-5。

表6-5 A产品生产成本计算单

产量：100件　　　　　　　　20×1年　月　　　　　　　　　　单位：元

成本项目	总成本	单位成本
原材料	85 000	850
职工薪酬	120 000	1 200
制造费用	80 400	804
合计	285 400	2 854

第二节 销售业务的账务处理

销售业务的账务处理涉及商品销售、其他销售等业务收入、成本、费用和相关税费的确认与计量等内容。

一、商品销售收入的确认与计量

企业商品销售是企业向购买单位出售产品、提供劳务等并收受价款的经济活动。

（一）收入的概念

收入，是指企业在日常活动中形成的、会导致所有者权益增加的、与所有者投入资本无关的经济利益的总流入。收入包括商品销售收入、劳务收入、利息收入、使用费收入、股利收入等。收入不包括为第三方或者客户代收的款项。

企业在生产经营活动中，一方面将生产出来的产品或采购的商品发送给购买单位，以满足社会需要；另一方面按照售价从购买单位取得货币收入，以保证生产与经营活动继续进行。企业取得销售收入后，要按国家规定缴纳销售税金及附加。税金及附加是国家财政收入的重要来源，企业必须正确计算并及时上交。企业主营业务收入扣除主营业务成本、营业税金及附加以后的差额，即为企业主营业务利润。企业必须努力降低生产经营成本，节约费用，才能增加主营业务利润。若企业的销售收入不足以抵补销售成本、销售税金等支出，其差额即构成销售亏损。

（二）收入的确认

企业应当在履行了合同中的履约义务，即在客户取得相关商品控制权时确认收入。

1. 履行了合同中的履约义务

当企业与客户之间的合同同时满足下列条件时，企业应当在客户取得相关商品控制权时确认收入：

① 合同各方已批准该合同并承诺将履行各自义务。

② 该合同明确了合同各方与所转让商品或提供劳务（以下简称"转让商品"）相关的权利和义务。

③ 该合同有明确的与所转让商品相关的支付条款。

④ 该合同具有商业实质，即履行该合同将改变企业未来现金流量的风险、时间分布或金额。

⑤ 企业因向客户转让商品而有权取得的对价很可能收回。

在合同开始日即满足前款条件的合同，企业在后续期间无需对其进行重新评估，除非有迹象表明相关事实和情况发生重大变化。合同开始日通常是指合同生效日。

2. 客户取得相关商品控制权

取得相关商品控制权，是指能够主导该商品的使用并从中获得几乎全部的经济利益。在判断客户是否已取得商品控制权时，企业应当考虑下列迹象：

① 企业就该商品享有现时收款权利，即客户就该商品负有现时付款义务。

② 企业已将该商品的法定所有权转移给客户，即客户已拥有该商品的法定所有权。

③ 企业已将该商品实物转移给客户，即客户已实物占有该商品。

④ 企业已将该商品所有权上的主要风险和报酬转移给客户，即客户已取得该商品所有权上的主要风险和报酬。

⑤ 客户已接受该商品。

⑥ 其他表明客户已取得商品控制权的迹象。

（三）收入的计量

企业应当按照分摊至各单项履约义务的交易价格计量收入。

所谓交易价格，是指企业因向客户转让商品而预期有权收取的对价金额。企业代第三方收取的款项以及企业预期将退还给客户的款项，应当作为负债进行会计处理，不计入交易价格。

如果合同中包含两项或多项履约义务的，企业应当在合同开始日，按照各单项履约义务所承诺商品的单独售价的相对比例，将交易价格分摊至各单项履约义务。企业不得因合同开始日之后单独售价的变动而重新分摊交易价格。

二、账户设置

企业通常设置以下账户对销售业务进行会计核算。

（一）"主营业务收入"账户

"主营业务收入"账户属于损益类账户，用以核算企业确认的销售商品、提供劳务等主营业务的收入。

该账户贷方登记企业实现的主营业务收入，即主营业务收入的增加额；借方登记期末转入"本年利润"账户的主营业务收入（按净额结转），以及发生销售退回和销售折让时应冲减本期的主营业务收入（也可在记账时用红字在贷方反映，作为销售收入的抵减项目)。期末,将该账户的贷方余额转至"本年利润"账户,期末结转后,该账户无余额。

销售退回是指企业销售出的商品,由于质量、到货时间、品种等不符合要求等原因而发生的退货。销售折让一般是指由于商品的质量、规格等不符合要求,销售单位同意在商品价格上给予的减让。在会计核算上,由于销售折让不具备费用的属性,因此应当将其作为收入的抵减数处理。

"主营业务收入"账户应按照主营业务的种类设置明细账户,进行明细分类核算。

(二)"其他业务收入"账户

"其他业务收入"账户属于损益类账户,用以核算企业确认的除主营业务活动以外的其他经营活动实现的收入,包括出租固定资产、出租无形资产、出租包装物和商品、销售材料等活动。

该账户贷方登记企业实现的其他业务收入,即其他业务收入的增加额;借方登记期末转入"本年利润"账户的其他业务收入。期末将该账户的贷方余额转至"本年利润"账户,结转后该账户无余额。

该账户可按其他业务的种类设置明细账户,进行明细分类核算。

(三)"应收账款"账户

"应收账款"账户属于资产类账户,用以核算企业因销售商品、提供劳务等经营活动应收取的款项。

该账户借方登记由于销售商品以及提供劳务等发生的应收账款,包括应收取的价款、税款和代垫款等;贷方登记已经收回的应收账款。期末余额通常在借方,反映企业尚未收回的应收账款;期末余额如果在贷方,反映企业预收的账款。

该账户应按不同的债务人进行明细分类核算。

(四)"应收票据"账户

"应收票据"账户属于资产类账户,用以核算企业因销售商品、提供劳务等而收到的商业汇票。

该账户借方登记企业收到应收票据的票面金额;贷方登记票据到期收回应收票据的票面金额。期末余额在借方,反映企业持有的商业汇票的票面金额。根据规定,企业可持未到期的商业汇票向银行申请贴现。

贴现是收款人将未到期的商业汇票背书后转让给银行,银行按票面金额扣去自贴现日至汇票到期日的利息以后,将剩余金额支付给持票人。商业汇票到期,贴现银行凭票向该汇票的承兑人收取款项。

银行受理了持票人的商业汇票贴现业务,要计算商业汇票的贴现天数、贴现利息和实付贴现金额(净贴现值)。实付贴现金额的计算公式:

银行收取的贴现利息 = 汇票到期金额 × 贴现天数 × 日贴现率(月贴现率 ÷ 30)

银行实付贴现金额 = 汇票到期金额 − 银行收取的贴现利息

在计算贴现利息时,贴现利率由中国人民银行统一规定。贴现天数应从贴现日算至汇票到期的前一日。

【例6-8】 A公司于20×1年9月14日收到一张面额10 000元、90天到期的商业汇票。10月14日因急用款，持汇票向银行申请贴现，贴现利率为月息9‰。该笔业务的计算如下：

$$银行收取的贴现利息 = 10\,000 \times 60 \times (9‰ \div 30) = 180(元)$$
$$银行实付贴现金额 = 10\,000 - 180 = 9\,820(元)$$

持未到期的商业汇票向银行申请贴现，取得实付贴现金额后，应作如下会计分录：

```
借：银行存款（贴现金额）            9 820
    财务费用（贴现利息）             180
    贷：应收票据                          10 000
```

"应收票据"账户可按开出、承兑商业汇票的单位进行明细核算。

（五）"预收账款"账户

"预收账款"账户属于负债类账户，用以核算企业按照合同规定预收的款项。预收账款情况不多的，也可以不设置本账户，将预收的款项直接记入"应收账款"账户。

该账户贷方登记企业向购货单位预收的款项等，借方登记销售实现时按实现销售收入转销的预收款项等。期末余额在贷方，反映企业预收的款项；期末余额在借方，反映企业已转销但尚未收取的款项。

该账户可按购货单位进行明细核算。

（六）"主营业务成本"账户

"主营业务成本"账户属于损益类账户，用以核算企业确认销售商品、提供劳务等主营业务收入时应结转的成本。

该账户借方登记主营业务发生的实际成本，贷方登记期末转入"本年利润"账户的主营业务成本。期末结转后，该账户无余额。

该账户可按主营业务的种类设置明细账户，进行明细分类核算。

（七）"其他业务成本"账户

"其他业务成本"账户属于损益类账户，用以核算企业确认的除主营业务活动以外的其他经营活动所发生的成本，包括销售材料的成本、出租固定资产的折旧额、出租无形资产的摊销额、出租包装物的成本或摊销额等。

该账户借方登记企业其他业务的支出额，贷方登记期末转入"本年利润"账户的其他业务支出额。期末结转后，该账户无余额。

该账户可按其他业务的种类设置明细账户，进行明细核算。

（八）"营业税金及附加"账户

"营业税金及附加"账户属于损益类，用以核算企业经营活动发生的消费税、城市维护建设税、资源税和教育费附加等相关税费。需要注意的是，房产税、车船税、土地使用税、印花税通过"管理费用"账户核算，但与投资性房地产相关的房产税、土地使用税通过本账户进行核算。

该账户借方登记企业应按规定计算确定的与经营活动相关的税费,贷方登记期末转入"本年利润"账户的与经营活动相关的税费。期末结转"本年利润"账户后,该账户无余额。

(九)"应交税费"账户

"应交税费"账户属于负债类账户,用以核算企业应交纳的各种税金和附加费,如增值税、消费税、城市维护建设税、资源税、所得税、土地增值税、房产税、车船税、教育费附加等。

该账户贷方登记企业销售商品或提供劳务,按实现的销售额和规定的税率计算并向购买方收取的增值税;借方登记实际缴纳的税金数额,以及购入材料物资等可以抵扣的增值税等。期末余额在贷方,反映企业应交未交的税费数额;期末余额如在借方,反映企业多交或尚未抵扣的税金。

企业应按应交税费的税种、费别设置明细账,进行明细分类核算。

增值税是按照纳税人销售货物或者提供加工、修理修配劳务以及进口货物的新增价值为课税对象所征的一种税。纳税人销售货物或者提供应税劳务,应纳税额为当期销项税额抵扣当期进项税额后的余额。应纳税额计算公式:

$$应纳税额 = 当期销项税额 - 当期进项税额$$

在会计处理上,销项税额反映在"应交税费——应交增值税"账户的贷方,进项税额反映在"应交税费——应交增值税"账户的借方,两者相抵,即为应纳增值税。

当期销项税额小于当期进项税额不足抵扣时,其不足部分可以结转下期继续抵扣。

纳税人销售货物或者应税劳务,按照销售额和规定的税率计算并向购买方收取的增值税额,为销项税额。销项税额计算公式:

$$销项税额 = 销售额 \times 税率$$

销售额为纳税人销售货物或者应税劳务向购买方收取的全部价款和价外费用,但是不包括收取的销项税额。

三、账务处理

(一)主营业务收入的账务处理

企业销售商品或提供劳务实现的收入,应按实际收到、应收或者预收的金额,借记"银行存款""应收账款""应收票据""预收账款"等科目,按确认的营业收入,贷记"主营业务收入"科目。

对于增值税的销项税额,一般纳税人应贷记"应交税费——应交增值税(销项税额)"科目;小规模纳税人应贷记"应交税费——应交增值税"科目。

【例6-9】A公司为制造业,20×1年3月向B公司销售一批商品,合同及开具的增值税专用发票上注明的售价为700 000元,增值税税额为91 000元。A公司已将商品运抵B公司,对方已经收到,并收到B公司支付的货款和税金共计791 000元。

① 企业履行了合同中的履约义务,B公司(客户)已经取得相关商品控制权,A公司应当确认商品销售收入,作会计分录如下:

```
借：银行存款                                      791 000
    贷：主营业务收入                               700 000
        应交税费——应交增值税（销项税额）          91 000
```

（二）主营业务成本的账务处理

期（月）末，企业根据本期（月）销售各种商品、提供各种劳务等的实际成本，计算应结转的主营业务成本，借记"主营业务成本"科目，贷记"库存商品""劳务成本"等科目。

采用计划成本或售价核算库存商品的，平时的营业成本按计划成本或售价结转，月末，还应结转本月销售商品应分摊的产品成本差异或商品进销差价。

承上例，假设A公司本月仅销售上述产品一项，成本为600 000元。至期（月）末结转销售商品成本，作会计分录如下：

```
② 借：主营业务成本                                600 000
       贷：库存商品                                600 000
```

（三）其他业务收入与成本的账务处理

通常情况下，企业主营业务和其他业务的划分并不是绝对的，一个企业的主营业务可能是另一个企业的其他业务。即便在同一个企业，不同期间的主营业务和其他业务的内容也不是固定不变的。

当企业发生其他业务收入时，按已收取或应收的款项借记"银行存款""应收账款""应收票据"等科目，按确定的收入金额，贷记"其他业务收入"科目，同时确认相关税金；在结转其他业务收入的同一会计期间，企业应根据本期应结转的其他业务成本金额，借记"其他业务成本"科目，贷记"原材料""累计折旧""应付职工薪酬"等科目。

【例6-10】A公司向B公司销售一批原材料，开具的增值税专用发票上注明的售价为100 000元，增值税税额为13 000元，材料已经运抵B公司，B公司所付款项已收讫。该批原材料的实际成本为90 000元。作会计分录如下：

```
③ 取得销售原材料的收入：
   借：银行存款                                   113 000
       贷：其他业务收入                           100 000
           应交税费——应交增值税（销项税额）       13 000
④ 月末，结转销售原材料的成本：
   借：其他业务成本                                90 000
       贷：原材料——××材料                       90 000
```

（四）城市维护建设税和教育费附加的账务处理

为使城市建设有一定的资金来源，国家规定，企业要在计算缴纳增值税、消费税等税金后，按税额的一定比例计算交纳城市维护建设税和教育费附加。

应交城市维护建设税 =（应交增值税 + 应交消费税）× 城市维护建设税税率

城市维护建设税税率：企业所在地在市区的，税率为7%；在县城、镇的，税率为5%；不在市区、县城或镇的，税率为1%。

【例 6-11】 A 公司按应交税金的 7% 计算本月应交的城市维护建设税、按 3% 计算应交的教育费附加。

$$本月应交增值税合计 = 91\,000 + 13\,000 = 104\,000(元)$$
$$应交城市维护建设税 = 104\,000 \times 7\% = 7\,280(元)$$
$$应交教育费附加 = 104\,000 \times 3\% = 3\,120(元)$$

城市维护建设税计算后，应借记"营业税金及附加"，贷记"应交税费——应交城建税"账户。教育费附加计算后，借记"营业税金及附加"的同时，贷记"应交税费——应交教育费附加"账户。

上例 A 公司应作会计分录如下：

⑤ 借：营业税金及附加（7 280 + 3 120）　　　　　　　10 400
　　　贷：应交税费——应交城市维护建设税　　　　　　　7 280
　　　　　　　　——应交教育费附加　　　　　　　　　　3 120

以上业务在有关账户中的记录，如图 6-4。

借方	主营业务成本	贷方
期初余额	0	
②	600 000	
本期发生额	600 000	

借方	主营业务收入	贷方
	期初余额	0
	①	700 000
	本期发生额	700 000

借方	营业税金及附加	贷方
期初余额	0	
⑤	10 400	
本期发生额	10 400	

借方	其他业务收入	贷方
	期初余额	0
	③	100 000
本期发生额 0	本期发生额	100 000

借方	其他业务成本	贷方
期初余额	0	
④	90 000	
本期发生额	90 000	

图 6-4　"主营业务收入""主营业务成本"等账户记录

图 6-4 所示有关业务的各账户，在期末计算利润时，均应转入"本年利润"账户。结转后，这些账户应无期末余额。

第三节　期间费用的账务处理

一、期间费用的构成

期间费用是指企业日常活动中不能直接归属于某个特定成本核算对象，在发生时应直接计入当期损益的各种费用。期间费用包括管理费用、销售费用和财务费用。

（一）管理费用

管理费用是指企业为组织和管理企业生产经营活动而发生的各种费用。

管理费用一般包括企业在筹建期间发生的开办费、行政管理部门人员的职工薪酬、行政管理部门计提的折旧、办公费、水电费、业务招待费，以及企业在经营管理中发生的或者应由企业统一负担的公司经费（包括行政管理部门职工薪酬、物料消耗、低值易耗品摊销、办公费和差旅费等）、工会经费、董事会费（包括董事会成员津贴、会议费和差旅费等）、聘请中介机构费、咨询费（含顾问费）、诉讼费、房产税、车船使用税、土地使用税、印花税、技术转让费、矿产资源补偿费、研究费用、排污费等，以及企业生产车间（部门）和行政管理部门发生的固定资产修理费等。

（二）销售费用

销售费用是指企业销售商品和材料、提供劳务的过程中发生的各种费用。

销售费用一般包括企业在商品销售过程中发生的包装费、保险费、展览费和广告费、商品维修费、预计产品质量保证损失、运输费、装卸费等费用，以及为销售本企业商品而专设的销售机构（含销售网点、售后服务网点等）的职工薪酬、业务费、折旧费等经营费用。企业发生的与专设销售机构相关的固定资产修理费用等后续支出，应在发生时计入销售费用。

（三）财务费用

财务费用是指企业为筹集生产经营所需资金等而发生的筹资费用。

财务费用一般包括利息支出（减利息收入）、汇兑损益以及相关的手续费、企业发生的现金折扣或收到的现金折扣等。为购建或生产满足资本化条件的资产发生的借款费用，通过"在建工程""制造费用"等账户核算。

现金折扣是指销货企业为了鼓励客户在一定期间内早日偿还货款，对销售价格所给予的一定比率的扣减。现金折扣一般用符号"折扣/付款期限"表示。例如，现金折扣2/10、1/20、n/30 分别表示：10 天内付款，给予2% 的折扣；20 天内付款，给予1% 的折扣；30 天内付款无折扣。

二、账户设置

企业通常设置以下账户对期间费用业务进行会计核算。

（一）"管理费用"账户

"管理费用"属于损益类账户，用以核算企业为组织和管理企业生产经营所发生的各种费用。

该账户借方登记发生的各项管理费用，贷方登记期末转入"本年利润"账户的管理费用。期末结转后，该账户无余额。

该账户可按费用项目设置明细账户，进行明细分类核算。

（二）"销售费用"账户

"销售费用"账户属于损益类账户，用以核算企业发生的各项销售费用。

该账户借方登记发生的各项销售费用,贷方登记期末转入"本年利润"账户的销售费用。期末结转后,该账户无余额。

该账户可按费用项目设置明细账户,进行明细分类核算。

(三)"财务费用"账户

"财务费用"账户属于损益类账户,用以核算企业为筹集生产经营所需资金等而发生的筹资费用。

该账户借方登记手续费、利息费用等财务费用的增加额,贷方登记应冲减财务费用的利息收入、期末转入"本年利润"的财务费用净额等。期末结转后,该账户无余额。

该账户可按财务费用项目进行明细核算。

三、账务处理

(一)管理费用的账务处理

企业在筹建期间发生的开办费,包括人员工资、办公费、培训费、差旅费、印刷费、注册登记费以及不计入固定资产成本的借款费用等,在实际发生时,借记"管理费用"科目,贷记"应付利息""银行存款"等科目。

确认行政管理部门人员的职工薪酬,借记"管理费用"科目,贷记"应付职工薪酬"科目。

计提行政管理部门的固定资产折旧,借记"管理费用"科目,贷记"累计折旧"科目。

行政管理部门发生的办公费、水电费、业务招待费、聘请中介机构费、咨询费、诉讼费、技术转让费、企业研究费用等,借记"管理费用"科目,贷记"银行存款"等科目。

【例6-12】A公司本月发生以下管理费用(为简化核算,暂不考虑相关流转税):

①筹建期间发生办公费、差旅费等开办费25 000元,用银行存款支付。作会计分录如下:

  借:管理费用   25 000
    贷:银行存款   25 000

②为培训员工技能知识,支付讲课费5 000元,用银行存款支付。作会计分录如下:

  借:管理费用   5 000
    贷:银行存款   5 000

③就某一管理问题咨询有关专家,以现金支付咨询费3 000元。作会计分录如下:

  借:管理费用   3 000
    贷:库存现金   3 000

④公司行政部门本月共发生费用240 000元。其中:行政人员工资薪酬100 000元,行政部专用办公设备折旧费40 000元,现金报销行政人员差旅费50 000元(假定报销人均未预借差旅费),办公用水电费50 000元,水电费已用银行存款支付。

  借:管理费用   240 000

贷：应付职工薪酬　　　　　　　　　　　　　　　　　　　100 000
　　　　累计折旧　　　　　　　　　　　　　　　　　　　　　 40 000
　　　　库存现金　　　　　　　　　　　　　　　　　　　　　 50 000
　　　　银行存款　　　　　　　　　　　　　　　　　　　　　 50 000
⑤本月按规定计算应交房产税4 000元，应交车船使用税2 000元，应交土地使用税4 000元。会计分录如下：
　　借：管理费用　　　　　　　　　　　　　　　　　　　　　 10 000
　　贷：应交税费——应交房产税　　　　　　　　　　　　　　 4 000
　　　　　　　　——应交车船使用税　　　　　　　　　　　　 2 000
　　　　　　　　——应交土地使用税　　　　　　　　　　　　 4 000
⑥本月生产车间发生设备大修理费用50 000元，以银行存款支付。行政管理部门发生设备日常修理费用8 000元，以现金支付。这两项费用均不满足固定资产的确认条件。
　　借：管理费用　　　　　　　　　　　　　　　　　　　　　 58 000
　　贷：银行存款　　　　　　　　　　　　　　　　　　　　　 50 000
　　　　库存现金　　　　　　　　　　　　　　　　　　　　　　8 000
⑦本月支付中介机构会计师事务所审计费用10 000元，以银行存款支付。
　　借：管理费用　　　　　　　　　　　　　　　　　　　　　 10 000
　　贷：银行存款　　　　　　　　　　　　　　　　　　　　　 10 000

（二）销售费用的账务处理

企业在销售商品过程中发生的包装费、保险费、展览费和广告费、运输费、装卸费等费用，借记"销售费用"科目，贷记"库存现金""银行存款"等科目。

企业发生的为销售本企业商品而专设的销售机构的职工薪酬、业务费等费用，借记"销售费用"科目，贷记"应付职工薪酬""银行存款""累计折旧"等科目。

【例6-13】A公司本月发生以下销售费用：
①为宣传本企业产品支付广告费60 000元，已用银行存款支付。会计分录如下：
　　借：销售费用　　　　　　　　　　　　　　　　　　　　　 60 000
　　贷：银行存款　　　　　　　　　　　　　　　　　　　　　 60 000
②销售部门本月发生费用240 000元，其中：销售人员薪酬100 000元，销售部专用办公设备折旧费70 000元，业务费70 000元。均用银行存款支付。会计分录如下：
　　借：销售费用　　　　　　　　　　　　　　　　　　　　　240 000
　　贷：应付职工薪酬　　　　　　　　　　　　　　　　　　　100 000
　　　　累计折旧　　　　　　　　　　　　　　　　　　　　　 70 000
　　　　银行存款　　　　　　　　　　　　　　　　　　　　　 70 000
③销售一批产品，合同约定运费等由A公司负担。销售过程中发生运输费6 000元、装卸费2 000元，用银行存款支付。会计分录如下：
　　借：销售费用　　　　　　　　　　　　　　　　　　　　　　8 000
　　贷：银行存款　　　　　　　　　　　　　　　　　　　　　　8 000

（三）财务费用的账务处理

企业发生的财务费用，借记"财务费用"科目，贷记"银行存款""应付利息"等科目。发生的应冲减财务费用的利息收入、汇兑损益、现金折扣，借记"银行存款""应付账款"等科目，贷记"财务费用"科目。

【例6-14】A公司本月发生以下财务费用：

①公司于本年1月1日向银行借入生产经营用短期借款400 000元，期限6个月，年利率6%，该借款本金到期后一次归还，利息分月预提，按季支付。假定所有利息均不符合利息资本化条件。有关利息支出的账务处理如下：

月末预提当月应计利息 = 400 000 × 6% ÷ 12 = 2 000（元）

借：财务费用　　　　　　　　　　　　　　　2 000
　　贷：应付利息　　　　　　　　　　　　　　　　2 000

②公司于1月1日向银行借入生产经营用短期借款400 000元，期限6个月，年利率6%，该借款本金到期后一次归还，利息分月预提，按季支付。1月份其中120 000元暂时作为闲置资金存入银行，获得利息收入400元。假定所有利息均不符合利息资本化条件。1月末，相关利息的账务处理如下：

预提当月应计利息 = 400 000 × 6% ÷ 12 = 2 000（元）

借：财务费用　　　　　　　　　　　　　　　2 000
　　贷：应付利息　　　　　　　　　　　　　　　　2 000

当月取得的利息收入400元应作为冲减财务费用处理：

借：银行存款　　　　　　　　　　　　　　　　400
　　贷：财务费用　　　　　　　　　　　　　　　　　400

③设公司本年初还平价发行了公司债券，面值1 000万元，期限2年，年利率6%，到期后本息一次归还。在债券发行过程中，支付手续费0.5%，计5万元。作会计分录如下：

借：银行存款（10 000 000 - 50 000）　　　　9 950 000
　　财务费用　　　　　　　　　　　　　　　　　50 000
　　贷：应付债券　　　　　　　　　　　　　　　10 000 000

第四节　利润形成与分配业务的账务处理

一、利润形成的账务处理

（一）利润的形成

利润是指企业在一定会计期间的经营成果，包括收入减去费用后的净额、直接计入当期损益的利得和损失等。

直接计入当期利润的利得和损失，是指应当计入当期损益，会导致所有者权益发生增减变动的，与所有者投入资本或者向所有者分配利润无关的利得或者损失。

利润由营业利润、利润总额、净利润三个层次构成。

1. 营业利润

营业利润是反映企业管理者经营业绩的指标。计算公式如下：

营业利润 = 营业收入 − 营业成本 − 营业税金及附加 − 销售费用
－ 管理费用 − 财务费用 − 资产减值损失 + 公允价值变动收益
（− 公允价值变动损失）+ 投资收益（− 投资损失）

其中：营业收入是指企业经营业务所确认的收入总额，包括主营业务收入和其他业务收入。计算公式为：

营业收入 = 主营业务收入 + 其他业务收入

营业成本是指企业经营业务所发生的实际成本总额，包括主营业务成本和其他业务成本。计算公式为：

营业成本 = 主营业务成本 + 其他业务成本

资产减值损失是指企业计提各项资产减值准备所形成的损失。

公允价值变动收益（或损失）是指企业交易性金融资产等公允价值变动形成的、应计入当期损益的利得（或损失）。

投资收益（或损失）是指企业以各种方式对外投资所取得的收益（或发生的损失）。

2. 利润总额

利润总额，又称税前利润，是营业利润加上营业外收入减去营业外支出后的金额。计算公式如下：

利润总额 = 营业利润 + 营业外收入 − 营业外支出

其中：营业外收入是指企业发生的与其日常活动无直接关系的各项利得；营业外支出是指企业发生的与其日常活动无直接关系的各项损失。

3. 净利润

净利润，又称税后利润，是利润总额扣除所得税费用后的净额。计算公式如下：

净利润 = 利润总额 − 所得税费用

其中：所得税费用是指企业确认的应从当期利润总额中扣除的企业所得税。

（二）账户设置

企业通常设置以下账户对利润形成业务进行会计核算。

1."本年利润"账户

"本年利润"账户属于所有者权益类账户，用以核算企业当期实现的净利润（或发生的净亏损）。企业期（月）末结转利润时，应将各损益类账户的金额转入该账户，结平各损益类账户。

该账户贷方登记企业期（月）末转入的主营业务收入、其他业务收入、营业外收入和投资收益等；借方登记企业期（月）末转入的主营业务成本、营业税金及附加、其他业务成本、管理费用、销售费用、财务费用、营业外支出、投资损失和所得税费用等。

上述结转完成后，"本年利润"账户余额如在贷方，即为当期实现的净利润；余额如在借方，即为当期发生的净亏损。年度终了，应将本年实现的净利润（或发生的净亏损），转入"利润分配——未分配利润"账户贷方（亏损在借方），结转后"本年利润"账户无余额。

"本年利润"账户的内容和结构，如图6-5。

借方	本年利润	贷方
发生额： 　　主营业务成本 　　营业税金及附加 　　销售费用 　　管理费用 　　财务费用 　　其他业务支出 　　营业外支出 　　所得税费用	发生额： 　　主营业务收入 　　其他业务收入 　　营业外收入 　　投资收益	
年终转出的利润总额	年终转出的亏损总额	
	（年终结转后无余额）	

图6-5　"本年利润"账户的结构

利用"本年利润"账户所提供的资料，可以检查企业净利润的计算是否正确，检查收入、支出、所得税是否符合税法规定。

2."投资收益"账户

"投资收益"账户属于损益类账户，用以核算企业确认的投资收益或投资损失。

该账户贷方登记实现的投资收益和期末转入"本年利润"账户的投资净损失；借方登记发生的投资损失和期末转入"本年利润"账户的投资净收益。期末结转后，该账户无余额。

该账户可按投资项目设置明细账户，进行明细分类核算。

3."营业外收入"账户

"营业外收入"账户属于损益类账户，用以核算企业发生的各项营业外收入，主要包括非流动资产处置利得、非货币性资产交换利得、债务重组利得、政府补助、盘盈利得、捐赠利得等。

该账户贷方登记营业外收入的实现，即营业外收入的增加额；借方登记会计期末转入"本年利润"账户的营业外收入额。期末结转后，该账户无余额。

"营业外收入"各项目的内容包括：

非流动资产处置利得，包括固定资产处置利得和无形资产出售利得。固定资产处置利得，指企业出售固定资产所取得价款或变价收入等扣除处置固定资产的账面价值、清理费用、处置相关税费后的净收益。无形资产出售利得，指企业出售无形资产所取得价款，扣除出售无形资产的账面价值、出售相关税费后的净收益。

非货币性资产交换利得，是指交易双方主要以存货、固定资产、无形资产和长期股权投资等非货币性资产进行的交换所得到的利得。非货币性资产是指货币性资产以外的资产。非货币性资产有别于货币性资产的最基本特征是，其在将来为企业带来的经济利益，即货币金额，是不固定的或不可确定的。

例如，企业持有固定资产的主要目的是用于生产经营，通过折旧方式将其磨损价值转移到产品成本中，然后通过产品销售获利，固定资产在将来为企业带来的经济利益，即货币金额，是不固定的或不可确定的。因此，固定资产属于非货币性资产。资产负债表列示的项目中属于非货币性资产的项目通常有存货（原材料、包装物、低值易耗品、库存商品、委托加工物资、委托代销商品等）、长期股权投资、投资性房地产、固定资产、在建工程、工程物资、无形资产等。

非货币性资产交换一般不涉及货币性资产，或只涉及少量货币性资产即补价。非货币性资产交换准则规定，认定涉及少量货币性资产的交换为非货币性资产交换，通常以补价占整个资产交换金额的比例是否低于25%作为参考比例。也就是说，支付的货币性资产占换入资产公允价值（或占换出资产公允价值与支付的货币性资产之和）的比例，或者收到的货币性资产占换出资产公允价值（或占换入资产公允价值和收到的货币性资产之和）的比例低于25%的，视为非货币性资产交换；高于25%（含25%）的，视为货币性资产交换，适用《企业会计准则第14号——收入》等相关准则的规定。

债务重组利得，是指企业重组债务的资产的账面价值超过清偿债务的现金、非现金资产的公允价值、所转股份的公允价值或重组后债务账面价值之间的差额，应计入营业外收入。

政府补助，是指企业从政府无偿取得的货币性资产或非货币性资产，但不包括政府作为企业所有者投入的资本。我国企业目前获得的政府补助主要有财政贴息、研究开发补贴、政策性补贴等。

盘盈利得，主要指对于现金等清查盘点中盘盈的资产，报经批准后计入营业外收入的金额。

捐赠利得，指企业接受捐赠产生的利得。

"营业外收入"账户可按营业外收入项目设置明细账户，进行明细分类核算。

4."营业外支出"账户

"营业外支出"账户属于损益类账户，用以核算企业发生的各项营业外支出，包括非流动资产处置损失、非货币性资产交换损失、债务重组损失、公益性捐赠支出、非常损失、盘亏损失等。其中：

非流动资产处置损失，包括固定资产处置损失和无形资产出售损失。前者指企业出售固定资产所取得价款或报废固定资产的材料价值和变价收入等，不足以抵补处置固定资产的账面价值、清理费用、处置相关税费所发生的净损失。后者指企业出售无形资产所取得价款，不足以抵补出售无形资产的账面价值、出售相关税费后所发生的净损失。

非货币性资产交换损失，主要是指以存货、产品等非货币性资产进行交换发生的净损失。

债务重组损失，是指企业进行债务重组发生的资产损失。

公益性捐赠支出，指企业对外进行公益性捐赠发生的支出。

非常损失，指企业对于因客观因素（如自然灾害等）造成的损失，在扣除保险公司赔偿后应计入营业外支出的净损失。

盘亏损失,主要指对于固定资产清查盘点中盘亏的固定资产,在查明原因后按确定的损失计入营业外支出的金额。

"营业外支出"账户借方登记营业外支出的发生,即营业外支出的增加额;贷方登记期末转入"本年利润"账户的营业外支出额。期末结转后,该账户无余额。

该账户可按支出项目设置明细账户,进行明细分类核算。

5. "所得税费用"账户

"所得税费用"账户属于损益类账户,用以核算企业确认的应从当期利润总额中扣除的所得税费用。计算公式如下:

$$当期应交所得税 = 应纳税所得额 \times 所得税税率(25\%)$$

其中:

$$应纳税所得额 = 税前会计利润(即利润总额) + 纳税调整增加额 - 纳税调整减少额$$

"所得税费用"账户借方登记企业应计入当期损益的所得税;贷方登记企业期末转入"本年利润"账户的所得税。期末结转后,该账户无余额。

(三) 账务处理

1. 投资收益

【例6-16】甲公司为制造业,一般纳税人。本期发生以下投资收益业务:

① 公司于本年向B公司投资,取得投资收益60万元,已收到存入银行。会计分录如下:

  借:银行存款   600 000
    贷:投资收益   600 000

② 将投资收益60万元,期末结转本年利润。会计分录如下:

  借:投资收益   600 000
    贷:本年利润   600 000

2. 营业外收入

【例6-17】甲公司本期发生以下营业外收入业务,同时作账务处理。

① 将本年一项固定资产报废清理的净收益10 000元转作营业外收入。会计分录如下:

  借:固定资产清理   10 000
    贷:营业外收入   10 000

② 本年营业外收入总额为200 000元,期末结转本年利润。会计分录如下:

  借:营业外收入   200 000
    贷:本年利润   200 000

3. 营业外支出

【例6-18】甲公司本期发生以下营业外支出事项:

① 将已经发生的原材料意外灾害损失300 000元转作营业外支出。会计分录如下:

  借:营业外支出   300 000
    贷:待处理财产损溢   300 000

② 用银行存款支付税款滞纳金30 000元。会计分录如下:

```
    借：营业外支出                              30 000
        贷：银行存款                              30 000
```

③ 将企业拥有的一项专利技术出售，取得价款80万元，应交增值税6%为4.8万元。该专利技术账面价值为100万元，累计摊销额为10万元，未计提减值准备。会计分录如下（注：出售专利技术的增值税税率是6%）：

```
    借：银行存款                             800 000
        累计摊销                             100 000
        营业外支出                           148 000
        贷：无形资产                          1 000 000
            应交税费——应交增值税                48 000
```

④ 某地区发生灾害，甲公司支出公益性捐赠30 000元，已用银行存款支付。作会计分录如下：

```
    借：营业外支出——公益性捐赠                 300 000
        贷：银行存款                             300 000
```

4. 期末结转各项收入的账务处理

会计期末（月末或年末）结转各种收入时，借记"主营业务收入""其他业务收入""营业外收入""投资收益"等科目，贷记"本年利润"科目。

【例6-19】假设乙公司20×1年有关损益类科目的年末余额如下（该公司年末一次结转损益类科目，所得税税率为25%）：

科目名称	结账前余额
主营业务收入	6 000 000元（贷）
其他业务收入	700 000元（贷）
公允价值变动损益	150 000元（贷）
投资收益	600 000元（贷）
营业外收入	50 000元（贷）
主营业务成本	4 000 000元（借）
其他业务成本	400 000元（借）
营业税金及附加	80 000元（借）
销售费用	500 000元（借）
管理费用	770 000元（借）
财务费用	200 000元（借）
资产减值损失	100 000元（借）
营业外支出	250 000元（借）

将乙公司各损益类科目的年末余额转入"本年利润"科目：

```
    借：主营业务收入                          6 000 000
        其他业务收入                            700 000
        公允价值变动损益                         150 000
        投资收益                                600 000
        营业外收入                               50 000
```

贷：本年利润　　　　　　　　　　　　　　　　　　　　　　7 500 000

5. 期末结转各项支出的账务处理

企业于会计期末（月末或年末）结转各种支出时，借记"本年利润"科目，贷记"主营业务成本""营业税金及附加""其他业务成本""管理费用""财务费用""销售费用""资产减值损失""营业外支出""所得税费用"等科目。

【例6-20】上例乙公司期末结转各项支出类科目如下：

　　借：本年利润　　　　　　　　　　　　　　6 300 000
　　　　贷：主营业务成本　　　　　　　　　　　　　　4 000 000
　　　　　　其他业务成本　　　　　　　　　　　　　　　400 000
　　　　　　营业税金及附加　　　　　　　　　　　　　　 80 000
　　　　　　销售费用　　　　　　　　　　　　　　　　　500 000
　　　　　　管理费用　　　　　　　　　　　　　　　　　770 000
　　　　　　财务费用　　　　　　　　　　　　　　　　　200 000
　　　　　　资产减值损失　　　　　　　　　　　　　　　100 000
　　　　　　营业外支出　　　　　　　　　　　　　　　　250 000

经过上述结转后，该公司"本年利润"科目的贷方发生额合计7 500 000元，减去借方发生额合计6 300 000元，即为税前会计利润1 200 000元。

所得税费用 = 1 200 000 × 25% = 300 000（元）

将所得税费用转入"本年利润"科目：

　　借：本年利润　　　　　　　　　　　　　　　300 000
　　　　贷：所得税费用　　　　　　　　　　　　　　　　300 000

二、利润分配的账务处理

利润分配是指企业根据国家有关规定和企业章程、投资者协议等，对企业当年可供分配利润指定其特定用途和分配给投资者的行为。利润分配的过程和结果不仅关系到每个股东的合法权益是否得到保障，而且还关系到企业的未来发展。

（一）利润分配的顺序

企业向投资者分配利润，应按一定的顺序进行。按照我国《公司法》的有关规定，利润分配应按下列顺序进行：

① 计算可供分配的利润。企业在利润分配前，应根据本年净利润（或亏损）、年初未分配利润（或亏损）以及其他转入的金额（如盈余公积弥补的亏损）等项目，计算可供分配的利润。即：

$$可供分配的利润 = 净利润(或亏损) + 年初未分配利润 \\ (-弥补以前年度的亏损) + 其他转入的金额$$

如果可供分配的利润为负数（即累计亏损），则不能进行后续分配；如果可供分配的利润为正数（即累计盈利），则可以进行后续分配。

② 提取法定盈余公积。按照我国《公司法》的有关规定，公司应当按照当年净利润

（抵减年初累计亏损后）的 10% 提取法定盈余公积，提取的法定盈余公积累计超过注册资本 50% 以上的，可以不再提取。

③ 提取任意盈余公积。公司提取法定盈余公积后，经股东大会或者股东大会决议，还可以从净利润中提取任意盈余公积。

④ 向投资者分配利润（或股利）。企业可供分配的利润扣除提取的盈余公积后，形成可供投资者分配的利润。即：

$$可供投资者分配的利润 = 可供分配的利润 - 提取的盈余公积$$

企业可采用现金股利、股票股利和财产股利等形式，向投资者分配利润（或股利）。

（二）账户设置

企业通常设置以下账户对利润分配业务进行会计核算。

1."利润分配"账户

"利润分配"账户属于所有者权益类账户，用以核算企业利润的分配（或亏损的弥补）和历年分配（或弥补）后的余额。

该账户借方登记实际分配的利润额，包括提取的盈余公积和分配给投资者的利润，以及年末从"本年利润"账户转入的全年发生的净亏损；贷方登记用盈余公积弥补的亏损额等其他转入数，以及年末从"本年利润"账户转入的全年实现的净利润。年末，应将"利润分配"账户下的其他明细账户的余额转入"未分配利润"明细账户。结转后，除"未分配利润"明细账户可能有余额外，其他各个明细账户均无余额。

"利润分配——未分配利润"明细账户的贷方余额，为历年累积的未分配利润（即可供以后年度分配的利润），借方余额为历年累积的未弥补亏损（即留待以后年度弥补的亏损）。

该账户应当分别"提取法定盈余公积""提取任意盈余公积""应付现金股利或利润""转作股本的股利""盈余公积补亏""未分配利润"等进行明细核算。

"利润分配"账户的核算内容和结构，见图 6-6 所示。

借方	利润分配	贷方
发生额： 　提取的法定盈余公积 　提取的任意盈余公积 　应付现金股利或利润	期初余额：上年未分配的利润 发生额： 　年终从"本年利润"账户转来的净利润总额 　　（发生亏损时在借方） 年末余额：年末未分配利润	

图 6-6 "利润分配"账户的核算内容与结构

2."盈余公积"账户

"盈余公积"账户属于所有者权益类账户，用以核算企业从净利润中提取的盈余公积。

该账户贷方登记提取的盈余公积，即盈余公积的增加额；借方登记实际使用的盈余公积，即盈余公积的减少额。期末余额在贷方，反映企业结余的盈余公积。

该账户应当分别"法定盈余公积""任意盈余公积"进行明细核算。

3."应付股利"账户

"应付股利"账户属于负债类账户，用以核算企业分配的现金股利或利润。

该账户贷方登记应付给投资者的股利或利润，即应付股利的增加额；借方登记实际支付给投资者的股利或利润，即应付股利的减少额。期末余额在贷方，反映企业应付未付的现金股利或利润。

该账户可按投资者进行明细核算。

（三）账务处理

1. 净利润转入利润分配

会计期末，企业应将当年实现的净利润转入"利润分配——未分配利润"科目，即借记"本年利润"科目，贷记"利润分配——未分配利润"科目。如为净亏损时，则作相反会计分录：借记"利润分配——未分配利润"科目，贷记"本年利润"科目。

结转前，如果企业"利润分配——未分配利润"明细科目的余额在借方，上述结转当年所实现净利润的分录同时反映了当年实现的净利润自动弥补以前年度亏损的情况。因此，在用当年实现的净利润弥补以前年度亏损时，不需要另行编制会计分录。

2. 提取盈余公积

企业提取的法定盈余公积，借记"利润分配——提取法定盈余公积"科目，贷记"盈余公积——法定盈余公积"科目；提取的任意盈余公积，借记"利润分配——提取任意盈余公积"科目，贷记"盈余公积——任意盈余公积"科目。

3. 向投资者分配利润或股利

企业根据股东大会或类似机构审议批准的利润分配方案，按应支付的现金股利或利润，借记"利润分配——应付现金股利"科目，贷记"应付股利"等科目；对于股票股利，应在办妥增资手续后，按转作股本的金额，借记"利润分配——转作股本股利"科目，贷记"股本"等科目。

董事会或类似机构通过的利润分配方案中拟分配的现金股利或利润，不作账务处理，但应在附注中披露。

4. 盈余公积补亏

企业发生的亏损，除用当年实现的净利润弥补外，还可以使用累积的盈余公积弥补。以盈余公积弥补亏损时，借记"盈余公积"科目，贷记"利润分配——盈余公积补亏"科目。

5. 企业未分配利润的形成

年度终了，企业应将"利润分配"科目所属其他明细科目的余额转入该科目"未分配利润"明细科目。其中，结转盈余公积补亏，借记"利润分配——盈余公积补亏"科目，贷记"利润分配——未分配利润"科目；结转已分配的利润，借记"利润分配——未分配利润"科目，贷记"利润分配——提取法定盈余公积""利润分配——提取任意盈余公积""利润分配——应付现金股利""利润分配——转作股本股利"等科目。

结转后，"利润分配"科目中除"未分配利润"明细科目外，所属其他明细科目均无余额。"未分配利润"明细科目的贷方余额表示累积未分配的利润,该科目如果出现借方余额,则表示累积未弥补的亏损。

【例6-21】上例乙公司期末利润分配的账务处理如下:

① 将"本年利润"科目年末余额 900 000(7 500 000 - 6 300 000 - 300 000)元转入"利润分配——未分配利润"科目:

  借:本年利润   900 000
    贷:利润分配——未分配利润   900 000

② 按当年净利润 900 000 元的 10% 提取法定盈余公积,按当年净利润的 5% 提取任意盈余公积,并决定向投资者分配利润 100 000 元。编制会计分录如下:

该公司提取的法定盈余公积 90 000 元(900 000 × 10%),提取任意盈余公积 45 000 元(900 000 × 5%)。

  借:利润分配——提取法定盈余公积   90 000
      ——提取任意盈余公积   45 000
    贷:盈余公积——法定盈余公积   90 000
       ——任意盈余公积   45 000

③ 根据股东大会决议,向投资者分配利润 100 000 元。

  借:利润分配——应付现金股利   100 000
    贷:应付股利   100 000

假定该公司以银行存款向投资者支付分配利润,支付时:

  借:应付股利   100 000
    贷:银行存款   100 000

④ 结转本年净利润。作会计分录如下:

  借:本年利润   900 000
    贷:利润分配   900 000

如果企业发生亏损,分录相仅。

⑤ 将"利润分配"所属明细账户的余额转入"利润分配——未分配利润"明细账户。

年末,甲公司将"利润分配"所属明细账户的余额全数转入"利润分配——未分配利润"账户。编制会计分录如下:

  借:利润分配——未分配利润   235 000
    贷:利润分配——提取法定盈余公积 90 000
       ——提取任意盈余公积 45 000
       ——应付现金股利或利润 100 000

结转后,"利润分配"账户的贷方余额反映企业年末未分配利润的金额。

从上述实例可见,"本年利润"和"利润分配"账户在年内各个月份的核算中并不发生往来关系。"本年利润"账户用以反映企业累计利润的实现情况,"利润分配"账户用以反映企业累计利润的分配情况。将两者余额相对比,可以得到企业实现利润是否分配完毕,或者是多分配的信息。

将"本年利润"账户的贷方余额减去"利润分配"账户的借方余额,若为正数,表示实现利润尚未分配的数额;若为负数,则表示利润多分配的数额。至年终,"本年利润"账户反映的全年利润总额要转入"利润分配"账户,结转后,除"未分配利润"明细科目外,所属其他明细科目均无余额。"本年利润"账户和"利润分配"账户的关系,如图6-7所示。

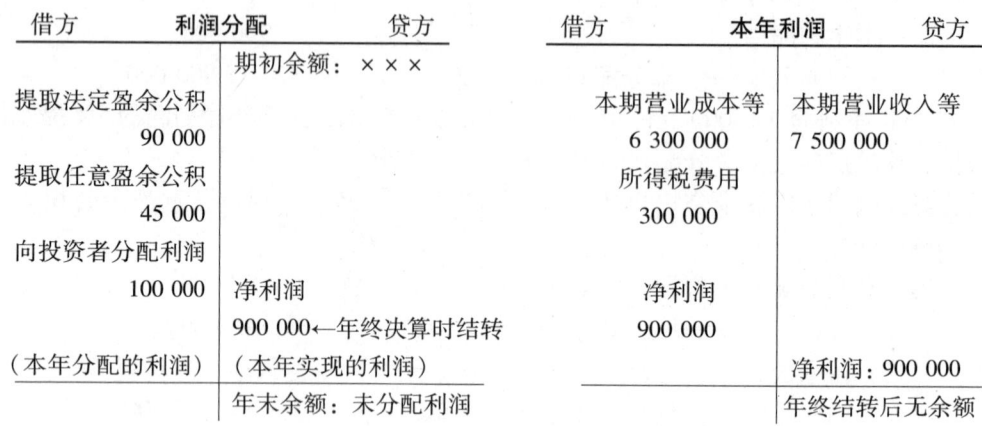

图6-7 "本年利润""利润分配"账户核算内容和结构

至此,该公司结转利润形成与分配的会计处理已经完毕,具体过程如图6-8所示。

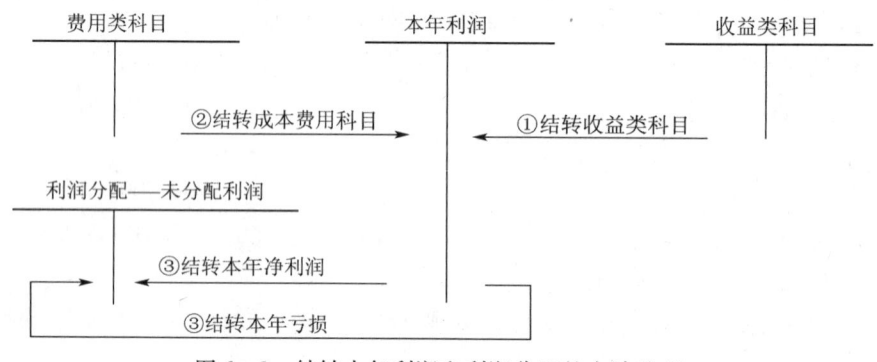

图6-8 结转本年利润和利润分配的会计处理

思考与练习

重要概念

生产费用 直接材料 直接人工 制造费用 职工薪酬 收入 交易价格 期间费用 管理费用 销售费用 财务费用 利润总额 净利润 未分配利润

思考题

1. 生产费用按其经济用途如何分类?材料费用应如何归集和分配?

2. 企业应如何确认收入？如何计量收入？企业哪些收入归属于主营业务收入，哪些归属于其他业务收入？
3. 企业在判断客户是否已取得商品控制权时，应考虑哪些迹象？
4. 费用有哪些特征？费用与损失有何不同？哪些费用归属于主营业务成本，哪些是其他业务成本？
5. 简述各项期间费用的具体内容。
6. 企业的利润总额应当如何计算？净利润如何计算？利润如何分配？

客观题

一、单项选择题

1. 企业生产产品发生的直接人工、直接材料应( )，贷记相关科目。
   A. 借记"生产成本"科目　　　　　B. 贷记"生产成本"科目
   C. 借记"制造费用"科目　　　　　D. 贷记"制造费用"科目
2. 企业生产产品发生的其他间接费用，应先在( )科目归集。
   A. "营业费用"　　B. "制造费用"　　C. "生产成本"　　D. "营业成本"
3. Q 公司只生产一种产品，20×1 年 1 月月初在产品成本 20 万元。本月领用直接材料 30 万元，应支付生产工人工资 15 万元，发生制造费用 5 万元、管理费用 5 万元、销售费用 4 万元。月末在产品成本 10 万元。该企业本月末完工产品的生产成本是( )万元。
   A. 60　　　　　　B. 50　　　　　　C. 70　　　　　　D. 4
4. 下列各项中，收入不包括的是( )。
   A. 商品销售收入　　　　　　　　　B. 劳务收入
   C. 为第三方或者客户代收的款项　　　D. 股利收入
5. 企业发生的非常损失应记入( )。
   A. "管理费用"　B. "营业外支出"　C. "财务费用"　D. "其他业务成本"
6. 下列项目中，属于工业企业其他业务收入的是( )。
   A. 罚款收入　B. 出售固定资产收入　C. 材料销售收入　D. 出售无形资产收入
7. 管理费用和财务费用属于( )。
   A. 生产成本　　　B. 直接费用　　　C. 销售费用　　　D. 期间费用
8. 一定期间生产产品所发生的直接费用和间接费用的总和为( )。
   A. 生产成本　　　B. 直接费用　　　C. 间接费用　　　D. 期间费用
9. 某企业 20×7 年 2 月主营业务收入为 100 万元，主营业务成本为 80 万元，管理费用为 5 万元，资产减值损失为 2 万元，投资收益为 10 万元。假定不考虑其他因素，该企业当月的营业利润为( )万元。
   A. 13　　　　　　B. 15　　　　　　C. 18　　　　　　D. 23
10. 下列各项中，经批准计入营业外支出的是( )。
    A. 计算差错造成的存货盘亏　　　　B. 管理不善造成的存货盘亏
    C. 固定资产盘亏　　　　　　　　　D. 出售原材料结转的成本
11. 下列交易或事项，不应确认为营业外支出的是( )。
    A. 公益性捐赠支出　　　　　　　　B. 无形资产出售损失
    C. 固定资产盘亏损失　　　　　　　D. 固定资产减值损失
12. 某企业年初未分配利润贷方余额为 200 万元，本年利润总额为 1 000 万元，该企业适用的所得税税率为 25%，不考虑纳税调整事项，按净利润的 10% 提取法定盈余公积 75 万元，提取任意盈余公积 50 万元，向投资者分配利润 50 万元。该企业年末未分配利润贷方余额为( )万元。

A. 875　　　　B. 925　　　　C. 775　　　　D. 750

13. （　　）一般按净利润的10%提取，但如果数额已达注册资本的50%时可不再提取。

A. 法定盈余公积　　B. 任意盈余公积　　C. 公益金　　D. 资本公积

14. "利润分配——未分配利润"科目的贷方余额反映的是（　　）。

A. 本年未分配的利润额　　　　B. 本年亏损额

C. 历年积累的未分配利润额　　D. 历年积累的亏损额

15. 某企业年初未分配利润为100万元，本年净利润为1 000万元，按10%计提法定盈余公积，按10%计提任意盈余公积，宣告发放现金股利为300万元。该企业期末未分配利润为（　　）万元。

A. 600　　　　B. 500　　　　C. 1 000　　　　D. 900

16. 某企业所得税为25%，本年实现利润总额为140万元，所得税后提取了10%法定盈余公积、10%任意盈余公积。至本年年底决算结账后，该企业"利润分配——未分配利润"科目的贷方余额为（　　）万元。

A. 112　　　　B. 100.2　　　　C. 84　　　　D. 75

17. 某企业只生产和销售甲产品，20×7年4月1日期初在产品成本3.5万元。4月份发生以下费用：甲产品领用材料6万元，生产工人工资2万元，制造费用1万元，行政管理部门物料消耗1.5万元，专设销售机构固定资产折旧费0.8万元。月末在产品成本3万元。则该企业4月份完工甲产品的生产总成本为（　　）万元。

A. 11　　　　B. 9.5　　　　C. 8.3　　　　D. 11.8

18. 某车间生产A、B产品。本月生产A产品耗用机器工时120小时，生产B产品耗用机器工时180小时。本月车间领用耗材10万元，计提折旧17万元，车间管理人员工资3万元，产品生产人员工资30万元。该企业按机器工时比例分配制造费用。假设不考虑其他因素，本月B产品应分配的制造费用为（　　）万元。

A. 12　　　　B. 13.2　　　　C. 18　　　　D. 36

二、多项选择题

1. 生产费用是指与企业日常生产经营活动有关的费用，按其经济用途包括（　　）。

A. 直接材料　　B. 直接人工　　C. 制造费用　　D. 管理费用

2. 企业月内归集的（　　）应作为期间费用直接记入本期损益，于期末转入"本年利润"科目。

A. 管理费用　　B. 销售费用　　C. 制造费用　　D. 财务费用

3. 收入是指（　　）经济利益的总流入。

A. 企业在日常活动中形成的　　　　B. 会导致所有者权益增加的

C. 与所有者投入资本无关的　　　　D. 投资者投入的

4. 收入包括（　　）。

A. 商品销售收入　　B. 劳务收入　　C. 使用费收入　　D. 股利收入

E. 为第三方或者客户代收的款项　　F. 利息收入

5. 根据收入的定义，下列各项不应确认为收入的有（　　）。

A. 销售商品收取的增值税　　　　B. 出售飞机票时代收的保险费

C. 旅行社代客户购买景点门票收取的款项　　D. 销售商品代垫的运杂费

6. 下列各项支出中，属于营业外支出的有（　　）。

A. 固定资产盘亏　　B. 出售无形资产损失　　C. 水灾损失　　D. 捐赠设备支出

7. 生产产品的成本项目划分为（　　）。

A. 直接材料　　B. 直接人工　　C. 销售费用　　D. 制造费用

8. 财务费用一般包括（　　）。

A. 利息净支出　　　　B. 汇兑净损失

C. 金融机构手续费 D. 筹集注册资本的费用

9. 营业外支出主要包括( )。
   A. 固定资产盘亏　　B. 非常损失　　C. 原材料销售成本　　D. 债务重组损失
10. 下列各项费用应通过"管理费用"科目核算的有( )。
    A. 诉讼费 B. 研究与开发费用
    C. 业务招待费 D. 日常经营活动聘请中介机构费
11. 下列各项属于期间费用的有( )。
    A. 董事会费　　B. 流动资金借款利息　　C. 销售人员工资　　D. 制造费用
12. 盈余公积的主要用途为( )。
    A. 弥补亏损　　B. 转增资本　　C. 发放股利　　D. 购买原材料
13. 下列各项中,应通过"盈余公积"账户核算的有( )。
    A. 弥补以前年度亏损 B. 财政拨款转入
    C. 接受捐赠非现金资产 D. 按净利润一定比例提取的盈余公积
14. 下列项目中,能引起盈余公积发生增减变动的有( )。
    A. 提取任意盈余公积 B. 以盈余公积转增资本
    C. 用盈余公积弥补亏损 D. 向投资者分配利润
15. 下列项目中,影响企业可供分配利润的有( )。
    A. 年初未分配利润 B. 当年实现的净利润
    C. 用盈余公积弥补亏损 D. 应付普通股股利
16. 下列各项中,不应计入管理费用的有( )。
    A. 总部办公楼折旧 B. 生产设备改良支出
    C. 经营租出专用设备的修理费 D. 专设销售机构房屋的修理费
17. 下列各项中,不应确认为财务费用的有( )。
    A. 企业筹建期间的借款费用 B. 资本化的借款利息支出
    C. 销售商品发生的销售折让 D. 支付的银行承兑汇票手续费
18. 下列各项中,应作为应付职工薪酬核算的有( )。
    A. 支付的工会经费 B. 支付的职工教育经费
    C. 为职工支付的住房公积金 D. 为职工提供的医疗保健服务
19. 企业交纳的下列各项税费,计入"营业税金及附加"科目的有( )。
    A. 印花税　　B. 增值税　　C. 教育费附加　　D. 城市维护建设税
20. 下列各科目的余额,期末应结转到"本年利润"科目的有( )。
    A. 营业外收入　　B. 营业外支出　　C. 投资收益　　D. 以前年度损益调整
21. 下列各项中,属于非流动资产处置利得的是( )。
    A. 材料出售利得　　B. 房屋处置利得　　C. 设备出售利得　　D. 无形资产出售利得

三、判断题

1. 出售原材料取得的款项扣除其成本及相关费用后的净额,应当计入营业外收入或营业外支出。( )
2. 收入能够导致企业所有者权益增加,但导致所有者权益增加的不一定都是收入。( )
3. 企业发生收入往往表现为货币资产的流入,但是并非所有货币资产的流入都是企业的收入。( )
4. 期间费用是本期发生应从本期和以后各期的收入中得到补偿的费用。( )
5. 其他业务利润是营业外收入减去营业外支出之差额。( )
6. 企业对于发出的商品,不符合收入确认条件的,应按其实际成本编制会计分录:借记"发出商品"科目,贷记"库存商品"科目。( )
7. 所有者权益是指企业资产扣除负债后由所有者享有的剩余权益,即所有者对企业净资产的所有

权，其金额为负债减去资产后的余额。（　　）
8. 企业提取的盈余公积主要用途是为了弥补亏损、转增资本、分配股利。（　　）
9. "利润分配——未分配利润"明细科目的借方余额，反映的是历年累积的未分配利润。（　　）
10. 企业实现的净利润可以全部分配给投资者。（　　）
11. 企业年末资产负债表中的未分配利润的金额应等于"利润分配"科目的年末余额。（　　）
12. 企业计提法定盈余公积是按当年实现的净利润作为基数计提的，不应包括年初未分配利润。（　　）
13. 企业的可供分配利润就是当年实现的净利润。（　　）

练习题

习题一

（一）资料：A公司生产甲、乙、丙三种产品。11月份该公司发生的生产工人薪酬总额为52 500元。本月生产甲产品耗用人工工时2 200小时，乙产品耗用2 600小时，丙产品耗用1 600小时，为在建工程提供服务耗用600小时。

（二）要求：计算甲、乙、丙三种产品及在建工程应负担的工资费用，并作出会计分录。

习题二

（一）资料：T公司本月基本生产车间A产品耗用机器工时40 000小时，B产品耗用机器工时30 000小时，本月发生制造费用630 000元。

（二）要求：按机器工时分配制造费用，并编制相关会计分录。

习题三

（一）资料：甲上市公司为增值税一般纳税人，税率13%，库存商品采用实际成本核算，商品售价不含增值税，商品销售成本随销售同时结转。20×1年3月1日，W商品账面余额为230万元。本月发生的有关采购与销售业务如下：

①3月3日，从A公司采购W商品一批，收到的增值税专用发票上注明的货款为80万元，增值税为10.4万元。W商品已验收入库，款项尚未支付。

②3月8日，向B公司销售W商品一批，开出的增值税专用发票上注明的售价为150万元，增值税为19.5万元，该批W商品实际成本为120万元，款项尚未收到。

③销售给B公司的部分W商品由于存在质量问题，3月20日B公司要求退回3月8日所购W商品的50%。经过协商，甲上市公司同意了B公司的退货要求，并按规定向B公司开具了增值税专用发票（红字），发生的销售退回允许扣减当期增值税销项税额，该批退回的W商品已验收入库。

（二）要求：

1. 编制甲上市公司上述各项业务的会计分录。
2. 计算甲上市公司20×1年3月31日W商品的账面余额（答案中的金额单位用万元表示）。

第七章 会计凭证

第一节 会计凭证概述

一、会计凭证的概念与作用

(一) 会计凭证的概念

会计凭证是指记录经济业务发生或者完成情况的书面证明,是登记账簿的依据。

企业、单位在进行会计核算时,应当以实际发生的经济业务为依据。这是会计核算应遵循的基本原则。因此,任何单位在处理各项经济业务时,都必须由执行和完成该项经济业务的有关人员从外部取得或自行填制有关凭证,以书面形式记录和证明所发生经济业务的性质、内容、数量、金额等,并在凭证上签名或盖章,以对经济业务的合法性和凭证的真实性、可靠性负责。例如,企业从外部购买材料,必须由业务经办人员取得购货发票,并签名或盖章;企业生产中领用材料,应填制领料单等。各种发票、领料单等,都属于会计凭证。任何会计凭证都必须经过有关人员的严格审核,确认无误后,才能作为记账的依据。

(二) 会计凭证的作用

合法取得、正确填制和审核会计凭证,是会计核算的基本方法之一,也是会计核算工作的起点。会计凭证在会计核算中具有以下重要作用:

(1) 记录经济业务,提供记账依据。任何一笔经济业务的发生,都必须填制会计凭证,在会计凭证上如实记录经济业务发生的时间、内容和金额。因此,通过会计凭证的填制和审核,可以如实反映各项经济业务的具体情况。认真填制会计凭证,能为登记账簿提供真实可靠的依据,使账簿记录与实际情况相符。会计凭证所记录的有关信息是否真实、可靠、及时,对保证会计信息质量具有至关重要的作用。

(2) 明确经济责任,强化内部控制。由于会计凭证除记录每笔经济业务的内容外,还需由有关部门和人员签章,要求有关部门与人员对经济活动的真实性、合法性、准确性负责。这必然增强经办人员以及其他有关人员的责任感,促使其严格按照有关法律法规和制度的规定办事,在其职权范围内各负其责,相互控制,同时也有利于今后发现问题时查明责任归属,强化内部控制。

(3) 监督经济活动,控制经济运行。通过会计凭证的填制和审核,可以检查企业的每一项经济业务是否符合国家有关政策、法律法规和制度等的规定,是否执行了企业的计划和预算,是否有违法乱纪、铺张浪费等行为,监督经济活动的真实性、合法性、合理性,及时对经济活动进行事中控制,保证经济活动健康运行,从而严肃财经纪律,有效地发挥会计的监督作用。

二、会计凭证的种类

会计凭证按照填制程序和用途不同,可分为原始凭证和记账凭证。

(一) 原始凭证

原始凭证,是指在经济业务发生或完成时取得或填制的,用以记录或证明经济业务的发生或完成情况的原始凭据。

原始凭证是会计核算的原始资料和重要依据,它能够正确、及时、完整地反映经济业务的本来面貌,以便据以进行会计处理,并检查会计业务的真实性、合法性和合理性。

原始凭证的质量决定了会计信息的真实性和可靠性。会计人员对不真实、不合法的原始凭证,有权不予受理;对记载不准确、不完整的原始凭证,可予以退回,要求更正、补充。各单位在办理现金收付、款项结算、财产收发、成本计算、产品生产、产品销售等各项经营业务时,都必须取得或填制原始凭证来证明经济业务已经发生或完成,并作为会计核算的依据。

(二) 记账凭证

记账凭证,又称记账凭单,是指会计人员根据审核无误的原始凭证(或汇总原始凭证),按照经济业务的内容加以归类,并据以确定会计分录后所填制的会计凭证,作为登记账簿的直接依据。

会计凭证的种类如图7-1。

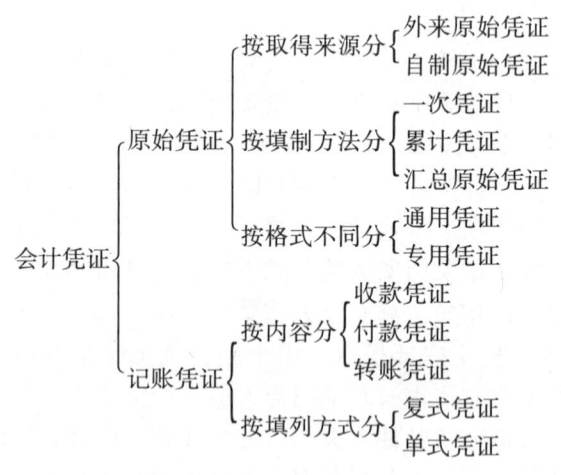

图 7-1 会计凭证的种类

(三) 原始凭证和记账凭证的关系

原始凭证与记账凭证之间存在着密切的联系。原始凭证是记账凭证的基础;记账凭证是根据原始凭证填制的,确定应借、应贷的账户名称和金额,并将原始凭证作为附件,将原始凭证的一般数据转化成会计语言,在原始凭证和账簿之间起衔接作用的凭证。

记账凭证是登记明细分类账和总分类账的依据。

第二节 原始凭证

一、原始凭证的种类

原始凭证可以按照取得来源、格式、填制的手续和内容进行分类。

（一）按取得的来源不同分类

原始凭证按照取得的来源可分为自制原始凭证和外来原始凭证。

1. 自制原始凭证

自制原始凭证指由本单位有关部门和人员，在执行或完成某项经济业务时填制的，仅供本单位内部使用的原始凭证。如收料单、领料单、限额领料单、产品入库单、产品出库单、借款单、工资发放明细表、折旧计算表等，如表7-1、表7-2所示。

表7-1 领料单

领料部门： 　　　　　　　　　　　　　　　领料编号：
领料用途： 　　　　　　年　月　日　　　　　发料仓库：

材料编号	材料名称及规格	计量单位	数量		单价	金额
			请领	实领		
备注					合计	

发料人： 　　　审批人： 　　　领料人： 　　　记账：

第 联

表7-2 限额领料单

领料部门： 　　　　　　　　　　　　　　　领料编号：
领料用途： 　　　　　　年　月　日　　　　　发料仓库：

材料类别	材料编号	材料名称及规格	计量单位	领用限额	实际领用	单价	金额	备注

供应部门负责人：　　　　　　　　　生产计划部门负责人：

日期	领　用				退　料			限额结余
	请领数量	实发数量	发料人签章	领料人签章	退料数量	退料人签章	收料人签章	

2. 外来原始凭证

外来原始凭证是指在经济业务发生或完成时，从其他单位或个人直接取得的原始凭证。如购买材料、物品时取得的增值税专用发票、银行转来的各种结算凭证、对外支付款项时取得的单据、职工出差取得的飞机票及车船票等。增值税专用发票的格式，如图7-2所示。

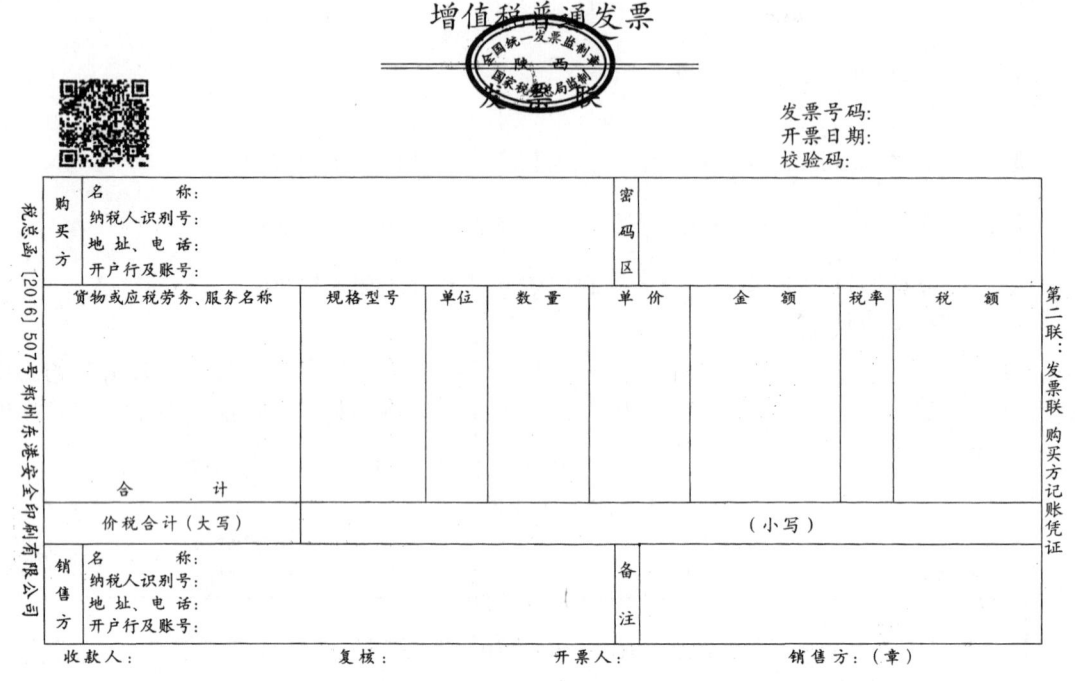

图7-2 增值税普通发票

（二）按照格式分类

原始凭证按照格式的不同，可分为通用凭证和专用凭证。

1. 通用凭证

通用凭证是指由有关部门统一印制，在一定范围内使用的具有统一格式和使用方法的原始凭证。

通用凭证的使用范围，因制作部门不同而异，可以是在某一地区、某一行业通用，也可以是全国通用。如某省（市）印制的高速公路车辆通行费票据、停车费收据等，在该省（市）通用；由中国人民银行制作的银行转账结算凭证，在全国通用。

2. 专用凭证

专用凭证是指由单位自行印制，仅在本单位内部使用的原始凭证。如领料单、差旅费报销单、折旧费计算表、工资费用分配表等。

（三）按填制的手续和内容分类

原始凭证按照填制手续和内容可分为一次凭证、累计凭证和汇总凭证。

1. 一次凭证

一次凭证是指一次填制完成，只记录一笔经济业务且仅一次有效的原始凭证。如飞机票、火车票、银行结算凭证等。企业内部的收料单、领料单、出差预借差旅费、差旅费报销单、限额领料单、产品入库单、产品出库单、工资发放明细表、折旧计算表等，属于一次凭证。

2. 累计凭证

累计凭证是指在一定时期内多次记录发生的同类型经济业务且多次有效的原始凭证。

累计凭证的特点是，在一张凭证内可以连续登记相同性质的经济业务，随时结出累计数和结余数，并按照费用限额进行费用控制，期末按实际发生额记账。如制造业常用的限额领料单等。

3. 汇总凭证

汇总凭证是指对一定时期内反映经济业务内容相同的若干张原始凭证，按照一定标准综合填制的原始凭证。

汇总凭证能够简化编制记账凭证及记账的工作量，可以用来集中反映某项经济业务总括发生或完成情况，如收料凭证汇总表、发料凭证汇总表、工资结算汇总表、销售日报表等。发出材料汇总表，如表7-3所示。

表7-3　××公司发出材料汇总表

年　　月　　日

会计科目	领料部门	领用材料			
		原材料	包装物	低值易耗品	合计
生产成本	一车间 二车间				
	小计				
	供电车间 供水车间				
	小计				
制造费用	一车间 二车间				
	小计				
管理费用	行政部门				
合　　计					

会计主管：　　　　　　　　复核：　　　　　　　　制表：

二、原始凭证的基本内容

原始凭证的格式和内容因经济业务和经营管理的不同而有所差异。但无论何种原始凭证，都必须做到所载明的经济业务清晰，经济责任明确。

原始凭证应当具备以下基本内容（也称为原始凭证要素）：

（1）凭证的名称。原始凭证的名称表明了经济业务的性质和用途，便于核算分类，如领料单。

(2) 填制凭证的日期。日期表明了业务发生或完成时间，便于按经济业务序时核算。

(3) 填制凭证单位名称和填制人姓名。它表明了填制凭证的单位或者填制人姓名，以便于查证，防止弄虚作假。

(4) 经办人员的签名或者盖章。经办人员的签名或者盖章表明了该经济业务的责任人，便于明确经济责任。

(5) 接受凭证单位名称。它表明了接受凭证的单位，防止弄虚作假。

(6) 经济业务的内容。经济业务的内容包含经济业务名称、内容等，便于完整了解该笔经济业务的详细内容。

(7) 数量、单价、金额。它们表示经济业务的数量、单价以及计算的总金额是否正确，便于明确经济责任。

对于不同单位经常发生的共同性经济业务，有关部门可以制定统一的凭证格式。如中国人民银行统一制定的银行转账结算凭证，标明了结算双方单位名称、账号等内容；铁道部统一制定的铁路运单，标明了发货单位、收货单位、提货方式等内容；铁道部统一制定的火车票，标明了乘车人、乘车时间、车次、票价等内容。

实际工作中，根据经营管理和特殊业务的需要，除上述基本内容外，原始凭证还可增加必要的内容——附件。附件表明了该项经济业务所附带的凭证，往往可以辅助说明经济业务的情况。

三、原始凭证的填制要求

(一) 原始凭证填制的基本要求

原始凭证作为会计核算的原始资料和重要依据，其填制的正确与否，直接影响会计核算工作的质量。因此，各单位必须按规定正确填制原始凭证，确保会计信息真实、完整和可靠。

原始凭证的填制，必须符合下列要求：

(1) 记录真实。原始凭证所填列的经济业务内容和数字，必须真实可靠，符合实际情况。

(2) 内容完整。原始凭证所要求填列的项目必须逐项填列齐全，不得遗漏和省略。

(3) 手续完备。单位自制的原始凭证必须有经办单位领导人或者其他指定的人员签名盖章；对外开出的原始凭证必须加盖本单位公章；从外部取得的原始凭证必须盖有填制单位的公章；从个人取得的原始凭证必须有填制人员的签名盖章。

(4) 书写清楚、规范。原始凭证要按规定填写，文字要简要，字迹要清楚，易于辨认，不得使用未经国务院公布的简化汉字。大小写金额必须相符且填写规范，小写金额用阿拉伯数字逐个书写，不得写连笔字。在金额前要填写人民币符号"￥"，人民币符号"￥"与阿拉伯数字之间不得留有空白。金额数字一律填写到角、分，无角、分的，写"00"或符号"—"；有角无分的，分位写"0"，不得用符号"—"。大写金额用汉字"壹""贰""叁""肆""伍""陆""柒""捌""玖""拾""佰""仟""万""亿"

"元""角""分""零""整"等,一律用正楷或行书字书写。大写金额前未印有"人民币"字样的,应加写"人民币"三个字,"人民币"字样和大写金额之间不得留有空白。大写金额到元或角为止的,后面要写"整"或"正"字;有分的,不写"整"或"正"字。如小写金额为¥1008.00,大写金额应写成"壹仟零捌元整"。

(5) 连续编号。如果原始凭证已预先印定编号,在写坏作废时,应加盖"作废"戳记,妥善保管,不得撕毁。

(6) 不得涂改、刮擦、挖补。原始凭证有错误的,应当由出具单位重开或更正,更正处应当加盖出具单位印章。原始凭证金额有错误的,应当由出具单位重开,不得在原始凭证上更正。

(7) 填制及时。各种原始凭证一定要及时填写,并按规定的程序及时送交会计机构、会计人员进行审核。

(二) 自制原始凭证的填制要求

不同的自制原始凭证,填制要求也有所不同。

1. 一次凭证的填制

一次凭证应在经济业务发生或完成时,由相关业务人员一次填制完成。该凭证往往只能反映一项经济业务,或者同时反映若干项同一性质的经济业务。

下面以收料单和领料单的填制为例,介绍一次凭证的填制方法。

(1) 收料单的填制。收料单是企业购进材料验收入库时,由仓库保管人员根据购入材料的实际验收情况填制的一次性原始凭证。企业外购材料,由仓库保管人员根据供应单位开具的发票账单,严格审核,对运达入库的材料认真计量,并按实收数量认真填制收料单。收料单通常一式三联:一联留仓库,据以登记材料明细账;一联随发票账单到会计部门报账;一联交采购人员存查。

【例7-1】甲公司20×1年6月1日从乙公司购入 ϕ30mm 圆钢2 000kg,每千克单价6元(不含税价格),另付购入材料运杂费1 000元。仓库保管人员验收后填制收料单,其格式与内容见表7-4。

表7-4 ××公司收料单

供货单位:乙公司　　　　　　　　　　　　　凭证编号:0312
发票编号:1201　　　　　20×1年6月1日　　　收料仓库:材料2号库

材料类别	材料编号	材料名称及规格	计量单位	数量(kg)		单价	金额(元)		
				应收	实收		买价	运杂费	合计
钢材	1 000	圆钢 ϕ30mm	kg	2 000	2 000	5.00	10 000	2 000	12 000
备注							合计		12 000

部门主管:××　　　记账:××　　　仓库验收:×××　　　制单:×××

(2) 领料单的填制。企业车间或部门从仓库领用各种材料,应履行出库手续。由领料经办人根据需要材料的情况填写凭证即领料单。领料单必须经过该领料单位主管领导的批准,方可到仓库领用材料。仓库保管员根据领料单,审核其用途,认真计量发放材料,并在领料单上签章。领料单一式三联：一联留领料部门备查；一联留仓库，据以登记材料明细账；一联转会计部门或月末汇总后转会计部门据以进行总分类核算。

【例7-2】甲公司第一车间生产A产品，领用ϕ30mm圆钢1 800kg和ϕ20mm圆钢1 100kg，每千克单价分别是6.5元和4.5元。由经办人填制领料单，经车间有关领导批准后到仓库领料，仓库保管员据以发料。领料单格式与内容见表7-5。

表7-5 ××公司领料单

领料单位：第一车间 凭证编号：0018
用途：生产A产品 20×1年×月×日 发料仓库：2号库

材料类别	材料编号	材料名称	规格	计量单位	数量		单价	金额
					请领	实领		
钢材	1 000	圆钢	ϕ30mm	kg	1 800	1 800	6.5	11 700
钢材	1 008	圆钢	ϕ20mm	kg	1 100	1 100	4.5	4 950
合计								16 650

领料单位负责人：×× 记账：×× 仓库：××× 制单：×××

2. 累计凭证的填制

累计凭证应在每次经济业务完成后，由相关人员在同一张凭证上重复填制完成。该凭证能在一定时期内不断重复地反映同类经济业务的完成情况。典型的累计凭证就是工业企业的限额领料单。

下面以限额领料单为例，说明累计凭证的填制方法。

限额领料单是多次使用的累计领发料凭证。在有效期间内（一般为一个月），只要领用数量不超过限额就可以连续使用。限额领料单是由生产计划部门根据下达的生产任务和材料消耗定额按每种材料用途分别开出，一料一单，一式两联，一联交仓库据以发料，一联交领料部门据以领料。领料单位领料时，在该单内注明请领数量，经负责人签章批准后，持往仓库领料。仓库发料时，根据材料的品名、规格在限额内发料，同时将实发数量及限额余额填写在限额领料单内，领发料双方在单内签章。月末在此单内结出实发数量和金额转交会计部门，据以计算材料费用，并做材料减少的账务处理。使用限额领料单领料，全月不能超过生产计划部门下达的全月领用限额量。由于增加生产量或者其他原因超限额用料需追加限额时，应由用料部门向生产计划部门提出申请，经批准后追加限额。在用另一种材料代替限额领料单内所列材料时，应另填一次领料单，同时相应地减少限额余额。限额领料单的格式和内容见表7-6。

【例7-3】甲公司第一车间生产B产品，20×1年度计划生产5 000台，每台B产品的定额消耗量为ϕ30mm圆钢0.9kg，6月份ϕ30mm圆钢的领用限额为1 000kg，每千克ϕ30mm圆钢的单价为6.5元。该月由生产计划部门下达限额领料单，其格式见表7-6。

从表7-6可知，第一生产车间在当月完成生产任务条件下，于1日、10日、18日、26日分4次领用了ϕ30mm圆钢，实际累计耗用980kg，与领用限额1 000kg相比少领20kg。由此可见，限额领料单不仅起到事先控制领料的作用，而且可以减少原始凭证的数量和简化填制凭证的手续。

表7-6 ××公司限额领料单

领料部门：第一生产车间　　　　　　　　　　　　　　　　　　　发料仓库：2号库
用途：B产品生产　　　　　　　20×1年6月　　　　　　　　　　凭证编号：008

材料类别	材料编号	材料名称及规格	计量单位	领料限额	实际领用	单位	金额	备注
型钢	1 022	圆钢 ϕ30mm	kg	1 000	980	6.5	6 370	

日期	请领		实发			限额结余	退库	
	数量	签章	数量	发料人	领料人		数量	退库单
6.1	400		400	××	××	600		
6.10	300		300	××	××	300		
6.18	180		180	××	××	120		
6.26	100		100	××	××	20		
合计	980		980			20		

供应部门负责人：××　　　生产计划部门负责人：××　　　仓库负责人签章：××

3. 汇总凭证的填制

汇总凭证应由相关人员在汇总一定时期内反映同类经济业务的原始凭证后填制完成。该凭证只能将类型相同的经济业务进行汇总，不能汇总两类或两类以上的经济业务。

汇总凭证是为了简化填制记账凭证和减小记账的工作量，以总括反映某项经济业务的发生或完成情况。例如，发料凭证汇总表是根据各车间、部门到仓库领用材料时填制的领料单按期（一般按旬）汇总，每月编制一份，作为账务处理的依据。

【例7-4】甲公司20×1年6月份按发出材料所编制的发料凭证汇总表见表7-7。

表7-7 ××公司发料凭证汇总表
20×1年6月30日

借记会计科目	领料部门（用途）		贷记会计科目		
			原材料	周转材料	合计
生产成本	生产A产品	1～10日	16 650		16 650
		11～20日	5 850		5 850
		21～30日	4 150		4 150
	生产B产品	1～10日	4 550		4 550
		11～20日	1 170		1 170
		21～30日	650		650
	小计		33 020		33 020
制造费用	生产车间一般耗用	1-10日		5 100	5 100
		11～20日		3 000	3 000
		21～30日			
	小计			8 100	8 100
管理费用	管理部门一般耗用	1～10日		900	900
		11～20日			
		21～30日			
	小计			900	900
合计			33 020	9 000	42 020

会计主管：×××　　　　复核：×××　　　　制表：×××

(三）外来原始凭证的填制要求

外来原始凭证应在企业同外单位发生经济业务时，由外单位的相关人员填制完成。外来原始凭证一般由税务局等部门统一印制，或经税务部门批准由经营单位印制，在填制时加盖出具凭证单位公章方为有效。对于一式多联的原始凭证，必须用复写纸套写或打印机套打。

四、原始凭证的审核与处理

（一）原始凭证审核的内容

为了如实反映经济业务的发生和完成情况，充分发挥会计的监督职能，保证会计信息的真实、合法、完整和准确，会计人员必须对原始凭证进行严格审核。审核的主要内容包括：
①审核原始凭证的真实性；
②审核原始凭证的合法性；
③审核原始凭证的合理性；
④审核原始凭证的完整性；
⑤审核原始凭证的正确性；
⑥审核原始凭证的及时性。

（二）原始凭证审核结果的处理

经审核的原始凭证应根据不同情况处理：

对于完全符合要求的原始凭证，应及时据以编制记账凭证入账。

对于真实、合法、合理但内容不够完整、填写有错误的原始凭证，应退回给有关经办人员，由其负责将有关凭证补充完整、更正错误或重开后，再办理正式会计手续。

对于不真实、不合法的原始凭证，会计机构和会计人员有权不予接受，并向单位负责人报告。

第三节　记账凭证

一、记账凭证的种类

记账凭证又称记账凭单，是会计人员根据审核无误的原始凭证按照经济业务事项的内容加以归类，并据以确定会计分录后所填制的会计凭证。它是登记账簿的直接依据。

记账凭证可按不同的标准进行分类，按照用途分为专用记账凭证和通用记账凭证；按照填列方式分为单式记账凭证和复式记账凭证。

（一）按凭证的用途分类

1. 专用记账凭证

专用记账凭证是指分类反映经济业务的记账凭证。按其反映的经济业务内容，可分为收款凭证、付款凭证和转账凭证。

（1）收款凭证。是指用于记录现金和银行存款收款业务的记账凭证。

收款凭证是会计人员根据库存现金收入业务和银行存款收入业务的原始凭证编制的专用凭证，是出纳登记现金和银行存款等有关账户（账簿）的依据。其格式见表7-8。

表7-8 收款凭证

借方科目		年 月 日		收字第 号
附件	单位摘要	贷方科目	金 额	记 账
		一级科目 | 二级或明细科目		
张	合 计			

会计主管： 记账： 出纳： 审核： 制单：

（2）付款凭证。是指用于记录现金和银行存款付款业务的记账凭证。

付款凭证是会计人员根据库存现金和银行存款付出业务的原始凭证编制的专用凭证，是出纳登记现金和银行存款等有关账户（账簿）的依据。其格式见表7-9。

表7-9 付款凭证

贷方科目		年 月 日		付字第 号
附件	摘 要	借方科目	金 额	记账
		一级科目 | 二级或明细科目		
张	合 计			

会计主管： 记账： 出纳： 审核： 制单：

（3）转账凭证。是指用于记录不涉及现金和银行存款业务的记账凭证。

在企业的众多经济业务中，凡是不涉及现金和银行存款收付的业务，称为转账业务，如计提固定资产折旧、车间领用原材料、期末结转成本等。它是会计人员根据有关转账业务的原始凭证编制的，作为记账依据的专用凭证。其格式见表7-10。

表 7–10　转账凭证

年　月　日　　　　　　　　　　　　　　　　　　　　转字第　　号

附件	摘要	会计科目		借方金额	贷方金额	记账
		一级科目	二级或明细科目			
张	合计					

会计主管：　　　　　记账：　　　　　审核：　　　　　制单：

2. 通用记账凭证

通用记账凭证是指用来反映所有经济业务的记账凭证，为各类经济业务所共同使用。如果企业使用通用记账凭证，则对全部经济业务不再区分收款、付款及转账业务，而将所有经济业务统一编号，在同一格式的凭证中进行记录。其格式与转账凭证基本相同，如表 7–11。

表 7–11　××公司通用记账凭证

年　月　日　　　　　　　　　　　　　　　　　　　　记账凭证第　　号

附件	摘要	会计科目		借方金额	贷方金额	记账
		一级科目	二级或明细科目			
张	合计					

会计主管：　　　　　记账：　　　　　审核：　　　　　制单：

（二）按凭证的填列方式分类

1. 单式记账凭证

单式记账凭证，即单式凭证，是指只填列经济业务所涉及的一个会计科目及其金额的记账凭证。

单式凭证每一张记账凭证只填列经济业务事项所涉及的一个会计科目及其金额，填列借方科目的称为借项凭证，填列贷方科目的称为贷项凭证。如果某项经济业务涉及几个会计科目，就编制几张单式凭证。单式凭证反映内容单一，便于分工记账和按会计科目汇总。但一张凭证不能反映每一笔经济业务的全貌，不便于检验会计分录的正确性。

由于单式凭证的使用范围较窄，在此不作专门介绍。

2. 复式记账凭证

复式记账凭证是指将每一笔经济业务所涉及的全部会计科目及其发生额在同一张记账凭证中反映的一种凭证。

复式记账凭证可以集中反映经济业务的账户对应关系，有利于检查会计分录的正确性，而且减少了凭证数量，但不便于会计岗位的分工记账。上述收款凭证、付款凭证和转账凭证以及通用记账凭证均为复式凭证。

二、记账凭证的基本内容

记账凭证是登记账簿的依据,因其所反映经济业务的内容不同、各单位规模大小及其对会计核算繁简程度的要求不同,其内容有所差异。但为了满足记账的基本要求,记账凭证应具备以下基本内容:

(1) 填制记账凭证的日期。记账凭证日期按照制作凭证的当日填列。记账凭证的填制日期与原始凭证的填制日期可能相同,也可能不同。记账凭证应及时填制,但一般稍后于原始凭证的填制。

(2) 凭证编号。记账凭证要根据经济业务发生的先后顺序按月连续编号,按编号顺序记账。企业既可以按收款、付款、转账三类业务分收、付、转三类编号,也可细分为现收、现付、银收、银付、转账五类编号。

例如,本月有现金收款凭证200张,编号即从"现收字第1号"编至"现收字第200号"止,其余类推。这种编号,也是出纳登记库存现金和银行存款日记账的依据。如一张凭证涉及两张记账凭证的,可以用分数表示其分号,如"1/2""2/2"等。凭证编号便于装订保管和登记账簿,保证会计档案的完整。

(3) 经济业务摘要。摘要应能清晰地揭示经济业务的内容,同时要简明扼要。

(4) 会计科目。即经济业务所涉及的会计科目及其记账方向。

(5) 金额。经济业务的金额。

(6) 所附原始凭证张数。

(7) 相关人员签名或盖章。填制凭证人员、稽核人员、记账人员、会计机构负责人、会计主管人员签名或盖章。收款和付款凭证还应当由出纳人员签名或者盖章。

以自制的原始凭证或者原始凭证汇总表代替记账凭证的,也必须具备记账凭证应有的项目和内容。

三、记账凭证的填制要求

记账凭证根据审核无误的原始凭证或原始凭证汇总表填制。记账凭证的主要作用是将经济信息资料转化为会计信息。由于记账凭证是登记账簿的直接依据,填制正确与否,直接影响账簿登记的质量,直接影响整个会计系统最终提供信息的质量。

因此,编制记账凭证要按照有关规定进行。与原始凭证的填制相同,记账凭证也有记录真实、内容完整、手续齐全、填制及时等要求。

(一) 记账凭证填制的基本要求

(1) 记账凭证各项内容必须完整。记账凭证各项内容如日期、编号、经济业务摘要、相关人员签章等必须完整,所填列的经济业务内容和数字必须真实可靠,符合实际情况。

(2) 记账凭证的书写应当清楚、规范。记账凭证的书写应当清楚、规范,所要求填列的项目必须逐项填列齐全,不得遗漏和省略。记账凭证还必须按照会计准则指南制定的科目及核算内容，结合经济业务的性质正确编制会计分录，不得任意改变会计科目的名称和核算内容，以保证核算资料的一致性与可比性，便于综合汇总，也便于根据正确的科目对应关系了解有关经济业务的完成情况。

（3）记账凭证必须附原始凭证。除结账和更正错账可以不附原始凭证外，其他记账凭证必须附原始凭证。所附原始凭证的张数，一般以原始凭证的自然张数为准。与记账凭证中的经济业务记录有关的每一张证据都应当作为原始凭证的附件。如果记账凭证中附有原始凭证汇总表，则应该把所附原始凭证和原始凭证汇总表的张数一起计入附件的张数之内。但报销差旅费等零散票券，可以粘贴在一张纸上，作为一张原始凭证。一张原始凭证如涉及几张记账凭证的，可以把原始凭证附在一张主要的记账凭证后面，并在其他记账凭证上注明附有该原始凭证的记账凭证的编号或者附上该原始凭证的复印件。

（4）记账凭证根据原始凭证填制。记账凭证可以根据每一张原始凭证填制，或根据若干张同类原始凭证汇总填制，也可以根据原始凭证汇总表填制，但不得将不同内容和类别的原始凭证汇总填制在一张记账凭证上。

（5）记账凭证应连续编号。记账凭证应由主管该项业务的会计人员，按业务发生的顺序并按不同种类的记账凭证采用"字号编号法"连续编号。如果一笔经济业务需要填制两张以上（含两张）记账凭证的，可以采用"分数编号法"编号。

例如，一笔经济业务需编制4张转账凭证，若该转账凭证的顺序号为第8号，则这笔业务可编制"转字第8－1/4号""第8－2/4号""第8－3/4号"和"第8－4/4号"4张凭证。每月最后一张记账凭证的编号旁边可加注"全"字，以防凭证散失。

（6）填制记账凭证时若发生错误，应当重新填制。已登记入账的记账凭证在当年内发现填写错误时，可以用红字填写一张与原内容相同的记账凭证，在摘要栏注明"注销某月某日某号凭证"字样，同时再用蓝字重新填制一张正确的记账凭证，注明"更正某月某日某号凭证"字样。如果会计科目没有错误，只是金额错误，也可将正确数字与错误数字之间的差额另编一张调整的记账凭证，调增金额用蓝字，调减金额用红字。发现以前年度记账凭证有错误的，应当用蓝字填制一张更正的记账凭证。

（7）空行的处理。记账凭证填制完成后，如有空行，应当自金额栏最后一笔金额数字下的空行处至合计数上的空行处划线注销。

（二）收款凭证的填制要求

收款凭证左上角的"借方科目"按收款的性质填写"库存现金"或"银行存款"；日期填写的是编制本凭证的日期；右上角填写填制收款凭证的顺序号；"摘要"填写对所记录的经济业务的简要说明；"贷方科目"填写与收入"库存现金"或"银行存款"相对应的会计科目；"金额"是指该项经济业务的发生额；"记账"是指该凭证已登记账簿的标记，防止经济业务事项重记或漏记；该凭证右边"附件×张"是指该记账凭证所附原始凭证的张数；最下边分别由有关人员签章，以明确经济责任。

【例7－5】甲公司20×1年3月10日收到2月份乙公司所欠销货款25 000元，存入银行。编制收款凭证见表7－12。

表 7-12 甲公司收款凭证

借方科目：银行存款　　　　　20×1 年 3 月 10 日　　　　　银收字第 19 号

摘　　要	贷方科目		金　额	记账	附件1张
	一级科目	二级或明细科目			
收到乙公司欠款 25 000 元，存入银行	应收账款	乙公司	25 000	√	
合　　计			25 000		

会计主管：×× 　　　记账：×× 　　　出纳：×× 　　　审核：×× 　　　制单：××

（三）付款凭证的填制要求

付款凭证是根据审核无误的有关库存现金和银行存款的付款业务的原始凭证填制的。付款凭证的填制方法与收款凭证基本相同，不同的是在"付款凭证"左上角应填列"贷方科目"，即"库存现金"或"银行存款"科目，"借方科目"栏应填写与"库存现金"或"银行存款"相应的一级科目和明细科目。

【例 7-6】20×1 年 3 月 11 日，管理人员王华出差，预支现金 3 000 元。编制付款凭证见表 7-13。

表 7-13 甲公司付款凭证

贷方科目：库存现金　　　　　20×1 年 3 月 11 日　　　　　现付字第 11 号

摘　　要	借方科目		金　额	记账	附件1张
	一级科目	二级或明细科目			
王华出差，预支现金 3 000 元	其他应收款	王华	3 000	√	
合　　计			3 000		

会计主管：×× 　　　记账：×× 　　　出纳：×× 　　　审核：×× 　　　制单：××

对于涉及"库存现金"和"银行存款"之间的相互划转业务，为了避免重复记账，一般只填制付款凭证，不再填制收款凭证。

例如，企业为了发放清洁工人的零工工资从银行提取现金时，或者在销售材料收到现金存入银行时，每一笔经济业务按理应当分别填制"银行存款"和"库存现金"的收款和付款凭证。但在现实工作中，为了避免发生重复记账的问题，这类业务一般只以货币资金的付出方填制付款凭证，而不再填制对方科目的收款凭证。如从银行提取现金就只编制银行付款凭证，而不编制现金收款凭证；将现金存入银行，只编制现金付款凭证，而不编制银行收款凭证。

【例 7-7】20×1 年 3 月 15 日，甲公司将当日多余的现金 30 000 元存入银行。应填制一张"库存现金"的付款凭证，见表 7-14。

表 7-14 付款凭证

贷方科目：库存现金　　　　　　20×1 年 3 月 15 日　　　　　　现付字第 12 号

摘要	借方科目		金额	记账	附件1张
	一级科目	二级或明细科目			
将当日现金 30 000 元存入银行	银行存款		30 000	√	
附单据　　张	合计		30 000		

会计主管：××　　　记账：××　　　出纳：××　　　审核：××　　　制单：××

出纳人员在办理收款或者付款业务后，应在原始凭证上加盖"收讫"或"付讫"的戳记，以免重收重付。

（四）转账凭证的填制要求

转账凭证通常是根据有关转账业务的原始凭证填制的。转账凭证的填制与收、付款凭证的填制略有不同，凭证左上角不设主体科目，将经济业务所涉及全部会计科目按照先借后贷的顺序记入"会计科目"栏中的"一级科目"和"二级及明细科目"，并按应借、应贷方向分别记入"借方金额"或"贷方金额"栏。其他项目的填列与收、付款凭证的填列相同。

在转账凭证中，"总账科目"和"明细科目"栏应填写应借、应贷的总账科目和明细科目，借方科目应记金额应当在同一行的"借方金额"栏填列，贷方科目应记金额应在同一行的"贷方金额"栏填列，"借方金额"栏合计数与"贷方金额"栏合计数应当相等。

【例 7-8】甲公司 20×1 年 3 月 31 日，计提本月固定资产折旧 360 000 元。其中：生产部门 200 000 元，管理部门 160 000 元。编制转账凭证见表 7-15。

表 7-15 转账凭证

20×1 年 3 月 31 日　　　　　　　　　　　转字第 111 号

摘要	会计科目		借方金额	贷方金额	记账	附件3张
	一级科目	二级或明细科目				
计提本月折旧，其中生产部门 200 000 元，管理部门 160 000 元	制造费用		200 000			
	管理费用		160 000			
	累计折旧			360 000		
合计			360 000	360 000		

会计主管：××　　　记账：××　　　审核：××　　　制单：××

此外，某些既涉及收款业务，又涉及转账业务的综合性业务，可分开填制不同类型的记账凭证。

【例 7-9】甲公司 20×1 年 3 月 31 日购买生产设备一台，价值 150 000 元，支付现款 50 000 元，余款签发半年期商业汇票一张支付。此时应分别编制付款凭证和转账凭证，见表 7-16、表 7-17。

表 7-16 付款凭证

贷方科目：银行存款　　　　　20×1 年 3 月 31 日　　　　　银付字第 2 号

摘 要	借方科目		金 额	记账
	一级科目	二级或明细科目		
购买设备一台，支付 50 000 元	固定资产	生产设备	50 000	√
附单据　　张	合　　　计		50 000	

会计主管：××　　　记账：××　　　出纳：××　　　审核：××　　　制单：××

表 7-17 转账凭证

20×1 年 3 月 31 日　　　　　转字第 2 号

摘 要	会计科目		借方金额	贷方金额	记账	附件3张
	一级科目	二级或明细科目				
购买生产设备一台，签发6个月期商业汇票一张，价值100 000元	固定资产	生产设备	100 000			
	应付票据			100 000		
合计			100 000	100 000		

会计主管：××　　　记账：××　　　审核：××　　　制单：××

四、记账凭证的审核

为了保证会计信息的质量，保证账簿记录正确，监督款项的收付，记账前应由有关稽核人员对记账凭证进行严格审核。记账凭证审核的内容主要包括：

（1）内容是否真实。审核记账凭证是否有原始凭证为依据，所附原始凭证的内容与记账凭证的内容是否一致，记账凭证汇总表的内容与其所依据的记账凭证的内容是否一致等。

（2）项目是否齐全。审核记账凭证各项目填写是否齐全，如日期、凭证编号、摘要、会计科目、金额、所附原始凭证张数及有关人员签章等。

（3）科目是否正确。审核记账凭证的应借、应贷科目是否正确，是否有明确的账户对应关系，所使用的会计科目是否符合国家统一会计制度规定等。

（4）金额是否正确。审核记账凭证所记录的金额与原始凭证的有关金额是否一致，计算是否正确，记账凭证汇总表的金额与记账凭证的金额合计是否相符等。

（5）书写是否规范。审核记账凭证中的记录是否文字工整、数字清晰，格式是否规范等。

（6）手续是否完备。审核记账凭证的手续是否完备，相关人员是否已经签章等。

在审核中，如果发现错误，应及时查明原因，按照有关规定处理。

第四节　会计凭证的传递与保管

一、会计凭证的传递

会计凭证的传递是指从会计凭证的取得或填制时起至归档保管过程中，在单位内部有关部门和人员之间的传送程序。

会计凭证的传递应当满足内部控制制度的要求，使传递程序合理有效，同时尽量节约传递时间，减少传递的工作量。各单位应根据具体情况确定每一种会计凭证的传递程序和方法。

会计凭证的传递具体包括传递程序和传递时间。各单位应根据经济业务特点、内部机构设置、人员分工和管理要求，具体规定各种凭证的传递程序；根据有关部门和经办人员办理业务的情况，确定凭证的传递时间。

在制定合理的凭证传递程序和传递时间时，通常要做到：

（1）规定各种凭证的联数和传递流程。各单位应根据经济业务的特点、单位内部机构的设置和岗位分工情况以及管理要求，具体规定各种凭证的联数和传递流程，要使有关部门既能按规定手续处理业务，又能利用凭证资料掌握情况，提供数据，协调一致。同时，还要注意流程合理，避免不必要的环节，以加快传递速度。

（2）制定会计凭证的传递程序。各单位应通过调查研究来制定会计凭证的传递程序。原始凭证大多涉及本单位内部各部门和经办人员，因此会计部门应会同有关部门和人员共同商定其传递程序。记账凭证是会计部门的内部凭证，可由会计主管会同制证、审核、出纳、记账等有关人员商定其传递程序。

（3）确定凭证的传递时间。各单位应根据有关部门和人员办理业务的必要手续时间，确定凭证的传递时间，既要防止时间过紧影响业务手续的完成，又要避免时间过松影响工作效率。

会计凭证的传递程序和传递时间确定后，可分别将主要业务绘成流程图或流程表，下发执行。执行中如有不合理的地方，可随时根据实际情况加以修改。

二、会计凭证的保管

会计凭证的保管是指会计凭证记账后的整理、装订、归档和存查工作。

会计凭证作为记账的依据，是重要的会计档案和经济资料。本单位以及其他有关单位，可能因各种需要查阅会计凭证，特别是发生贪污、盗窃、违法乱纪行为时，会计凭证还是依法处理的有效证据。因此，任何单位在完成经济业务手续和记账后，必须将会计凭证按规定立卷归档形成会计档案资料，妥善保管，以便日后随时查阅。

会计凭证的保管要求主要有：

（1）会计凭证应定期装订成册，防止散失。会计部门在依据会计凭证记账后，应定期（每天、每旬或每月）对各种会计凭证进行分类整理，将各种记账凭证按照编号顺序，连同所附的原始凭证一起加具封面和封底，装订成册，并在装订线上加贴封签，由装订人员在装订线封签处签名或盖章。

从外单位取得的原始凭证遗失时，应取得原签发单位盖有公章的证明，并注明原始凭证的号码、金额、内容等，由经办单位会计机构负责人（会计主管人员）和单位负责人批准后，才能代作原始凭证。若确实无法取得证明的，如车票丢失，则应由当事人写明详细情况，由经办单位会计机构负责人、会计主管人员和单位负责人批准后，代作原始凭证。

（2）会计凭证封面：会计凭证封面应注明单位名称、凭证种类、凭证张数、起止号数、年度、月份、会计主管人员和装订人员等有关事项，会计主管人员和保管人员应在封面上签章。

会计凭证封面的一般格式，见图7-3。

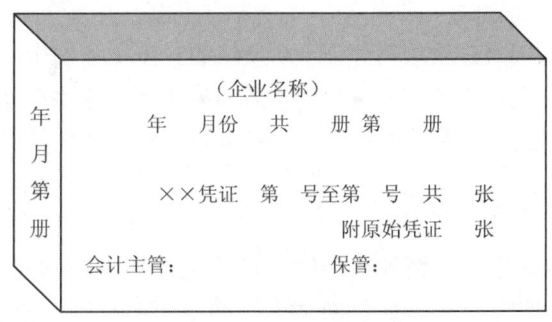

图7-3 会计凭证封面的格式

（3）应加贴封条。会计凭证应加贴封条，防止抽换凭证。原始凭证不得外借，其他单位如有特殊原因确实需要使用时，经本单位会计机构负责人、会计主管人员批准，可以复制。向外单位提供的原始凭证复制件，应在专设的登记簿上登记，并由提供人员和收取人员共同签名、盖章。

（4）可单独装订。原始凭证较多时，可单独装订，但应在凭证封面注明所属记账凭证的日期、编号和种类，同时应在所属的记账凭证上注明"附件另订"及原始凭证的名称和编号，以便查阅。

对各种重要的原始凭证，如押金收据、提货单等，以及各种需要随时查阅和退回的单据，应另编目录，单独保管，并在有关的记账凭证和原始凭证上分别注明日期和编号。

（5）每年装订成册。每年装订成册的会计凭证，在年度终了时可暂由单位会计机构保管一年，期满后应当移交本单位档案机构统一保管；未设立档案机构的，应当在会计机构内部指定专人保管。出纳人员不得兼管会计档案。

（6）不得任意销毁。严格遵守会计凭证的保管期限要求，期满前不得任意销毁会计凭证。

三、会计凭证的装订

（一）会计凭证的装订要求

会计凭证的装订是会计工作的内容之一，在会计实务中则是一项经常性的工作。会计凭证的装订要符合以下要求：

（1）在会计凭证装订之前要检查每张会计凭证所附原始凭证的张数是否齐全，并且要对附件进行必要的外形加工。超过记账凭证宽度和长度的原始凭证，都要整齐地折叠进去；凡是过窄、过宽的附件，不能直接装订时，应先粘贴于专制的原始凭证粘贴纸上，然后再装订粘贴纸。

（2）装订之前要检查原始凭证是否分月按自然数1，2，3，…顺序连续编号，是否有跳号或者重号现象。

（3）装订之前要进行设计，确定每月会计凭证的装订册数。每册的厚度应该基本保持一致。一般每册厚度在2～3cm为宜，且不能把几张一份的记账凭证拆开装订在两册之中，要做到易于翻阅而且美观。

（4）所有会计凭证每册都要用结实的牛皮纸加具封面，并且在封面上注明会计单位名称、会计凭证名称。此外，封面上还要填写凭证上所反映的经济业务发生的年、月份，凭证的起止号码，本扎凭证为几分之几册或者本月几册，本册为第几册，还要在记账凭证封面上加盖单位负责人、财务负责人和装订人的印章，由装订人在装订线封签处签名或者盖章。

（二）会计凭证的装订方法

会计凭证的装订是指把定期整理完毕的会计凭证按照编号顺序，外加封面、封底，装订成册，并在装订线上加贴封签。在封面上应写明单位名称、年度、月份、记账凭证的种类、起讫日期、起讫号数，以及记账凭证和原始凭证的张数，并在封签处加盖会计主管的骑缝图章。如果采用单式记账凭证，在整理装订凭证时必须保持会计分录完整。为此，应按凭证号码顺序还原装订成册，不得按科目归类装订。对各种重要的原始单据以及各种需要随时查阅和退回的单据，应另编目录，单独登记保管，并在有关的记账凭证和原始凭证上相互注明日期和编号。

会计凭证装订的要求是既美观大方又便于翻阅，所以在装订时要先设计好装订册数及每册的厚度。凭证装订册数可根据凭证数量确定，原则上以月份为单位装订。

为了使装订成册的会计凭证外形美观，在装订时要考虑到凭证的整齐均匀，特别是装订线的位置。装订时如果装订线位置太薄，可用纸折一些三角形纸条均匀地垫在此处，以保证它的厚度与凭证中间的厚度一致。

思考与练习

重要概念

会计凭证　原始凭证　记账凭证　外来原始凭证　自制原始凭证

思考题

1. 什么是会计凭证？会计凭证有什么作用？会计凭证有哪些种类？
2. 什么是原始凭证？原始凭证有哪几种？它应具备哪些基本内容？

3. 什么是记账凭证？记账凭证有哪几种？它应具备哪些基本内容？
4. 什么是会计凭证的传递和保管？如何进行会计凭证的传递和保管？

客观题

一、单项选择题

1. 在实际工作中，规模小、业务简单的单位，为了简化会计核算工作可以使用一种统一格式的(　　)。
   A. 转账凭证　　　　B. 收款凭证　　　　C. 付款凭证　　　　D. 通用记账凭证
2. 企业购进原材料60 000元，款项未付。该笔经济业务应编制的记账凭证是(　　)。
   A. 收款凭证　　　　B. 付款凭证　　　　C. 转账凭证　　　　D. 以上均可以
3. 属于记账凭证，不属于原始凭证的内容是(　　)。
   A. 会计分录内容，即应借应贷账户的名称及金额
   B. 填制日期
   C. 接受凭证的单位名称
   D. 经济业务的内容摘要、实物数量和金额
4. 下列原始凭证属于累计凭证的是(　　)。
   A. 收料单　　　　　B. 领料单　　　　　C. 发货单　　　　　D. 限额领料单
5. 会计凭证按(　　)分类，分为原始凭证和记账凭证。
   A. 填制程序和用途　B. 来源　　　　　　C. 填制方法　　　　D. 反映内容
6. 出纳人员付出货币资金的依据是(　　)。
   A. 收款凭证　　　　B. 付款凭证　　　　C. 转账凭证　　　　D. 原始凭证
7. 下列各项不属于原始凭证基本内容的是(　　)。
   A. 填制的日期　　　　　　　　　　　　B. 经济业务的内容
   C. 接受单位的名称　　　　　　　　　　D. 经济业务的记账方向
8. 原始凭证有错误，正确的处理方法是(　　)。
   A. 向单位负责人报告　　　　　　　　　B. 退回，不予接受
   C. 由出具单位重开或更正　　　　　　　D. 由本单位代为更正
9. 业务金额56.85元，下列表示方法中，正确的大写是(　　)。
   A. 人民币伍拾陆元捌角伍分　　　　　　B. 人民币￥伍拾陆元捌角伍分
   C. 人民币伍拾陆元捌角伍分整　　　　　D. 人民币￥伍拾陆元捌角伍分整
10. 付款凭证左上角的"贷方科目"，可能登记的是(　　)。
    A. 预付账款　　　　B. 银行存款　　　　C. 预收账款　　　　D. 其他应付款
11. 下列业务中，应当编制收款凭证的是(　　)。
    A. 购买原材料用银行存款支付　　　　　B. 收到销售商品的货款
    C. 购买固定资产，货款未付　　　　　　D. 销售商品，已收到商业汇票一张
12. 下列项目中，不属于自制原始凭证的是(　　)。
    A. 领料单　　　　　B. 成本计算单　　　C. 入库单　　　　　D. 火车票
13. 根据连续某一时期内不断重复发生而分次进行的特定业务，编制的原始凭证有(　　)。
    A. 一次凭证　　　　B. 累计凭证　　　　C. 记账凭证　　　　D. 汇总记账凭证
14. 将库存现金送存银行，应编制的记账凭证是(　　)。
    A. 库存现金收款凭证　　　　　　　　　B. 库存现金付款凭证
    C. 银行存款收款凭证　　　　　　　　　D. 银行存款付款凭证
15. 下列项目属于累计凭证的是(　　)。
    A. 领料单　　　　　B. 限额领料单　　　C. 耗用材料汇总表　D. 工资汇总表
16. 填制记账凭证时，错误的做法是(　　)。
    A. 根据每一张原始凭证填制　　　　　　B. 根据若干张同类原始凭证填制

C. 将若干张不同内容、类别的原始凭证填制在一张记账凭证上
D. 根据原始凭证汇总表填制

17. 在审核原始凭证时，对于真实、合法、合理但内容不够完整、填写有错误或手续不完备的原始凭证，应（　　）。
A. 拒绝办理，并向单位负责人报告　　　　B. 予以抵制，对经办人员进行批评
C. 由会计人员重新编制或予以更正　　　　D. 予以退回，要求补充完整、更正错误或重开

18. 下列关于原始凭证的说法，不正确的是（　　）。
A. 按照来源不同，分为外来原始凭证和自制原始凭证
B. 按照格式不同，分为通用原始凭证和专用原始凭证
C. 按照填制手续及内容不同，分为一次原始凭证、累计原始凭证和汇总原始凭证
D. 按照填制方法不同，分为外来原始凭证和自制原始凭证

19. 原始凭证按照（　　）分类，分为一次凭证、累计凭证等。
A. 用途　　　　　　　　　　　　　　　　B. 形成来源
C. 填制方式　　　　　　　　　　　　　　D. 填制程序与内容

20. 可以不附原始凭证的记账凭证是（　　）。
A. 更正错误的原始凭证　　　　　　　　　B. 从银行提取现金的记账凭证
C. 以现金发放工资的记账凭证　　　　　　D. 职工临时借款的记账凭证

21. 下列不能作为会计核算的原始凭证的是（　　）。
A. 发货票　　　B. 合同书　　　C. 入库单　　　D. 领料单

22. 不符合原始凭证基本要求的是（　　）。
A. 从个人取得的原始凭证，必须有填制人员的签名盖章
B. 原始凭证不得涂改、刮擦、挖补
C. 上级批准的经济合同，应作为原始凭证
D. 大写和小写金额必须相等

23. 下列属于外来凭证的是（　　）。
A. 工资结算单　　　B. 折旧计算表　　　C. 增值税专用发票　　　D. 差旅费报销单

24. 在原始凭证上书写阿拉伯数字，错误的做法是（　　）。
A. 金额数字前书写货币币种符号
B. 币种符号与金额数字之间要留有空白
C. 币种符号与金额数字之间不得留有空白
D. 数字前写有币种符号的，数字后不再写货币单位

25. 用来记录货币资金付款业务，由会计人员根据审核无误的原始凭证填制的会计凭证是（　　）。
A. 收款凭证　　　B. 付款凭证　　　C. 转账凭证　　　D. 累计凭证

26. 关于会计凭证的保管，下列说法不正确的是（　　）。
A. 会计凭证应定期装订成册，防止散失
B. 会计主管人员和保管人员应在封面上签章
C. 原始凭证不得外借，其他单位如有特殊原因确实需要使用时，经本单位会计机构负责人、会计主管人员批准，可以复印
D. 经单位领导批准，会计凭证在保管期满前可以销毁

27. 下列不属于自制原始凭证的是（　　）。
A. 折旧计算表　　　B. 工资计算单　　　C. 出库单　　　D. 飞机票

28. 下列业务应该编制收款凭证的是（　　）。
A. 购买原材料用银行存款支付　　　　　　B. 收到销售商品的款项
C. 购买固定资产，款项尚未支付　　　　　D. 销售商品，收到商业汇票一张

29. 不涉及现金和银行存款业务，编制的记账凭证是（　　）。
A. 一次凭证　　　B. 累计凭证　　　C. 转账凭证　　　D. 汇总原始凭证

30. 购买材料 10 000 元，以银行存款支付其中 8 000 元，余款暂欠。应填制的记账凭证为（   ）。
   A. 收款凭证　　　　B. 付款凭证　　　　C. 转账凭证　　　　D. 付款凭证和转账凭证
31. 对于库存现金和银行存款之间相互划转的经济业务，正确的会计处理是（   ）。
   A. 既要编制付款凭证，又要编制收款凭证　　B. 只编制收款凭证，不编制付款凭证
   C. 只编制付款凭证，不编制收款凭证　　　　D. 编制转账凭证
32. 某会计人员在审核购买办公用品发票时，发现对方误将 8 000 元写成 800 元，应采用（   ）。
   A. 编制记账凭证　　B. 在发票上更正　　C. 补充登记　　D. 退回经办人员重开

二、多项选择题

1. 会计凭证按照填制程序和用途不同，可分为（   ）。
   A. 外来原始凭证　　B. 原始凭证　　C. 记账凭证　　D. 累计凭证
2. "限额领料单"是（   ）。
   A. 外来原始凭证　　B. 自制原始凭证　　C. 一次凭证　　D. 累计凭证
3. 原始凭证应具备的基本内容有（   ）。
   A. 原始凭证的名称和填制日期　　　　B. 接受凭证单位名称
   C. 经济业务的内容　　　　　　　　　D. 数量、单价和大小写金额
4. 记账凭证必须具备的基本内容有（   ）。
   A. 记账凭证的名称　　　　　　　　　B. 填制日期和编号
   C. 经济业务的简要说明　　　　　　　D. 经济业务的金额
5. 原始凭证按其填列的方法不同可分为（   ）。
   A. 一次凭证　　　　　　　　　　　　B. 累计凭证
   C. 原始凭证汇总表（或汇总原始凭证）　D. 收款凭证
6. 会计凭证保管的内容包括（   ）。
   A. 整理会计凭证　　　　　　　　　　B. 装订会计凭证
   C. 归档存查　　　　　　　　　　　　D. 加具封面并签章
7. 其他单位因特殊原因需要使用本单位的原始凭证，正确的做法是（   ）。
   A. 可以外借　　　　　　　　　　　　B. 将外借的原始凭证拆封抽出
   C. 不得外借。经本单位会计机构负责人、会计主管人批准，可以复制
   D. 将向外单位提供的会计凭证在专设的登记簿上登记
8. 在原始凭证上书写阿拉伯数字，正确的是（   ）。
   A. 金额数字一律填写到角、分
   B. 无角、分的，角位和分位可以写"00"或者符号"－"
   C. 有角无分的，分位应当写"0"
   D. 有角无分的，分位可以用符号"－"代替
9. 下列项目属于外来原始凭证的是（   ）。
   A. 本单位开具的销货发票　　　　　　B. 供货单位开具的发票
   C. 职工出差取得的飞机票和火车票　　D. 银行收付款通知单
10. 下列说法正确的是（   ）。
   A. 记账凭证上的日期是经济业务发生的日期
   B. 对于涉及库存现金和银行存款之间的业务，一般只编制收款凭证
   C. 出纳人员不能直接依据有关收、付款业务的原始凭证办理收、付款业务
   D. 出纳人员必须根据经会计主管或其指定人员审核无误的收、付款凭证办理收、付款业务
11. 关于记账凭证，下列说法正确的是（   ）。
   A. 收款凭证是指用于记录现金和银行存款收款业务的会计凭证
   B. 收款凭证分为现金收款凭证和银行存款收款凭证两种
   C. 从银行提取库存现金的业务应该编制现金收款凭证
   D. 从银行提取库存现金的业务应该编制银行存款付款凭证

12. 原始凭证的审核内容包括( )。
   A. 有关数量、单价、金额是否正确无误
   B. 是否符合有关的计划和预算
   C. 记录的经济业务的发生时间
   D. 有无违反财经制度的行为
13. 对于各类记账凭证，下列说法正确的是( )。
   A. 收款凭证是用于记录库存现金和银行存款收款业务的会计凭证
   B. 收款凭证可以分为库存现金收款凭证和银行存款收款凭证
   C. 从银行提取现金或把库存现金存入银行的经济业务，只编制付款凭证
   D. 转账凭证不涉及库存现金和银行存款
14. 记账凭证的填制除必须做到记录真实、内容完整、填制及时、书写清楚外，还须符合( )要求。
   A. 如有空行，应当在空行处划线注销
   B. 发生错误应该按规定的方法更正
   C. 记账凭证必须连续编号
   D. 除另有规定外，应该有附件并注明附件张数
15. 记账凭证可以根据( )编制。
   A. 一张原始凭证   B. 若干张原始凭证汇总
   C. 原始凭证汇总表   D. 明细账
16. 原始凭证的审核内容包括审核原始凭证的( )等方面。
   A. 真实性   B. 合法性、合理性   C. 正确性、及时性   D. 完整性

三、判断题

1. 原始凭证可以由非财会部门和人员填制，但记账凭证只能由财会部门和人员填制。 (   )
2. 付款凭证左上角"借方科目"处，应填写"库存现金"或"银行存款"科目。 (   )
3. 从银行提取现金，既可编制现金收款凭证，也可编制银行存款付款凭证。 (   )
4. 所有的记账凭证都应附有原始凭证（结账和更正错账的除外）。 (   )
5. 原始凭证上面可以不写明填制日期和接受凭证的单位名称。 (   )
6. 会计凭证的保管期满以后，企业可自行处理。 (   )
7. 转账支票只能用于转账，而现金支票不仅可以提取现金，还可以用于转账。 (   )
8. 会计凭证装订时，必须把定期整理完毕的会计凭证按照编号顺序，外加封面、封底，装订成册，并在装订线上加贴封签。 (   )
9. 原始凭证原则上不得外借，其他单位如有特殊原因确实需要使用时，经本单位会计机构负责人、会计主管人员批准，可以外借。 (   )
10. 原始凭证是会计核算的原始资料和重要依据，是登记会计账簿的直接依据。 (   )
11. 对真实、合法、合理但内容不够完善，填写有错误的原始凭证，会计机构和会计人员不予以接受。 (   )
12. 自制原始凭证都是一次凭证，外来原始凭证绝大多数是一次凭证。 (   )
13. 会计凭证的装订，原则上以月份为单位装订。 (   )
14. 正确填制和审核会计凭证是会计基本方法之一，也是会计核算的起点和基本环节。 (   )

练习题

习题一

（一）资料：D公司是增值税的一般纳税人，税率13%。20×1年3月份发生下列经济业务：
① 向银行借入长期借款 550 000 元，存入银行存款账户。
② 开出支票，从银行存款户中支付厂部汽车修理费（经常性修理费）4 000 元，暂不考虑增值税。
③ 从A公司购入原材料 200 000 元，对方增值税专用发票已到，价 200 000 元，增值税 26 000 元，

货款尚未支付。

④ 公司收到王某投入的资本 800 000 元，存入银行。

⑤ 本月销售产品收入中，应确认的收入有 900 000 元，已开出增值税专用发票所列价款 900 000 元，增值税（销项税额）117 000 元，货款和税金尚未收到。

⑥ 从银行存款中提取现金 5 000 元以备日常零用。

⑦ 从 B 公司购入材料一批，计 1 400 000 元，对方开来增值税专用发票，价 1 400 000 元，税 182 000 元。向银行借入短期借款用以支付货款和税金。

⑧ 开出支票，从银行存款户中提取现金 120 000 元，准备发放本月份职工工资。

⑨ 发放职工工资 120 000 元。

⑩ 从银行存款户中归还银行短期借款 700 000 元，并支付银行借款利息 16 000 元。

⑪ 从银行存款户中支付房屋租金 70 000 元（暂不考虑税金）。系企业产成品仓库用房。

⑫ 从银行存款户中支付电费 8 000 元、水费 4 000 元。系管理部门用。

⑬ 以现金购入办公用品 4 000 元（暂不考虑税金），当即分发各部门领用。

⑭ 本月领用材料共计 480 000 元，已全部投入 A 产品生产。

⑮ 从银行存款户中支付以前月份所欠某单位货款 200 000 元。

⑯ 支付产品的广告费 100 000 元（暂不考虑税金）。

（二）要求：根据以上资料，使用记账凭证，编制会计分录。

习题二

（一）资料：A 公司出纳人员就公司的一笔业务编制有关记账凭证如下：

付款凭证

贷方科目：银行存款　　　　　　20×1 年　9 月　日　　　　　　付字第　号

附件张	摘要	借方科目		金额	记账
		一级科目	二级或明细科目		
		应付账款	M 公司	8 000 000	
		应付账款		500 000	
	合计			8 300 000	

会计主管：　　　记账：　　　出纳：　　　审核：王一　　　制单：赵明

（二）要求：指出记账凭证中存在的错误（假定原始凭证无误）。

第八章 会计账簿

第一节 会计账簿概述

一、会计账簿的概念与作用

(一) 会计账簿的概念

会计账簿是指由一定格式的账页组成的,以经过审核的会计凭证为依据,全面、系统、连续地记录各项经济业务的簿籍。各单位应当按照国家统一会计制度的规定和会计业务的需要设置会计账簿。

(二) 会计账簿的作用

设置和登记账簿,既是填制和审核会计凭证的延伸,也是编制财务报表的基础,是连接会计凭证与财务报表的中间环节。设置和登记账簿的作用主要有:

(1) 记载和储存会计信息。通过设置和登记账簿,可以记载、储存会计信息。将会计凭证所记录的经济业务一一记入有关账簿,可以全面反映会计主体在一定时期内所发生的各项资金运动,储存所需要的各项会计信息。

(2) 分类和汇总会计信息。通过设置和登记账簿,可以分类、汇总会计信息。账簿由不同的相互关联的账户所构成。通过账簿记录,一方面可以分门别类地反映各项会计信息,提供一定时期内经济活动的详细情况;另一方面可以通过发生额、余额计算,提供各方面所需要的汇总会计信息,反映财务状况及经营成果的综合价值指标。

(3) 检查和校正会计信息。通过设置和登记账簿,可以检查、校正会计信息。账簿记录是会计凭证信息的进一步整理。如在永续盘存制下,通过有关盘存账户余额与实际盘点或核查结果的核对,可以确认财产的盘盈或盘亏,并根据实际结存数额调整账簿记录,做到账实相符,提供如实、可靠的会计信息。

(4) 编报和输出会计信息。通过设置和登记账簿,可以编报、输出会计信息。为了反映一定日期的财务状况及一定时期的经营成果,各单位应定期进行结账工作,进行有关账簿之间的核对,计算本期发生额和余额,据以编制会计报表,向有关各方提供所需要的会计信息。

二、会计账簿的设计与基本内容

(一) 账簿的设计

账簿的设计原则是:

（1）满足需要。账簿设计要适应企业的规模和特点，满足经营管理的需要。对于经营管理中需要考核的指标，如产量、规格、品种、资金、成本、利润等，都应在账簿中得到及时反映。

（2）组织严密。账簿设计应注意使各种账簿既有明确分工，又有紧密联系；既要避免记录遗漏，又要避免重复记账。有关账簿之间还要有统驭关系或平行的制约关系。

（3）精简灵便。账簿设计还应在保证会计记录系统、完整的前提下，力求精简，以节约人力物力，提高工作效率。账簿中账页格式要简单明了，账本册数不宜过多，账页不宜过大，避免臃肿繁琐。

（4）便于检查。账簿设计还应考虑日后检查的要求，便于随时检查。只有这样，才能更好地发挥账簿在会计核算中的作用。

（二）账簿的基本内容

在实际工作中，由于各种会计账簿所记录的经济业务不同，账簿的格式也多种多样，但各种账簿都应具备以下基本内容。

1. 封面

封面是用来标明单位名称和账簿名称的。启用会计账簿时，应当在账簿封面上写明单位名称和账簿名称，如库存现金日记账、材料明细账、总账等。

2. 扉页

扉页用来标明该账簿的使用情况和交接情况。一般包括：①账簿启用日期；②经管人员的姓名和印鉴；③接管的日期；④接管人员姓名和印鉴等。

在账簿扉页上应当附启用表，内容包括：启用日期、账簿页数，记账人员和会计机构负责人、会计主管人员姓名，并加盖名章和单位公章。记账人员或者会计机构负责人、会计主管人员调动工作时，应当注明交接日期、接办人员或者监交人员姓名，并由交接双方人员签名或者盖章。

启用订本式账簿时，应当从第一页到最后一页按顺序编定页数，不得跳页、缺号。使用活页式账页，应当按账户顺序编号，并须定期装订成册。装订后再按实际使用的账页顺序编定页码。另加目录，记明每个账户的名称和页次。

3. 账页

账页是用来具体记账的。账页根据其反映经济业务的不同具有多种格式，但基本应包括：①账户名称（一级科目、二级或明细科目）；②记账日期；③凭证种类和号数；④摘要（对经济业务的简要说明）；⑤金额；⑥总页次或分户页次等。

三、会计账簿与账户的关系

账簿与账户的关系是形式和内容的关系。账簿是由若干账页组成的一个整体，账簿中的每一账页就是账户的具体存在形式和载体。没有账簿，账户就无法存在；账簿序时、分类地记录经济业务，是在各个具体的账户中完成的。因此，账簿只是一个外在形式，账户才是它的实质内容。

四、会计账簿的种类

会计账簿的种类很多,不同类别的会计账簿可以提供不同的信息,满足不同的需要。

(一)按用途分类

账簿按用途分类,可分为序时账簿、分类账簿和备查账簿。

1. 序时账簿

序时账簿,又称日记账,是按照经济业务发生时间的先后顺序逐日、逐笔登记的账簿。

序时账簿按其记录的内容,可分为普通日记账和特种日记账。

普通日记账是对全部经济业务按其发生时间的先后顺序逐日、逐笔登记的账簿。普通日记账按照每日发生的经济业务的先后顺序,逐项编制会计分录,因而这种日记账也称为分录日记账,其一般采用二栏式的账页格式。

特种日记账是对某一特定种类的经济业务按其发生时间的先后顺序逐日、逐笔登记的账簿。

2. 分类账簿

分类账簿是按照分类账户设置登记的账簿。账簿按其反映经济业务的详略程度,可分为总分类账簿和明细分类账簿。

(1)总分类账簿,又称总账,是根据总分类账户开设的,总括反映某类经济活动。

(2)明细分类账簿,又称明细账,是根据明细分类账户开设的,用来提供明细的核算资料。总账对所属明细账起统驭作用,明细账对总账进行补充和说明。

分类账簿提供的核算信息是编制会计报表的主要依据。

3. 备查账簿

备查账簿,又称辅助登记簿或补充登记簿,是指对某些在序时账簿和分类账簿中未能记载或记载不全的经济业务进行补充登记的账簿。

备查账簿只是对其他账簿记录的一种补充,如租入固定资产登记簿、发出商品登记簿、代为保管材料登记簿等。备查账簿与其他账簿之间不存在严密的依存和勾稽关系。备查账簿的格式比较灵活,可以根据企业的实际需要设置,没有固定的格式要求。

企业按照经营管理需要设置的这些相互联系、相互补充的账簿群体称为账簿体系。各单位一般设置的账簿体系如图8-1所示。

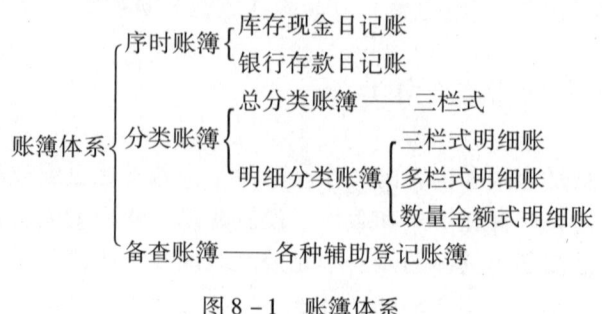

图8-1 账簿体系

（二）按账页格式分类

会计账簿按账页格式分类，分为两栏式账簿、三栏式账簿、多栏式账簿、数量金额式账簿和横线登记式账簿等。

1. 两栏式账簿

两栏式账簿是指只有借方和贷方两个金额栏目的账簿。

2. 三栏式账簿

三栏式账簿是指设有借方、贷方和余额三个金额栏目的账簿。

各种日记账、总分类账以及资本、债权、债务明细账都可采用三栏式账簿。三栏式账簿又分为设对方科目和不设对方科目两种，区别是在摘要栏和借方科目栏之间是否有一栏"对方科目"。有"对方科目"栏的，称为设对方科目的三栏式账簿；不设"对方科目"栏的，称为不设对方科目的三栏式账簿。

三栏式明细分类账适用于结算类、权益类账户，如应收账款、其他应收款、应付账款、其他应付款、实收资本等。其格式与三栏式总分类账的格式完全相同。

3. 多栏式账簿

多栏式账簿是指在账簿的两个金额栏目（借方和贷方）按需要分设若干专栏的账簿。

多栏式明细账适用于"生产成本""本年利润""制造费用""管理费用"等账户的明细分类核算。这种账簿的特点是以项目设专栏反映，以便提供管理所需要的各账户明细项目的核算指标。

4. 数量金额式账簿

数量金额式账簿是指在账簿的借方、贷方和余额三个栏目内，每个栏目再分设数量、单价和金额三小栏，借以反映财产物资的实物数量和价值量的账簿。

"原材料""库存商品""产成品"等存货明细账一般都采用数量金额式账簿。这种账簿的特点是既能提供货币指标，又能提供实物数量指标，故叫数量金额式。

5. 横线登记式账簿

横线登记式账簿，又称平行式账簿，是指将前后密切相关的经济业务登记在同一行上，以便检查每笔业务的发生和完成情况的账簿。

（三）按外形特征分类

会计账簿按外形特征分类，分为订本式账簿、活页式账簿、卡片式账簿。

1. 订本式账簿

订本式账簿，简称订本账，是在启用之前将编有顺序页码的一定数量账页装订成册的账簿。

订本式账簿在使用之前就把一定账页固定地装订在一起，因此能够避免账页散失和防止不合法地被抽换。但订本式账簿不能使用计算机记账，账页固定，不便增减，必须预先估计一个账户的记账需要，保留空白账页。如果账页不够，就会影响账户的连续登记；如果账页多余，又会造成浪费。因此，也有一定的缺陷。

订本式账簿一般适用于手工记账的总分类账，以及现金日记账、银行存款日记账等。

2. 活页式账簿

活页式账簿，简称活页账，是将一定数量的账页置于活页夹内，可根据记账内容的变化而随时增加或减少部分账页的账簿。

活页式账簿在账簿登记完毕之前并不固定装订在一起，而是装在活页夹中。当账簿登记完毕之后（通常是一个会计年度结束之后），才将账页予以装订，加具封面，并给各账页连续编号。

活页式账簿根据记账需要开设或移动，比较灵活，便于汇总，也便于使用计算机记账。但是，活页账容易散失或被抽换。因此，在使用活页账时，必须随时编号并将其装置在账夹内，并由有关人员签字盖章。

固定资产、材料等明细分类账可以采用活页式账簿的形式。

3. 卡片式账簿

卡片式账簿，简称卡片账，是将一定数量的卡片式账页存放于专设的卡片箱中，可以根据需要随时增添账页的账簿。

严格地说，卡片式账簿也是一种活页式账簿，只不过它不是装在活页账夹中，而是装在卡片箱内。在我国，各单位一般只对固定资产明细账采用卡片式账簿的形式。

库存现金日记账和银行存款日记账必须采用订本式账簿，不得使用银行对账单、活页、卡片或者其他方法代替日记账。

实行会计电算化的单位，用计算机打印的会计账簿必须连续编号，经审核无误后装订成册，并须由记账人员、会计机构负责人、会计主管人员签字或者盖章。

第二节　会计账簿的启用与登记要求

一、会计账簿的启用

启用会计账簿时，应当在账簿封面上写明单位名称和账簿名称，并在账簿扉页上附启用表，以确保账簿记录合规、完整，明确责任。

账簿启用表或账簿使用登记表的内容包括启用日期、账簿页数、记账人员和会计主管人员姓名，并加盖人名章和单位公章。记账人员或会计人员调动工作时，应注明交接日期、接办人员和监交人员姓名，由交接双方人员签名或盖章。

启用订本式账簿应当从第一页到最后一页顺序编定页数，不得跳页、缺号。使用活页式账簿应当按账户顺序编号，并须定期装订成册。装订后再按实际使用的账页顺序编定页码，另加目录以便于记明每个账户的名称和页次。

二、会计账簿的登记要求

为了保证账簿记录的正确性，必须根据审核无误的会计凭证登记会计账簿，并符合有关法律、行政法规和国家统一的会计准则制度的规定。必须做到手续完备，根据确凿，记录清楚，不漏不错。登记会计账簿的主要要求如下：

(1) 准确完整。登记会计账簿时,应当将会计凭证日期、编号、业务内容摘要、金额和其他有关资料逐项记入账内,做到数字准确,摘要清楚,内容完整。

(2) 注明记账符号。每一笔账登记完毕后,要在记账凭证上签名或者盖章,并注明已经登账的符号(如√),表示已经记账。

(3) 书写留空。账簿中书写的文字和数字应紧靠底线书写,上面要留有适当空格,不要写满格。一般应占格距的1/2。

(4) 正常记账使用蓝黑墨水。正常登记账簿时,要用蓝黑墨水书写,不得使用圆珠笔(银行的复写账簿除外)或者铅笔书写。

(5) 特殊记账使用红墨水。下列情况可以用红色墨水记账:
① 按照红字冲账的记账凭证,冲销错误记录。
② 在不设借、贷等栏的多栏式账页中,登记减少数。
③ 在三栏式账户的余额栏前,如未印明余额方向的,在余额栏内登记负数余额。
④ 根据国家会计制度的规定可以用红字登记的其他会计记录。

(6) 顺序连续登记。各种账簿应按页次顺序连续登记,不得跳行、隔页。

如果发生跳行、隔页,应当将空行、空页划线注销,或者注明"此行空白""此页空白"字样,并由记账人员签名或者盖章。

(7) 结出余额。凡需要结出余额的账户,结出余额后,应当在"借或贷"等栏内写明"借"或者"贷"等字样。没有余额的账户,应在"借或贷"栏内写"平"字,并在"余额"栏用"○"表示。

库存现金日记账和银行存款日记账必须逐日结出余额。

(8) 过次承前。每一账页登记完毕结转下页时,应当结出本页合计数及余额,写在本页最后一行和下页第一行有关栏内,并在摘要栏内注明"过次页"和"承前页"字样。也可以将本页合计数及金额只写在下页第一行有关栏内,并在摘要栏内注明"承前页"字样。

对需要结计本月发生额的账户,结计"过次页"的本页合计数应当为自本月初起至本页末止的发生额合计数;对需要结计本年累计发生额的账户,结计"过次页"的本页合计数应当为自年初起至本页末止的累计数;对既不需要结计本月发生额,也不需要结计本年累计发生额的账户,可以只将每页末的余额结转次页。

实行会计电算化的单位,总账和明细账应当定期打印。发生收款和付款业务时,在输入收款凭证和付款凭证的当天必须打印出库存现金日记账和银行存款日记账,并与库存现金核对无误。

(9) 不得涂改、刮擦、挖补。账簿登记时,不得涂改、刮擦、挖补,不得用药水消除字迹,也不得重新抄写。

第三节 会计账簿的格式与登记方法

一、日记账的格式与登记方法

日记账是按照经济业务发生或完成的时间先后顺序逐日逐笔进行登记的账簿。设置日记账的目的,是为了使经济业务的时间顺序清晰地反映在账簿记录中。日记账按其所核算和监督经济业务的范围,可分为普通日记账和特种日记账。在我国,大多数单位一般只设置库存现金日记账和银行存款日记账。

(一)库存现金日记账的格式与登记方法

库存现金日记账是用来核算和监督库存现金日常收付和结存情况的序时账簿。为及时掌握库存现金的收支结存情况,加强货币资金管理,每个单位都要设置库存现金日记账。库存现金日记账的格式,主要有三栏式和多栏式两种。无论采用三栏式还是多栏式,库存现金日记账都必须使用订本账。

1. 三栏式库存现金日记账

三栏式库存现金日记账是用来登记库存现金的增减变动及其结果的日记账。设借方、贷方、余额三个金额栏目,一般将其分别称为收入、支出、结余三个基本栏目。

三栏式库存现金日记账是由出纳人员根据库存现金收款凭证、库存现金付款凭证以及银行存款的付款凭证,按照库存现金收付款业务和银行存款付款业务发生的时间先后顺序逐日逐笔登记。只设通用记账凭证的企业,根据通用记账凭证中涉及现金收付业务的凭证登记。每日终了应结计当日收入数、付出数和结存数。根据以下公式,逐日结出现金余额:

$$上日余额 + 本日收入 - 本日支出 = 本日余额$$

库存现金日记账的结存数应逐日与库存现金进行核对,检查每日现金收付是否有误。除此以外,库存现金日记账的结存数还应当与总分类账中库存现金账户的余额进行核对。三栏式库存现金日记账的格式和登记方法,如表8-1所示。

表8-1 库存现金日记账

年		凭证号数	摘 要	对方账户	收入	付出	结余
月	日						
5	1		月初余额				400
	2		从银行提取现金	银行存款	10 200		10 600
	4		支付零工工资	应付职工薪酬		10 200	400
			……				

2. 多栏式库存现金日记账

多栏式库存现金日记账是在三栏式库存现金日记账的基础上发展起来的。这种日记账的借方(收入)和贷方(支出)金额栏都按对方科目设专栏,也就是按收入的来源和支出的用途设专栏。

借、贷方分设的多栏式库存现金日记账的登记方法是:先根据有关现金收入业务的记账凭证登记现金收入日记账,根据有关现金支出业务的记账凭证登记现金支出日记账,每日营业终了,根据现金支出日记账结计的支出合计数,转入现金收入日记账的"支出合计"栏中,并结出当日余额。

这种格式在月末结账时,可以结出各收入来源专栏和支出用途专栏的合计数,便于对现金收支的合理性、合法性进行审核分析,便于检查财务收支计划的执行情况,其全月发生额还可以作为登记总账的依据。

(二) 银行存款日记账的格式与登记方法

银行存款日记账是用来核算和监督银行存款每日的收入、支出和结余情况的账簿。银行存款日记账应按企业在银行开立的账户和币种分别设置,每个银行账户设置一本日记账。由出纳员根据与银行存款收付业务有关的记账凭证,按照时间先后顺序逐日逐笔进行登记。根据银行存款收款凭证和有关的库存现金付款凭证登记银行存款收入栏,根据银行存款付款凭证登记其支出栏。在只设通用记账凭证的企业,根据通用记账凭证中涉及的银行存款收付业务的凭证登记。每日终了,应结出存款余额。

银行存款日记账的格式和登记方法,如表 8-2 所示。

表 8-2 银行存款日记账

××年		凭证号数	摘 要	对方账户	收入	付出	结余
月	日						
5	1		月初余额				80 000
	2		提现,准备发零工工资	库存现金		10 200	69 800
	3		收回应收账款	应收账款	8 200		78 000
	4		归还短期借款	短期借款		44 000	34 000
	5		支付生产车间水费	制造费用		6 000	28 000
			……				

二、总分类账的格式和登记方法

(一) 总分类账的格式

总分类账是指按照总分类账户分类登记以提供总括会计信息的账簿。总分类账最常用的格式为三栏式,设有借方(借方发生额)、贷方(贷方发生额)和余额三个金额栏目。

(二) 总分类账的登记方法

总分类账的登记方法因登记的依据不同而有所不同。经济业务少的小型单位的总分类账可以根据记账凭证逐笔登记;经济业务多的大中型单位的总分类账可以根据记账凭证汇总表(又称科目汇总表)或汇总记账凭证等定期登记。

三栏式总账的格式和登记方法,如表 8-3 所示。

表8-3 材料总分类账

××年		凭证		摘要	借方	贷方	借或贷	余额
月	日	种类	号数					
5	1			月初余额			借	120 000
	2			购入	20 000		借	140 000
	3			发出领用		11 000	借	129 000
	…			……	…	…		
	31			本月合计	40 000	44 000		
	31			月末余额			借	116 000

三、明细分类账的格式和登记方法

明细分类账是根据有关明细分类账户设置并登记的账簿。它能提供交易或事项比较详细、具体的核算资料，以补充总账所提供核算资料的不足。因此，各企业单位在设置总账的同时，还应设置必要的明细账。明细分类账一般采用活页式账簿、卡片式账簿。明细分类账一般根据记账凭证和相应的原始凭证来登记。

根据各种明细分类账所记录经济业务的特点，明细分类账的常用格式主要有三栏式、多栏式、数量金额式和横线登记式（或称平行式）四种。

（一）三栏式

三栏式账簿是账页设有借方、贷方和余额三个栏目，用以分类核算各项经济业务，提供详细核算资料的账簿，其格式与三栏式总账格式相同。

三栏式明细账适用于只进行金额核算的资本、债权、债务等的明细核算，如应收账款、其他应收款、应付账款、其他应付款、实收资本等。其格式与总分类账格式完全相同，见表8-4。

表8-4 其他应收款明细账

二级科目或明细科目：张明

××年		凭证		摘要	借方	贷方	借或贷	余额
月	日	种类	号数					
5	1			月初余额			借	4 000
	12			报销北京差旅费		3 500	借	500
	20			报销市内交通费		500	平	0
	31			本月发生额		4 000		

（二）多栏式

多栏式账簿是账页将属于同一个总账科目的各个明细科目合并在一张账页上进行登

记,即在这种格式账页的借方或贷方金额栏内按照明细项目设若干专栏。这种格式适用于收入、成本、费用类科目的明细核算。多栏式明细分类账的格式和登记,如表8-5所示。

表8-5 生产成本明细账

上月投产: 10件
本月投产: 90件
本月入库: 100件

产品名称:甲产品

××年		凭证		摘 要	合计	成本项目		
月	日	种类	号数			原材料	职工薪酬	制造费用
4	1			月初余额	11 000	6 000	3 400	1 600
	30			本月领用材料	14 250	14 250		
	30			生产工人工资	6 500		6 500	
	30			职工福利费	910		910	
	30			本月制造费用	2 450			2 450
	30			生产费用合计	35 110	20 250	10 810	4 050
	30			产品入库(100)件	-35 110	-20 250	-10 810	-4 050
				单位成本	351.10	202.50	108.10	40.50
				期末余额	0			

(三) 数量金额式

数量金额式账页适用于既要进行金额核算又要进行数量核算的账户,如原材料、库存商品等存货账户,其借方(收入)、贷方(发出)和余额(结存)都分别设有数量、单价和金额三个专栏。这种账簿的特点是既能提供货币指标,又能提供实物数量指标,故叫作数量金额式明细账。格式如表8-6所示。

表8-6 材料明细账

二级科目:
材料名称:甲材料
材料规格:

计量单位:kg
最高储量:
最低储量:

××年		摘 要	收入			发出			结存		
月	日		数量	单价	金额	数量	单价	金额	数量	单价	金额
5	1	月初余额							500	2	1 000
	10	车间领用				100	2	200	400	2	800
	12	购入	1 000	2	2 000				1 400	2	2 800
	15	车间领用				500	2	1 000	900	2	1 800
	18	车间领用				100	2	200	800	2	1 600
	……		…								…
		月结合计	4 000	2	8 000	3 600	2	7 200	900	2	1 800

数量金额式账页提供了企业有关财产物资数量和金额收、发、存的详细资料,从而能够加强财产物资的实物管理和使用监督,保证这些财产物资的安全完整。

（四）横线登记式

横线登记式账页是采用横线登记，即将每一相关的业务登记在一行，从而可依据每一行各个栏目的登记是否齐全来判断该项业务的进展情况。这种格式的明细账适用于登记材料采购、在途物资、应收票据和一次性备用金业务。

四、总分类账户与明细分类账户的平行登记

（一）总分类账户与明细分类账户的关系

总分类账户是根据一级会计科目开设的，用来记录各项经济业务增减变动及结余情况，提供各种总括数据资料的账户。在记录经济业务时，它一般只用货币量度。明细分类账户是根据一级会计科目所属的明细会计科目开设的，用来记录某一类经济业务增减变动及结余情况，提供详细、具体资料的账户。在记录经济业务时，明细分类账户除了应用货币量度以外，还常常用到实物量度。

总分类账户是所辖明细分类账户的统驭账户，对所辖明细分类账户起着控制作用；明细分类账户则是总分类账户的从属账户，对其所隶属的总分类账户起着辅助作用。总分类账户提供的总括资料，是明细分类账户提供的明细资料的综合；明细分类账户提供的明细数据资料，则是对总分类账户所提供的总括数据资料的具体化。明细分类账户对有关的总分类账户的核算内容，起着详细补充和说明的作用。

总分类账户及其所辖明细分类账户的核算对象是相同的，它们所提供的核算资料互相补充，只有把两者结合起来，才能既总括又详细地反映同一核算内容。因此，必须进行平行登记。

（二）总分类账户与明细分类账户平行登记的要点

平行登记是指对所发生的每项经济业务都要以会计凭证为依据，一方面记入有关总分类账户，另一方面记入其所辖明细分类账户。

根据总分类账户与明细分类账户的关系，在会计核算中为了便于对账户记录进行核对，保证账户记录的正确性和完整性，满足管理上对总括会计信息和详细会计信息的需求，总分类账户与其所辖明细分类账户必须采用平行登记的方法。

总分类账户与明细分类账户平行登记的要点是：方向相同，期间一致，金额相等。

1. 方向相同

对于发生的每一项经济业务，记入总分类账户和其所辖明细分类账户的方向必须相同。如果总分类账户登记在借方，所辖的明细分类账户也应该登记在借方；相反，如果总分类账户登记在贷方，那么其所辖明细分类账户也应该登记在贷方。

2. 期间一致

对于发生的每一项经济业务，在记入总分类账户和明细分类账户过程中，可以有先有后，但必须在同一会计期间全部登记入账。即一项经济业务发生后，必须在记入总分类账户进行总括登记的同一会计期间，在其所辖明细分类账户进行明细分类登记。

3. 金额相等

对于发生的每一项经济业务，记入总分类账户的金额必须等于其所辖明细分类账户的金额之和。进而，总分类账户本期发生额与其所辖明细分类账户本期发生额合计相等；总分类账户期初余额与其所辖明细分类账户期初余额合计相等；总分类账户期末余额与其所辖明细分类账户期末余额合计相等。

下面以"原材料"账户和"应付账款"账户为例，说明总分类账户与明细分类账户的平行登记的方法。

【例8-1】B公司系增值税一般纳税人，增值税税率13%。20×1年4月1日"原材料"和"应付账款"两个总分类账户及其所属明细分类账户的有关资料如下：

"原材料"总分类账户有借方金额36 000元，其所属明细分类账户余额如下：

名称	重量	单价	金额
A材料	300kg	60元	18 000元
B材料	200kg	90元	18 000元
合计			36 000元

"应付账款"总分类账户有贷方余额38 000元，其所属明细分类账户余额如下：

名称	金额
红光公司	22 000元
科创公司	16 000元
合计	38 000元

该公司4月份发生下列经济业务：

①4月2日，向红光公司购入A材料500kg，单价60元，价款30 000元；B材料300kg，单价90元，价款27 000元，A、B材料价款均为不含税价格。材料已验收入库，发票已到，货款57 000元与增值税7 410元尚未支付。编制会计分录如下：

借：原材料——A材料　　　　　　　　　　　　　30 000
　　　　——B材料　　　　　　　　　　　　　　27 000
　　应交税金——应交增值税（进项税额）　　　　7 410
　　贷：应付账款——红光公司　　　　　　　　　64 410

②4月6日，车间从仓库领用原材料一批，其中A材料700kg，单价60元，计42 000元；B材料300kg，单价90元，计27 000元。编制会计分录如下：

借：生产成本　　　　　　　　　　　　　　　　69 000
　　贷：原材料——A材料　　　　　　　　　　　42 000
　　　　　　——B材料　　　　　　　　　　　　27 000

③4月12日，向科创公司购入材料一批，其中A材料300kg，单价60元，价款18 000元；B材料400kg，单价90元，价款36 000元。材料已验收入库，货款54 000元与增值税7 020元尚未支付。编制会计分录如下：

借：原材料——A材料　　　　　　　　　　　　　18 000
　　　　——B材料　　　　　　　　　　　　　　36 000
　　应交税金——应交增值税（进项税额）　　　　7 020

贷：应付账款——科创公司　　　　　　　　　　　　　　　　　61 020

④4月20日，以银行存款偿还欠红光公司的货款50 000元，偿还欠科创公司的货款46 000元。编制会计分录如下：

借：应付账款——红光公司　　　　　　　　　　　50 000
　　　　　　——科创公司　　　　　　　　　　　46 000
　　贷：银行存款　　　　　　　　　　　　　　　　　　　　96 000

根据上述业务，在"原材料"和"应付账款"的总分类账户及其所辖的明细分类账户中进行平行登记，步骤如下（"应交税金"等账户的记录略）：

①将月初余额分别记入"原材料"和"应付账款"总分类账户及其所辖的明细分类账户，在"原材料"的明细分类账户中，还需要登记各种材料的数量和单价。

②根据经济业务发生的先后次序和编制的会计分录，依次在"原材料"和"应付账款"两个总分类账户和其所辖的明细分类账户中进行平行登记，并计算出各账户的本期发生额和期末余额。

上述业务，在有关的"原材料"和"应付账款"总分类账户和其所辖明细分类账户中的登记结果，如表8-7～表8-12所示。

表8-7　总分类账户

会计科目：原材料

20×1年		凭证号数	摘要	对方科目	借方	贷方	借或贷	余额
月	日							
4	1		月初余额				借	36 000
	2	①	购入	应付账款	57 000		借	93 000
	6	②	生产领用	生产成本		69 000	借	24 000
	12	③	购入	应付账款	54 000		借	78 000
4	31		本月合计		111 000	69 000	借	78 000

表8-8　原材料明细分类账户

明细科目：A材料　　　　　　　　　　　　　　　　　　　　　　　　数量单位：kg

20×1年		凭证号数	摘要	收入			发出			结存		
月	日			数量	单价	金额	数量	单价	金额	数量	单价	金额
4	1		月初余额							300	60	18 000
	2	①	购入	500	60	30 000				800	60	48 000
	6	②	生产领用				700	60	42 000	100	60	6 000
	12	③	购入	300	60	18 000				400	60	24 000
4	31		本月合计	800		48 000	700		42 000	400	60	24 000

表 8-9 原材料明细分类账户

明细科目：B 材料　　　　　　　　　　　　　　　　　　　　　　　　　　数量单位：kg

20×1年		凭证号数	摘要	收入			发出			结存		
月	日			数量	单价	金额	数量	单价	金额	数量	单价	金额
4	1		月初余额							200	90	18 000
	2	①	购入	300	90	27 000				500	90	45 000
	6	②	生产领用				300	90	27 000	200	90	18 000
	12	③	购入	400	90	36 000				600	90	54 000
4	31		本月合计	700		63 000	300		27 000	600	90	54 000

表 8-10 总分类账户

会计科目：应付账款

20×1年		凭证号数	摘要	对方科目	借方	贷方	借或贷	余额
月	日							
4	1		月初余额				贷	38 000
	2	①	购入材料	原材料		64 410	贷	102 410
	12	③	购入材料	原材料		61 020	贷	163 430
	20	④	偿还货款	银行存款	96 000		贷	67 430
4	31		本月合计		96 000	125 430	贷	67 430

表 8-11 应付账款明细分类账

明细科目：红光公司

20×1年		凭证号数	摘要	借方	贷方	借或贷	余额
月	日						
4	1		月初余额			贷	22 000
	2	①	购入材料		64 410	贷	86 410
	20	④	偿还货款	50 000		贷	36 410
4	31		本月合计	50 000	64 410	贷	36 410

表 8-12 应付账款明细分类账

明细科目：科创公司

20×1年		凭证号数	摘要	借方	贷方	借或贷	余额
月	日						
4	1		月初余额			贷	16 000
	12	③	购入材料		61 020	贷	77 020
	20	④	偿还货款	46 000		贷	31 020
4	31		本月合计	46 000	61 020	贷	31 020

可以看出，在平行登记下，"原材料"和"应付账款"总分类账户的期初余额、本期

借方发生额、本期贷方发生额以及期末余额，都分别与其所辖的明细分类账户的期初余额之和、本期借方发生额之和、本期贷方发生额之和以及期末余额之和相等。总分类账户对明细分类账户的统驭作用，明细分类账户对总分类账户的补充作用一目了然。

由于总分类账户与其所辖明细分类账户的本期发生额之和及余额之和的必然相等关系，期末，可对总分类账户和其所辖的明细分类账户进行核对和检查，以便发现和纠正错误。这种核对，是通过编制"总分类账户与明细分类账户发生额及余额对照表"进行的。

【例8-2】承上例。B公司20×1年4月"原材料"和"应付账款"两个总分类账户与其所辖明细分类账户的对照情况如表8-13所示。

表8-13 总分类账户与明细分类账户发生额及余额对照表
20×1年4月

会计科目	期初余额		本期发生额		期末余额	
	借方	贷方	借方	贷方	借方	贷方
原材料	36 000		111 000	69 000	78 000	
A材料	18 000		48 000	42 000	24 000	
B材料	18 000		63 000	27 000	54 000	
应付账款		38 000	96 000	125 430		67 430
红光公司		22 000	50 000	64 410		36 410
科创公司		16 000	46 000	61 020		31 020

从表8-13可以看出，"原材料"总分类账户的期初余额36 000元，等于"A材料"期初余额18 000元加上"B材料"的期初余额18 000元；本期借方发生额111 000元，等于"A材料"借方发生额48 000元加上"B材料"借方发生额63 000元；本期贷方发生额69 000元，也等于"A材料"的贷方发生额42 000元与"B材料"的贷方发生额27 000元之和；期末余额78 000元，等于"A材料"期末余额24 000元与"B材料"期末余额54 000元之和。同样，"应付账款"总分类账户与其所辖明细分类账户的期初余额、本期借方、贷方发生额和期末余额之和也分别相等。通过这样的相互核对，可以确定上述账户登记是正确的。

第四节 对账与结账

一、对账

（一）对账的概念

对账就是核对账目，是对账簿记录所进行的核对工作。

经过一定时期的会计账务处理，在会计期间末了，对有关账簿的记录进行核对，以保证账簿记录正确性的过程，是会计核算必不可少的阶段，是与记账同等重要的工作，应当重视，认真做好。各企业单位应定期对会计账簿记录的有关数字与库存实物、货币资金、有价证券、往来单位或者个人等进行相互核对，保证账证相符、账账相符、账实相符。对账工作每年至少进行一次。

（二）对账的内容

对账一般可以分为账证核对、账账核对和账实核对。

1. 账证核对

账簿是根据经过审核之后的会计凭证登记的，但实际工作中仍有可能发生账证不符的情况。记账后，应将账簿记录与会计凭证核对，核对账簿记录与原始凭证、记账凭证的时间、凭证字号、内容、金额等是否一致，记账方向是否相符，确保账证相符。

账证核对一般是在日常编制凭证和记账过程中进行的，是检查所记账科目是否正确的重要步骤，也是追查会计记录正确与否的最终途径。

会计期末，如果发现账账不符时，也可以再将账簿记录与有关会计凭证核对，以保证账证相符。

2. 账账核对

账账核对是指核对不同会计账簿之间的账簿记录是否相符，包括：

（1）总分类账簿之间的核对。即总分类账簿有关账户之间的余额核对。总分类账各账户的借方期末余额合计与贷方期末余额合计数应相等。

（2）总分类账簿与其所辖明细分类账簿之间的核对。即总分类账簿的借、贷方本期发生额和期末余额与其所辖明细分类账借、贷方本期发生额和期末余额之和应核对相等。

（3）总分类账簿与序时账簿之间的核对。即库存现金日记账和银行存款日记账期末余额应与总分类账的库存现金、银行存款期末余额核对相符。

（4）明细分类账簿之间的核对。如会计部门财产物资明细分类账期末余额与财产物资保管和使用部门的有关财产物资明细分类账期末余额应核对相符。

3. 账实核对

账实核对是指各项财产物资、债权债务等账面余额与实有数额之间的核对。

账实核对的内容主要包括：

（1）库存现金日记账账面余额与库存现金实际库存数逐日核对是否相符。库存现金日记账账面余额应每天同现金实际库存数相核对。不准以借条抵充现金或挪用现金，做到日清月结。

（2）银行存款日记账账面余额与银行对账单的余额定期核对是否相符。银行存款日记账的账面余额应同开户银行寄送企业的银行对账单相核对，一般至少每月核对一次。

（3）各项财物明细账账面余额与财产物资的实有数额定期核对是否相符。如"材料""产成品""固定资产"等财产物资明细分类账的账面余额，应与其实有数量相核对。

（4）有关债权债务明细账账面余额与对方单位的账面记录核对是否相符。各项应收款、应付款、银行借款等结算款项，以及上交税金等，应定期寄送对账单同有关单位进行核算。

在对账中若发现账证、账账、账实不符，应及时查明原因进行处理并予以更正。

二、结账

(一) 结账的概念

结账是一项将账簿记录定期结算清楚的账务处理工作,即结出每个账户的本期发生额和余额,并转记到下期的过程。

在一定时期结束时(如月末、季末或年末),为了编制财务报表,需要进行结账,具体包括月结、季结和年结。

结账的内容通常包括两个方面:一是结清各种损益类账户,并据以计算确定本期利润;二是结出资产、负债和所有者权益账户的本期发生额合计和期末余额。

(二) 结账程序

① 各项经济业务全部入账。结账前,将本期发生的经济业务全部登记入账,并保证其正确性。结账时,应当结出每个账户的期末余额。年度终了结账时,所有总账账户都应当结出全年发生额和年末余额。

对于发现的记账错误,应采用适当的方法进行更正。

② 调整有关账项。在将本期经济业务全面入账的基础上,根据权责发生制的要求,调整有关账项,合理确定应计入本期的收入和费用。

③ 结平损益账户。将各损益类账户余额全部转入"本年利润"账户,结平所有损益类账户。

④ 余额转入下期。结出资产、负债和所有者权益账户的本期发生额和余额,并转入下期。

上述工作完成后,就可以根据总分类账和明细分类账的本期发生额和期末余额,分别进行试算平衡。结账程序如图 8-2。

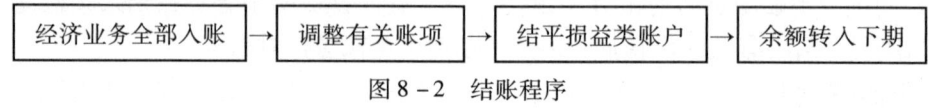

图 8-2 结账程序

(三) 结账方法

结账方法的要点因不同账户而有所不同。

1. 不需要按月结计发生额的账户

对不需要按月结计本期发生额的账户,每次记账以后,都要随时结出余额,每月最后一笔余额是月末余额,即月末余额就是本月最后一笔经济业务记录的同一行内余额。月末结账时,只需要在最后一笔经济业务记录之下通栏划单红线,不需要再次结计余额。

2. 日记账和需要按月结计发生额的账户

库存现金、银行存款日记账和需要按月结计发生额的收入、费用等明细账,每月结账时,要在最后一笔经济业务记录下面通栏划单红线,结出本月发生额和余额,在摘要栏内注明"本月合计"字样,并在下面通栏划单红线。

3. 需结计本年累计发生额的明细账户

对于需要结计本年累计发生额的明细账户,每月结账时,应在"本月合计"行下结出自年初起至本月末止的累计发生额，登记在月份发生额下面，在摘要栏内注明"本年累计"字样，并在下面通栏划单红线。12月末的"本年累计"就是全年累计发生额，全年累计发生额下通栏划双红线。

4. 总账账户

总账账户平时只需结出月末余额。年终结账时，为了总括地反映全年各项资金运动情况的全貌，核对账目，要将所有总账账户结出全年发生额和年末余额，在摘要栏内注明"本年合计"字样，并在合计数下通栏划双红线。

5. 年度终了结账

年度终了结账时，有余额的账户，要将其余额结转下年，并在摘要栏注明"结转下年"字样；在下一会计年度新建有关账户的第一行余额栏内填写上年结转的余额，并在摘要栏注明"上年结转"字样，使年末有余额账户的余额如实地在账户中加以反映，以免混淆有余额的账户和无余额的账户。

第五节　错账查找与更正的方法

一、错账查找方法

账簿记录发生错误，不准涂改、挖补、刮擦或者用药水消除字迹，不准重新抄写，必须按下列方法更正：

1. 差数法

差数法是指按照错账的差数查找错账的方法。例如，本月 A 公司错账差数是10 000元，本期内发生 10 000 元的账有 10 笔，这时应当重复检查这 10 笔 10 000 元的账是否漏记或重记，一般就能找到错账。

2. 尾数法

尾数法是指对于发生的差错只查找末位数，以提高查错效率的方法。这种方法适合于借贷方金额其他位数都一致，而只有末位数出现差错的情况。

3. 除二法

除二法是指以差数除以 2 来查找错账的方法。当某个借方金额错记入贷方（或相反）时，出现错账的差数表现为错误的 2 倍，将此差数用 2 去除，得出的商即是反向的金额。

4. 除九法

除九法是指以差数除以 9 来查找错账的方法。记账中常会发生前后两个数字颠倒、三个数字前后颠倒和数字移位。它们的共同特点是错账差数一定是 9 的倍数和差数，每个数字之和也是 9 的倍数。因此，这类情况均可应用除九法来查找。除九法适用于以下三种情况：

（1）将数字写小。例如，将 2 000 错记为 200，它们的差数为 1 800。1 800 是 9 的倍数，将差数 1 800 用 9 除，得到的商是 200。只要查找 200 这个数字就能查到记账移位的错误。

（2）将数字写大。例如，误将 2 000 错记为 20 000，它们的差数为 18 000。18 000 是 9 的倍数，将差数 18 000 除以 9，得到的商是 2 000。只要查找这个数字 2 000 就能够查到记账移位的错误。

（3）邻数颠倒。例如，将81误记18，则差数是63。63÷9=7，那么错数前后两数之差肯定是7。这样，只要查70、81、92及其各"倒数"就可以找到错误所在。

二、错账更正方法

（一）划线更正法

在结账前发现账簿记录有文字或数字错误，而记账凭证没有错误，采用划线更正法。

用划线更正法更正时，可在错误的文字或数字上划一条红线，在红线的上方填写正确的文字或数字，并由记账及相关人员在更正处盖章，以明确责任。

应当注意的是：更正时，对于错误的数字，应全部划红线更正，不得只更正其中的错误数字。对于文字错误，可只划去错误的部分，并应保持原有字迹仍可辨认，以备查考。如，将4 684.00元误记为6 484.00元，应先在6 484.00上划一条红线以示注销，然后在其上方空白处填写正确的数字，而不能只将前两位数字更正为"46"。而对于文字错误，可只划去错误的部分。

（二）红字更正法

记账后在当年内发现记账凭证所记的会计科目错误，或者会计科目无误而所记金额大于应记金额，从而引起记账错误，采用红字更正法。红字更正，又称红字冲销。在会计上，以红字记录表明对原记录的冲减。红字更正适用于以下两种情况：

（1）应借、应贷会计科目错误，金额正确。记账后发现记账凭证中的应借、应贷会计科目错误，但金额正确，应采用红字更正法。更正的方法是：先用红字填制一张与错误记账凭证内容完全相同的记账凭证，以示注销原记账凭证，并据以红字登记入账，冲销原有错误的账簿记录，然后再用蓝字填制一张正确的记账凭证，据以用蓝字或黑字登记入账。采用红字更正法更正错账时应注意：对于错误的记账凭证，在采用复式记账凭证的情况下，一个科目记账发生错误，也必须根据复式记账原理，将原有错误记账凭证全部冲销，以反映更正原错误凭证的内容，不得只用红字填制更正单个会计科目的单式记账凭证；在采用单式记账凭证的情况下，应只用红字填制更正单个会计科目的单式记账凭证。下面举例说明采用复式记账凭证情况下，更正错账的方法。

【例8-3】A股份公司的管理人员出差预借差旅费4 000元，付给现金。这项经济业务编制的会计分录应为借记"其他应收款"科目，贷记"库存现金"科目，但会计人员在填制记账凭证时，误将"其他应收款"记为"应收账款"并已登记入账。

更正时，先用红字填制一张会计分录与原错误记账凭证相同的记账凭证，并据以用红字登记入账，冲销原有错误的账簿记录：

  借：应收账款   4 000（红字）
    贷：库存现金   4 000（红字）

然后再用蓝字填制一张正确的记账凭证并据以登记入账：

  借：其他应收款   4 000

贷：库存现金　　　　　　　　　　　　　　　　　　　　　　　　　4 000

　（2）应借、应贷会计科目正确，金额多记。记账后发现记账凭证和账簿记录中应借、应贷会计科目无误，只是所记金额大于应记金额所引起的记账错误，采用红字更正法。更正的方法是，将多记的金额用红字填制一张与原错误记账凭证所记录的借贷方向以及应借、应贷会计科目相同的记账凭证，并据以登记入账，以冲销多记金额，求得正确金额。

【例8-4】A股份公司一车间生产产品领用材料400元，在填制记账凭证时，误记金额为4 000元，但会计科目、借贷方向均无错误，其错误记账凭证所反映的会计分录为：

　　借：生产成本　　　　　　　　　　　　　　　　　　　　　　　　　4 000
　　　贷：原材料　　　　　　　　　　　　　　　　　　　　　　　　　　4 000

在更正时，应用红字冲销错记金额3 600元，编制如下记账凭证进行更正：

　　借：生产成本　　　　　　　　　　　　　　　　　　　　　3 600（红字）
　　　贷：原材料　　　　　　　　　　　　　　　　　　　　　　3 600（红字）

根据更正错误的记账凭证以红字金额记账后，即可反映其正确的金额为400元。

（三）补充登记法

记账后发现记账凭证和账簿记录中应借、应贷会计科目无误，只是所记金额小于应记金额时，采用补充登记法。更正的方法是：按少记的金额用蓝字编制一张与原记账凭证应借、应贷科目完全相同的记账凭证，以补充少记的金额，并据以记账。

【例8-5】A股份公司车间领用甲材料40 000元，在填制记账凭证时，误记金额为4 000元，但会计科目、借贷方向均无错误。其错误记账凭证所反映的会计分录为：

　　借：生产成本　　　　　　　　　　　　　　　　　　　　　　　　　4 000
　　　贷：原材料——甲材料　　　　　　　　　　　　　　　　　　　　4 000

在更正时，应用蓝字或黑字编制如下记账凭证进行更正：

　　借：生产成本　　　　　　　　　　　　　　　　　　　　　　　　 36 000
　　　贷：原材料——甲材料　　　　　　　　　　　　　　　　　　　 36 000

根据更正错误的记账凭证以蓝字或黑字记账后，即可反映其正确的金额为40 000元。

如果记账凭证中所记录的文字、金额与账簿记录的文字、金额不符，应首先采用划线法更正，然后用补充登记法更正。

第六节　会计账簿的更换与保管

一、会计账簿的更换

会计账簿的更换通常在新会计年度建账时进行。总账、日记账和多数明细账应每年更换一次，备查账簿可以连续使用。

二、会计账簿的保管

年度终了，各种账户在结转下年、建立新账后，一般应将旧账集中统一管理。会计账簿暂由本单位财务会计部门保管一年，期满后，由本单位财务会计部门编造清册移交本单位档案管理部门保管。

各种账簿应当按照年度分类归档，编造目录，妥善保管。既保证在需要时迅速查阅，又保证各种账簿的安全和完整。保管期满后，还要按照规定的审批程序经批准后才能销毁。

会计账簿是重要的经济档案，是记录企业、事业和机关等单位经济活动的重要历史资料。因此，年终进行结账后，除某些继续使用的明细账外，其余各账簿都应在建立新账以后归档妥善保管，以免丢失，并严防被盗窃。在一般情况下，所有账簿未经会计主管人员许可，不得携带出本单位或借给与本单位工作无关的人员翻阅。更换的旧账应按照会计档案管理办法予以归档。

会计档案的保管要根据我国《会计档案管理办法》规定执行。

根据我国《会计档案管理办法》规定，单位当年形成的会计档案，在会计年度终了后，可由单位会计管理机构临时保管一年，再移交单位档案管理机构保管。因工作需要确需推迟移交的，应当经单位档案管理机构同意。

单位会计管理机构临时保管会计档案最长不超过三年。临时保管期间，会计档案的保管应当符合国家档案管理的有关规定，且出纳人员不得兼管会计档案。

单位会计机构向单位档案部门移交会计档案的程序是：

① 编制移交清册，填写交接清单。
② 在账簿使用日期栏填写移交日期。
③ 交接人员按移交清册和交接清单所列项目核查无误后签章。

移交本单位档案机构保管的会计档案，原则上应当保持原卷册的封装，一般不得拆封。个别需要拆封重新整理的，档案机构应当会同会计机构和经办人员共同拆封整理，以分清责任。

思考与练习

重要概念

会计账簿　结账　对账　分类账簿　序时账簿　订本账簿　备查账簿　平行登记

思考题

1. 什么是会计账簿？有哪些种类，哪些作用？
2. 会计账簿如何更换与保管？登记账簿有何要求？
3. 什么是平行登记？总分类账户与明细分类账户平行登记的要点有哪些？

4. 如何对账？如何结账？记账后发现错误，如何查找和更正？
5. 会计账簿应如何保管？

客观题

一、单项选择题

1. 账簿按用途分类时，"管理费用"明细账应采用（   ）。
   A. 分类账簿　　　　　B. 序时账簿　　　　　C. 卡片式账簿　　　　D. 备查账簿
2. "应收账款""应付账款"账户的明细分类核算，其明细账的账页格式一般是（   ）。
   A. 三栏式　　　　　　B. 多栏式　　　　　　C. 定表格式　　　　　D. 数量金额式
3. 费用明细账比较适合使用的账簿格式是（   ）。
   A. 两栏式账簿　　　　B. 三栏式账簿　　　　C. 多栏式账簿　　　　D. 数量金额式账簿
4. 下列适合采用多栏式明细账格式核算的是（   ）。
   A. 固定资产　　　　　B. 应收账款　　　　　C. 管理费用　　　　　D. 原材料
5. 关于三栏式账簿，以下说法错误的是（   ）。
   A. 三栏式账簿是设有借方、贷方和余额三个基本栏目的账簿
   B. 各种收入、费用类明细账都采用三栏式账簿
   C. 三栏式账簿又分为设对方科目和不设对方科目两种
   D. 设有"对方科目"栏的，称为设对方科目的三栏式账簿
6. 下列明细分类账中，应该采用数量金额式明细分类账的是（   ）。
   A. 原材料明细分类账　　　　　　　　　　B. 应收账款明细分类账
   C. 制造费用明细分类账　　　　　　　　　D. 预提费用明细分类账
7. 下列做法错误的是（   ）。
   A. 库存现金日记账采用三栏式账簿　　　　B. 产成品明细账采用数量金额式账簿
   C. 生产成本明细账采用三栏式账簿　　　　D. 制造费用明细账采用多栏式账簿
8. 卡片式账簿一般适用于下列哪类明细分类账（   ）。
   A. 库存现金　　　　　B. 银行存款　　　　　C. 固定资产　　　　　D. 应收账款
9. 活页式账簿和卡片式账簿主要适用于（   ）。
   A. 特种日记账　　　　B. 普通日记账　　　　C. 总分类账　　　　　D. 明细分类账
10. 实收资本明细账一般采用（   ）。
    A. 三栏式　　　　　　B. 多栏式　　　　　　C. 数量金额式　　　　D. 卡片式
11. 记账后发现记账凭证填写的会计科目无误，只是所登记的金额大于应记金额，应采用的错账更正方法为（   ）。
    A. 涂改法　　　　　　B. 画线更正法　　　　C. 红字更正法　　　　D. 补充登记法
12. 下列会计账簿中，可以跨年度连续使用的是（   ）。
    A. 总账　　　　　　　B. 日记账　　　　　　C. 固定资产卡片账　　D. 费用明细账
13. 最适合用于登记存货的明细账簿是（   ）。
    A. 两栏式账簿　　　　B. 三栏式账簿　　　　C. 多栏式账簿　　　　D. 数量金额式账簿
14. 记账人员根据记账凭证登记完毕账簿后，要在记账凭证上注明已经登账的符号。这主要是为了（   ）。
    A. 明确记账责任　　　B. 避免错行或隔页　　C. 避免重记或漏记　　D. 防止凭证丢失
15. 下列哪项不是总分类账户与明细分类账户的平行登记要点（   ）。
    A. 依据相同　　　　　B. 方向相同　　　　　C. 金额相等　　　　　D. 账簿相同

16. 下列账簿可以采用卡片式账簿的是( )。
    A. 日记总账   B. 固定资产总账
    C. 经营租入固定资产登记簿   D. 固定资产明细账
17. 账簿按( )分为序时账、分类账和备查账。
    A. 用途   B. 经济内容   C. 外表形式   D. 会计要素
18. 对所属的明细分类科目起统驭作用的会计科目是( )。
    A. 三级科目   B. 一级科目   C. 二级科目   D. 明细科目
19. 下列账簿中,必须按照经济业务发生先后顺序逐日逐笔登记的账簿是( )。
    A. 分类账   B. 明细账   C. 序时账   D. 备查账
20. 能够总括反映企业某一类经济业务增减变动的会计账簿是( )。
    A. 总分类账   B. 明细分类账   C. 备查账   D. 序时账
21. 在登记账簿时,如果经济业务发生日期为20×4年11月12日,编制记账凭证日期为11月16日,登记账簿日期为11月17日,则账簿中"日期"栏登记的时间应当为( )。
    A. 11月12日   B. 11月16日
    C. 11月17日   D. 11月16日或11月17日均可
22. 下列方法中,不属于错账的更正方法的是( )。
    A. 顺查法   B. 划线更正法   C. 红字更正法   D. 补充更正法
23. 下列账簿记录情况中,可以用划线更正法更正错误的是( )。
    A. 在结账前发现账簿记录有文字或数字错误,而记账凭证没有错
    B. 登账后发现记账凭证中会计科目发生错误
    C. 登账后发现记账凭证中科目正确但所记金额小于应记金额
    D. 登账后发现记账凭证中应借、应贷方向发生错误
24. 关于账簿形式的选择,错误的是( )。
    A. 企业一般只对库存现金明细账的核算采用活页账
    B. 银行存款日记账应使用订本账
    C. 各种明细分类账可以采用活页账
    D. 总分类账一般使用订本账
25. 在登记账簿过程中,每一账页的最后一行及下一页第一行都要办理转页手续,是为了( )。
    A. 便于查账   B. 防止遗漏   C. 防止隔页   D. 保持记录的连续性
26. 采用补充登记法,是因为( )会导致账簿错误。
    A. 记账凭证上会计科目错误   B. 记账凭证上记账方向错误
    C. 记账凭证上会计科目或记账方向正确,所记金额大于应记金额
    D. 记账凭证上会计科目或记账方向正确,所记金额小于应记金额

二、多项选择题

1. 会计账簿按其用途的不同可以分为( )。
   A. 分类账簿   B. 活页账   C. 备查账簿   D. 数量金额式账簿
2. 会计账簿按其外形特征的不同可以分为( )。
   A. 备查账簿   B. 订本账   C. 活页账簿   D. 数量金额式账簿
3. 下列做法错误的是( )。
   A. 库存现金日记账采用数量金额式账簿   B. 产成品明细账采用数量金额式账簿
   C. 生产成本明细账采用三栏式账簿   D. 制造费用明细账采用多栏式账簿
4. 实际工作中,采用三栏式账页格式的账户有( )。
   A. 总分类账   B. 债权债务明细分类账

C. 存货明细分类账　　　　　　　　　　D. 库存现金日记账

5. 以下属于备查账簿的有(　　)。
A. 租入固定资产登记簿　　　　　　　B. 代销商品登记簿
C. 受托加工材料登记簿　　　　　　　D. 材料采购明细账

6. 下列各项中,一般应采用数量金额式明细账登记的有(　　)。
A. 产成品　　　B. 原材料　　　C. 应收账款　　　D. 固定资产

7. 下列情况中,可以用红色墨水记账的有(　　)。
A. 按照红字冲账的记账凭证,冲销错误记录
B. 在不设借贷等栏的多栏式账页中,登记减少数
C. 在三栏式账簿的余额栏前,如未印明余额方向的,在余额栏内登记负数余额
D. 根据国家统一会计制度的规定可以用红字登记的会计记录

8. 下列对账项目中,属于账实核对的有(　　)。
A. 会计账簿记录与会计凭证核对　　　B. 银行存款日记账与银行对账单核对
C. 总分类账与所属明细分类账簿核对　D. 债权债务明细账与对方单位账簿记录核对

9. 下列关于账簿与账户的关系表述,正确的有(　　)。
A. 账户存在于账簿之中,没有账簿,账户就无法存在
B. 账簿存在于账户之中,没有账户,账簿就无法存在
C. 账户只是一个外在形式,账簿才是它的真实内容
D. 账簿只是一个外在形式,账户才是它的真实内容

10. 对账工作的主要内容包括(　　)。
A. 账证核对　　　B. 账账核对　　　C. 账实核对　　　D. 账表核对

11. 下列说法符合登记会计账簿基本要求的是(　　)。
A. 文字和数字的书写应占格距的1/3
B. 登记后在记账凭证上注明已经登账的符号
C. 冲销错误记录可以用红色墨水　　　D. 使用圆珠笔登账

12. 出纳人员可以登记和保管的账簿是(　　)。
A. 现金日记账　　B. 银行存款日记账　　C. 现金总账　　D. 银行存款总账

13. 现金日记账的登记依据有(　　)。
A. 银行存款收款凭证　　　　　　　　B. 现金收款凭证
C. 现金付款凭证　　　　　　　　　　D. 银行存款付款凭证

14. 账簿启用时,在会计账簿扉页启用表上填列的内容包括(　　)。
A. 账簿名称　　B. 单位名称　　C. 账户名称　　D. 启用日期

15. 关于登记账簿的要求,下列说法正确的是(　　)。
A. 准确完整　　B. 顺序连续登记　　C. 结出余额　　D. 过次承前
E. 不得涂改、刮擦、挖补

16. 下列情况可以用红色墨水记账的有(　　)。
A. 书写错误
B. 按照红字冲账的记账凭证,冲销错误记录
C. 在不设借贷等栏的多栏式账页中,登记减少数
D. 在三栏式账户的余额栏前,如未印明余额方向的,在余额栏内登记负数余额
E. 根据国家会计制度的规定可以用红字登记的会计记录
F. 金额计算错误

17. 下列说法正确的是(　　)。

A. 已经登记入账的记账凭证，在当年内发现填写错误时，直接用蓝字重新填写一张正确记账凭证即可
B. 发现以前年度记账凭证有错误的，可以用红字填写一张与原内容相同的记账凭证，再用蓝字重新填写一张正确的记账凭证
C. 如果会计科目没有错误只是金额错误，也可以将正确数字与错误数字之间的差额，另填制一张调整的记账凭证，调增金额用蓝字，调减金额用红字
D. 发现以前年度记账凭证有错误的，应当用蓝字填制一张更正的记账凭证

18. 其他单位因特殊原因需要使用本单位的原始凭证，正确的做法是(　　)。
A. 可以外借　　　　　　　　　　　　B. 将外借的会计凭证拆封抽出
C. 不得外借，经本单位会计机构负责人、会计主管人员批准，可以复制
D. 将向外单位提供的凭证复印件在专设的登记簿上登记

三、判断题

1. 总分类账和明细分类账都是根据记账凭证登记的。　　　　　　　　　　　(　　)
2. 备查账簿是对某些在日记账和分类账中未能记录的事项进行补充登记的账簿，因此各单位必须设置。　　　　　　　　　　　　　　　　　　　　　　　　　　　　　　　(　　)
3. 总账采用订本式账簿，账页格式为多栏式。　　　　　　　　　　　　　　(　　)
4. 数量金额式明细账适用于明细项目较多，且要求分别列示的成本、费用、收入、利润及利润分配明细账。　　　　　　　　　　　　　　　　　　　　　　　　　　　　　　(　　)
5. 序时账可分为数量金额式、多栏式、活页式账页。　　　　　　　　　　　(　　)
6. 总分类账户是所属明细分类账户的统驭账户，对所属明细分类账户起着控制作用。(　　)
7. 对于明细账的核算，除用货币计量反映经济业务外，必要时还需要用实物计量或劳动计量单位从数量和时间上进行反映，以满足经营管理的需要。　　　　　　　　　　　　(　　)
8. 原材料明细账的每一账页登记完毕结转下页时，可以只将每页末的余额结转次页，不必将本页的发生额结转次页。　　　　　　　　　　　　　　　　　　　　　　　　(　　)
9. 结账是年度终了，为了编制会计报表而进行的一项将账簿记录结算清楚的账务工作。(　　)
10. 会计账簿是指由一定格式账页组成的，以经过审核的会计凭证为依据，全面、系统、连续地记录各项经济业务的簿籍。　　　　　　　　　　　　　　　　　　　　　　(　　)
11. 受托加工来料不必在账簿中登记。　　　　　　　　　　　　　　　　　(　　)
12. 账簿应当按页次顺序连续登记，可以跳行，不得隔页记录。　　　　　　(　　)
13. 企业进行试算平衡时，是根据总分类账和明细分类账的本期发生额进行的。(　　)
14. 为了将本期与下期的会计记录分开，结账时一般划结账线，月结划单红线，年结划双红线。划线只在账页中的金额部分划线。　　　　　　　　　　　　　　　　　　　　(　　)

练习题

习题一

（一）资料：
（1）S公司20×1年8月31日，部分总账及所属明细账余额如下：
原材料（总账，借余）158 000元，其中（明细账）：甲材料50kg，单价1 800元/kg，金额90 000元；乙材料40kg，单价1 200元/kg，金额48 000元；丙材料20kg，单价1 000元/kg，金额20 000元。
应付账款（总账，贷余）29 000元，其中（明细账）：A公司10 000元，B公司19 000元。
（2）9月份有关材料采购、领用和应付账款方面的经济业务如下（为简化核算，暂不考虑增值税）：
①2日，向下列单位采购材料一批，材料已验收入库，货款均尚未支付：

A公司：购入甲材料100kg，单价1 800元/kg，金额180 000元；购入乙材料50kg，单价1 200元/kg，金额60 000元。B公司：购入丙材料40t，单价1 000元/t，金额40 000元。合计280 000元。

②3日，用银行存款归还欠B公司的货款10 000元。

③3日，车间领用下列材料，用于生产产品：甲材料80kg，单价1 800元/kg，金额144 000元；乙材料40kg，单价1 200元/kg，金额48 000元；丙材料20kg，单价1 000元/kg，金额20 000元。合计212 000元。

④14日，向下列单位又购进材料一批，材料已验收入库，货款尚未支付。

A公司：甲材料10kg，单价1800元/kg，金额18 000元；乙材料20kg，单价1 200元/kg，金额24 000元。B公司：丙材料40t，单价1 000元/t，金额40 000元。合计82 000元

⑤15日，向银行借入短期借款280 000元，归还欠A公司货款240 000元及欠B公司货款40 000元。

⑥26日，车间领用丙材料40t，计40 000元，用于生产A产品。

（二）要求：

1. 根据上列资料（1）开设"原材料"和"应付账款"总账账户和所属明细账户，并登记期初余额（可用丁字账格式）。

2. 根据上列资料（2）的各项经济业务编制会计分录，并登记已开设的总账"原材料""应付账款"账户和所属明细账户，并进行结账。

3. 将总账"原材料"和"应付账款"账户的本期发生额和期末余额与其所属明细账户的本期发生额之和以及期末余额之和，核对相符。

习题二

（一）目的：练习三栏式现金日记账和银行存款日记账的登记方法。

（二）资料：红星公司20×5年9月份，"库存现金"借方余额5 200元，"银行存款"借方余额54 000元。9月份发生以下经济业务：（为简化核算，该企业材料采购与销售业务等均暂不考虑增值税）

①9月3日，向银行借入为期6个月的短期借款150 000元，存入银行。

②9月4日，向本市红光公司购进甲材料50t，单价600元/t，货款30 000元。货款已用支票支付，材料已验收入库。

③9月5日，以银行存款24 600元偿还前欠太阳公司货款。

④9月6日，用现金支付4日所购材料的运杂费400元。

⑤9月7日，职工王放出差预借差旅费5 000元，经审核给王放开出现金支票。

⑥9月8日，从银行提取现金30 000元，以备发放职工工资。

⑦9月10日，以现金30 000元发放职工工资。

⑧9月12日，以现金800元支付职工困难补助。

⑨9月15日，销售商品80t，单价400元/t，货款32 000元已收到。

⑩9月18日，用银行存款支付销售商品所发生的费用900元。

⑪9月25日，收到东方公司前欠货款38 000元，存入银行。

⑫9月26日，职工王放出差回来报销差旅费4 900元，余额退回。

⑬9月30日，用银行存款58 000元交纳税金。

（三）要求：

1. 根据资料编制会计分录，并按经济业务的顺序编号。

2. 设置现金日记账和银行存款日记账，登记并结出发生额和余额。

习题三

（一）目的：练习错账的更正方法。

（二）资料：东方公司20×5年8月发生以下错账：

① 8日，管理人员张一出差，预借差旅费3 000元，用现金支付。原编记账凭证的会计分录为：
  借：管理费用   3 000
    贷：库存现金   3 000
并已登记入账。
② 18日，用银行存款支付前欠A公司货款58 000元，原编记账凭证会计分录为：
  借：应付账款——A公司   58 000
    贷：银行存款   58 000
会计人员在登记"应付账款"账户时，将"58 000"元误写为"5 800"。
③ 30日，企业计算本月应交所得税54 000元，原编记账凭证会计分录为：
  借：所得税费用   5 400
    贷：应交税费——应交所得税   5 400
并已登记入账。
（三）要求：
1. 说明以上错账应采用的更正方法；
2. 对错账进行更正。

第九章 账务处理程序

第一节 账务处理程序概述

一、账务处理程序的概念与意义

（一）账务处理程序的概念

账务处理程序，也称会计核算组织程序或会计核算形式，是指会计凭证、会计账簿、会计报表相结合的方式，包括账簿组织和记账程序。

账簿组织是指会计凭证和会计账簿的种类、格式，会计凭证与账簿之间的联系方法。记账程序是指由填制、审核原始凭证到填制、审核记账凭证，登记日记账、明细分类账和总分类账，编制财务报表的工作程序和方法等。

（二）账务处理程序的意义

不同的会计凭证、会计账簿、会计报表的结合方式，就会形成不同的账务处理程序。不同的账务处理程序有不同的方法、特点和适用范围。各单位根据所处行业的性质、生产经营活动的特点、经营规模的大小、经济业务的繁简程度，科学、合理地选择账务处理程序，对于有效地组织会计核算具有重要意义。

（1）有利于规范会计工作，保证会计信息加工过程的严密性，提高会计信息质量。通过选择科学、合理的账务处理程序，确定会计凭证、会计账簿与财务报表之间的联系方式，保证会计信息加工过程的严密性，提高会计信息质量。

（2）有利于保证会计记录的完整性和正确性，增强会计信息的可靠性。通过账务处理程序明确会计工作、会计人员的分工协调，提高账务处理的效率，强化会计人员岗位责任制。通过账务处理程序所确定的会计凭证、会计账簿和会计报表之间的勾稽关系和牵制作用，增强会计信息的真实性和可靠性。

（3）有利于减少不必要的会计核算环节，提高会计工作效率，保证会计信息的及时性。通过井然有序的账务处理程序，可以减少不必要的会计核算环节和手续，避免繁琐的重复劳动，节约人力、物力，提高会计核算工作的效率，保证会计信息的及时性。

二、账务处理程序的种类

在长期的会计工作实践中形成了多种不同的会计核算形式。企业常用的账务处理程序主要有记账凭证账务处理程序、汇总记账凭证账务处理程序和科目汇总表账务处理程序等。它们之间有许多共同点，但也有一些不同之处，主要区别为登记总分类账的依据和方法不同。

1. 记账凭证账务处理程序

记账凭证账务处理程序是指对发生的经济业务，先根据原始凭证或汇总原始凭证填制记账凭证，再直接根据记账凭证登记总分类账的一种账务处理程序。

2. 汇总记账凭证账务处理程序

汇总记账凭证账务处理程序是指先根据原始凭证或汇总原始凭证填制记账凭证，定期根据记账凭证分类编制汇总收款凭证、汇总付款凭证和汇总转账凭证，再根据汇总记账凭证登记总分类账的一种账务处理程序。

3. 科目汇总表账务处理程序

科目汇总表账务处理程序，又称记账凭证汇总表账务处理程序，是根据记账凭证定期编制科目汇总表，再根据科目汇总表登记总分类账的一种账务处理程序。

第二节 记账凭证账务处理程序

一、一般步骤

1. 账簿设置

记账凭证账务处理程序是最基本的账务处理程序。在这种处理程序中，记账凭证可采用通用记账凭证格式，也可以分设收款凭证、付款凭证和转账凭证三种格式。账簿的设置一般包括总分类账、日记账和明细分类账，日记账包括现金日记账和银行存款日记账。总分类账和日记账一般采用三栏式，明细分类账可根据管理上的需要，采用三栏式、多栏式或数量金额式。

2. 一般步骤

记账凭证账务处理程序的一般步骤是：

① 根据原始凭证编制汇总原始凭证。

② 根据原始凭证或汇总原始凭证填制收款凭证、付款凭证和转账凭证，也可以填制通用记账凭证。

③ 根据收款凭证和付款凭证逐笔登记库存现金日记账和银行存款日记账。

④ 根据原始凭证、汇总原始凭证和记账凭证登记各种明细分类账。

⑤ 根据记账凭证逐笔登记总分类账。

⑥ 期末，将库存现金日记账、银行存款日记账和明细分类账的余额与有关总分类账的余额核对相符。

⑦ 期末，根据总分类账和明细分类账的记录，编制财务报表。

记账凭证账务处理程序的一般步骤，如图9-1所示。

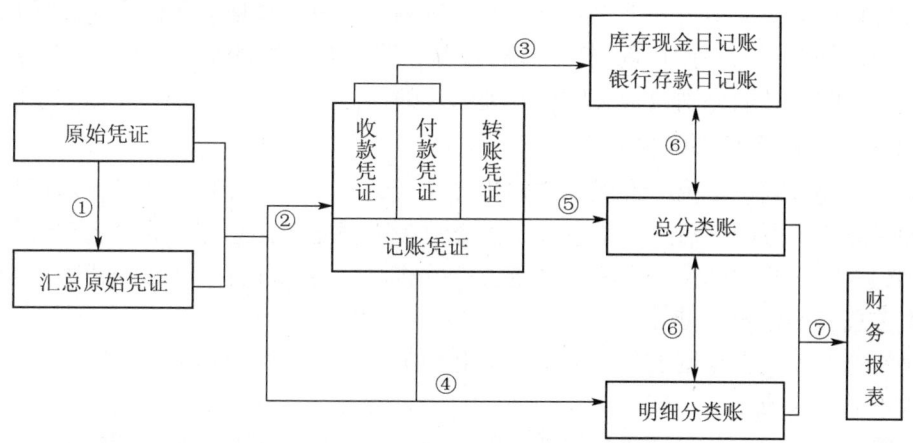

图 9-1　记账凭证账务处理程序

二、记账凭证账务处理程序的评价

1. 特点
记账凭证账务处理程序的特点是，直接根据记账凭证对总分类账进行逐笔登记。

2. 优缺点
记账凭证账务处理程序的优点是，简单明了，易于理解，总分类账可以较详细地反映经济业务的发生情况。缺点是登记总分类账的工作量较大。

3. 适用范围
记账凭证账务处理程序适用于规模较小、经济业务量较少的单位。

第三节　汇总记账凭证账务处理程序

一、汇总记账凭证的编制方法

汇总记账凭证是指对一段时期内同类记账凭证进行定期汇总而编制的记账凭证。由于记账凭证通常分为收款凭证、付款凭证和转账凭证，汇总记账凭证可以分为汇总收款凭证、汇总付款凭证与汇总转账凭证，三种汇总凭证有不同的编制方法。

1. 汇总收款凭证的编制
汇总收款凭证根据"库存现金"和"银行存款"账户的借方进行编制。汇总收款凭证是在对各账户对应的贷方分类之后进行汇总编制。总分类账根据各汇总收款凭证的合计数进行登记，分别记入"库存现金""银行存款"总分类账户的借方，并将汇总收款凭证上各账户贷方的合计数分别记入有关总分类账户的贷方。

2. 汇总付款凭证的编制
汇总付款凭证根据"库存现金"和"银行存款"账户的贷方进行编制。汇总付款凭证是在对各账户对应的借方分类之后进行汇总编制。总分类账根据各汇总付款凭证的合计数进行登记，分别记入"库存现金""银行存款"总分类账户的贷方，并将汇总付款凭证上各账户借方的合计数分别记入有关总分类账户的借方。

3. 汇总转账凭证的编制

汇总转账凭证通常根据所设置账户的贷方进行编制。汇总转账凭证是在对所设置账户相对应的借方账户分类之后进行汇总编制。总分类账根据各汇总转账凭证的合计数进行登记，分别记入对应账户的总分类账户的贷方，并将汇总转账凭证上各账户借方的合计数分别记入有关总分类账户的借方。

值得注意的是，在编制过程中贷方账户必须唯一，借方账户可以一个或多个，即转账凭证必须一借一贷或多借一贷。

如果在一个月内，某一贷方账户的转账凭证不多，可不编制汇总转账凭证，直接根据单个的转账凭证登记总分类账。

二、一般步骤

汇总记账凭证账务处理程序的一般步骤是：

① 根据原始凭证编制汇总原始凭证。
② 根据原始凭证或汇总原始凭证编制收款凭证、付款凭证和转账凭证，也可以填制通用记账凭证。
③ 根据收款凭证、付款凭证逐笔登记库存现金日记账和银行存款日记账。
④ 根据原始凭证、汇总原始凭证和记账凭证登记各种明细分类账。
⑤ 根据各种记账凭证编制有关汇总记账凭证。
⑥ 根据各种汇总记账凭证登记总分类账。
⑦ 期末，将库存现金日记账、银行存款日记账和明细分类账的余额与有关总分类账的余额核对相符。
⑧ 期末，根据总分类账和明细分类账的记录编制财务报表。

汇总记账凭证账务程序的一般步骤如图9-2所示。

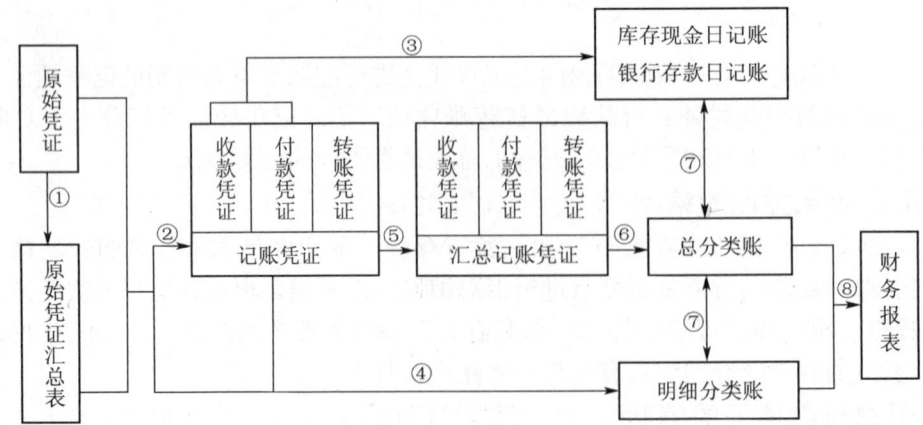

图9-2 汇总记账凭证账务处理程序

三、汇总记账凭证账务处理程序的评价

1. 特点

汇总记账凭证账务处理程序的特点是，先根据记账凭证编制汇总记账凭证，再根据汇总记账凭证登记总分类账。

2. 优缺点

汇总记账凭证账务处理程序的优点是，减少了登记总分类账的工作量，由于按照账户对应关系汇总编制记账凭证，便于了解账户之间的对应关系。缺点是，当转账凭证较多时，编制汇总转账凭证的工作量较大，并且按每一贷方账户编制汇总转账凭证，不利于会计核算的日常分工。

3. 适用范围

汇总记账凭证账务处理程序适用于规模较大、经济业务较多的单位。

第四节 科目汇总表账务处理程序

一、科目汇总表的编制方法

科目汇总表，又称记账凭证汇总表，是企业定期对全部记账凭证进行汇总后，按照不同的会计科目分别列示各账户借方发生额和贷方发生额的一种汇总凭证。

科目汇总表的编制方法是，根据一定时期内的全部记账凭证，按照会计科目进行归类，定期汇总出每一个账户的借方本期发生额和贷方本期发生额，填写在科目汇总表的相关栏内。科目汇总表可每月编制一张，按旬汇总，也可每旬汇总一次编制一张。任何格式的科目汇总表都只反映各个账户的借方本期发生额和贷方本期发生额，不反映各个账户之间的对应关系。

二、一般步骤

科目汇总表账务处理程序的一般步骤是：
① 根据原始凭证编制汇总原始凭证。
② 根据原始凭证或汇总原始凭证填制记账凭证。
③ 根据收款凭证、付款凭证逐笔登记库存现金日记账和银行存款日记账。
④ 根据原始凭证、汇总原始凭证和记账凭证登记各种明细分类账。
⑤ 根据各种记账凭证编制科目汇总表。
⑥ 根据科目汇总表登记总分类账。
⑦ 期末，将库存现金日记账、银行存款日记账和明细分类账的余额同有关总分类账的余额核对相符。

⑧ 期末，根据总分类账和明细分类账的记录编制财务报表。

科目汇总表账务处理程序的步骤，如图 9-3 所示。

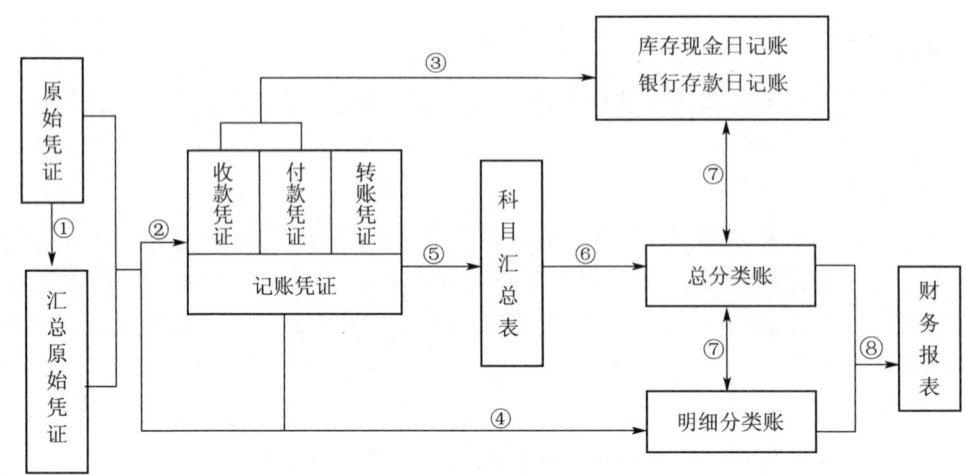

图 9-3 科目汇总表账务处理程序

三、科目汇总表账务处理程序的评价

1. 特点
科目汇总表账务处理程序的特点是，先将所有记账凭证汇总编制成科目汇总表，然后以科目汇总表为依据登记总分类账。

2. 优缺点
科目汇总表账务处理程序的优点是，减少了登记总分类账的工作量，易于理解，方便学习，并可做到试算平衡。缺点是，科目汇总表不能反映各个账户之间的对应关系，不利于对账目进行检查。

3. 适用范围
科目汇总表账务处理程序适用于经济业务较多的单位。

思考与练习

重要概念

账务处理程序　账簿组织　记账程序　记账凭证账务处理程序　汇总记账凭证账务处理程序　科目汇总表账务处理程序

思考题

1. 什么是账务处理程序？合理选择账务处理程序的意义是什么？
2. 简述不同种类账务处理程序的一般步骤和优缺点。

客观题

一、单项选择题

1. 企业会计凭证、会计账簿、财务报表相结合的方式称为( )。
   A. 账簿组织　　　　　B. 账务处理程序　　　C. 记账工作步骤　　　D. 会计组织形式
2. 会计凭证和会计账簿的种类、格式，会计凭证与账簿之间的联系方法称为( )。
   A. 会计程序　　　　　B. 会计组织　　　　　C. 记账程序　　　　　D. 账簿组织
3. 记账凭证账务处理程序的主要特点是( )。
   A. 根据各种记账凭证编制汇总记账凭证　　　B. 根据各种记账凭证逐笔登记总分类账
   C. 根据各种记账凭证编制科目汇总表　　　　D. 根据各种汇总记账凭证登记总分类账
4. 记账凭证账务处理程序的适用范围是( )。
   A. 规模较大、经济业务量较多的单位　　　　B. 采用单式记账的单位
   C. 规模较小、经济业务量较少的单位　　　　D. 会计基础工作薄弱的单位
5. 各种账务处理程序的主要区别是( )。
   A. 登记明细分类账的依据和方法不同　　　　B. 登记总分类账的依据和方法不同
   C. 总账的格式不同　　　　　　　　　　　　D. 编制财务报表的依据不同
6. 直接根据记账凭证逐笔登记总分类账，这种账务处理程序是( )。
   A. 记账凭证账务处理程序　　　　　　　　　B. 科目汇总表账务处理程序
   C. 汇总记账凭证账务处理程序　　　　　　　D. 日记总账账务处理程序
7. 既能汇总登记总分类账，减轻总账登记工作，又能明确反映账户对应关系，便于查账、对账的账务处理程序是( )。
   A. 科目汇总表账务处理程序　　　　　　　　B. 汇总记账凭证账务处理程序
   C. 多栏式日记账账务处理程序　　　　　　　D. 日记总账账务处理程序
8. 科目汇总表账务处理程序的缺点是( )。
   A. 登记总分类账的工作量大　　　　　　　　B. 程序复杂，不易掌握
   C. 不能对发生额进行试算平衡　　　　　　　D. 不便于查账、对账
9. 下列各项中，属于最基本的账务处理程序的是( )。
   A. 记账凭证账务处理程序　　　　　　　　　B. 汇总记账凭证账务处理程序
   C. 科目汇总表账务处理程序　　　　　　　　D. 日记总账账务处理程序
10. 记账凭证账务处理程序的缺点是( )。
    A. 不便于分工记账　　　　　　　　　　　　B. 程序复杂、不易掌握
    C. 不便于查账、对账　　　　　　　　　　　D. 登记总分类账的工作量大
11. 科目汇总表是依据( )编制的。
    A. 记账凭证　　　　　B. 原始凭证　　　　　C. 原始凭证汇总表　　D. 各种总账
12. 以下项目中，属于科目汇总表账务处理程序缺点的是( )。
    A. 增加了会计核算　　　　　　　　　　　　B. 增加了登记总分类账的工作量
    C. 不便于检查核对账目　　　　　　　　　　D. 不便于进行试算平衡
13. 科目汇总表账务处理程序，一般应采用( )记账凭证。
    A. 一借多贷　　　　　B. 多借多贷　　　　　C. 一贷一借　　　　　D. 一贷多借
14. 下列不属于科目汇总表账务处理程序优点的是( )。
    A. 科目汇总表的编制和使用较为简便，易学易做
    B. 可以清晰地反映科目之间的对应关系
    C. 可以大大减少登记总分类账的工作量
    D. 科目汇总表可以起到试算平衡的作用，保证总账登记的正确性
15. 关于记账凭证账务处理程序，下列说法不正确的是( )。
    A. 根据记账凭证逐笔登记总分类账，是最基本的账务处理程序

B. 简单明了，易于理解，总分类账可以较详细地反映经济业务的发生情况
C. 登记总分类账的工作量较大
D. 适用于规模较大、经济业务量较多的单位

16. 下列属于记账凭证核算程序主要缺点的是（　　）。
A. 不能体现账户的对应关系　　　　　　B. 不便于会计合理分工
C. 方法不易掌握　　　　　　　　　　　D. 登记总账的工作量较大

17. 汇总记账凭证是依据（　　）编制的。
A. 记账凭证　　　B. 原始凭证　　　C. 原始凭证汇总表　　　D. 各种总账

18. 在各种账务处理程序下，下列各项不能作为登记明细分类账的依据的是（　　）。
A. 原始凭证　　　B. 记账凭证　　　C. 汇总原始凭证　　　D. 汇总记账凭证

19. 汇总记账凭证账务处理程序的优点是（　　）。
A. 可以做到试算平衡　　　　　　　　　B. 详细反映经济业务的发生情况
C. 可以清晰地反映科目之间的对应关系　　D. 处理程序简单

20. 汇总记账凭证账务处理程序与科目汇总表账务处理程序的相同点是（　　）。
A. 登记总分类账的依据相同　　　　　　B. 可以做到试算平衡
C. 记账凭证的汇总方法相同　　　　　　D. 减轻了登记总分类账的工作量

二、多项选择题

1. 记账凭证账务处理程序的优点有（　　）。
A. 登记总分类账的工作量较小　　　　　B. 账务处理程序简单明了，易于理解
C. 总分类账登记详细，便于查账、对账　　D. 适用于规模大、业务量多的大中型企业

2. 关于科目汇总表账务处理程序，下列说法正确的有（　　）。
A. 科目汇总表账务处理程序可以大大减轻总账的登记工作
B. 科目汇总表账务处理程序可以对发生额进行试算平衡
C. 科目汇总表账务处理程序下，总分类账能明确反映账户的对应关系
D. 科目汇总表账务处理程序适用于规模较大、业务量较多的大中型企业

3. 在不同账务处理程序下，下列各项可以作为登记总分类账依据的有（　　）。
A. 记账凭证　　　B. 科目汇总表　　　C. 汇总记账凭证　　　D. 多栏式日记账

4. 在汇总记账凭证账务处理程序下，会计凭证方面除设置收款凭证、付款凭证、转账凭证外，还应设置（　　）。
A. 科目汇总表　　　B. 汇总收款凭证　　　C. 汇总付款凭证　　　D. 汇总转账凭证

5. 汇总记账凭证账务处理程序的优点有（　　）。
A. 总分类账的登记工作量相对较小　　　B. 便于会计核算的日常分工
C. 便于了解账户之间的对应关系　　　　D. 编制汇总转账凭证的工作量较小

6. 账务处理程序也叫会计核算程序，它是指（　　）相结合的方式。
A. 会计凭证　　　B. 会计账簿　　　C. 会计报表　　　D. 会计科目

7. 以下属于记账凭证账务处理程序优点的有（　　）。
A. 简单明了，易于理解　　　　　　　　B. 总分类账可较详细地记录经济业务发生的情况
C. 便于进行会计科目的试算平衡　　　　D. 减轻了登记总分类账的工作量

8. 下列属于科学、合理地选择适用于本单位的账务处理程序的意义有（　　）。
A. 有利于会计工作程序的规范化　　　　B. 有利于增强会计信息的可靠性
C. 有利于提高会计信息的质量　　　　　D. 有利于保证会计信息的及时性

9. 下列不属于科目汇总表账务处理程序优点的有（　　）。

A. 便于反映各账户间的对应关系　　　　　B. 便于进行试算平衡

C. 便于检查核对账目　　　　　　　　　　D. 简化登记总账的工作量

10. 在各种会计账务处理程序下，登记明细账的依据可能有(　　　)。

A. 原始凭证　　　B. 汇总原始凭证　　　C. 记账凭证　　　D. 汇总记账凭证

11. 以记账凭证为依据，按有关账户的贷方设置，按借方账户归类的有(　　　)。

A. 汇总收款凭证　　B. 汇总转账凭证　　C. 汇总付款凭证　　D. 科目汇总表

12. 各种账务处理程序的相同之处是(　　　)。

A. 根据原始凭证编制汇总原始凭证

B. 根据原始凭证和记账凭证登记明细账

C. 根据收款凭证和付款凭证登记库存现金、银行存款日记账

D. 根据总账和明细账编制会计报表

13. 下列各项中，属于科目汇总表账务处理程序一般程序的有(　　　)。

A. 根据原始凭证编制汇总原始凭证

B. 根据收款凭证、付款凭证逐笔登记库存现金日记账和银行存款日记账

C. 根据原始凭证、汇总原始凭证和记账凭证登记各种明细分类账

D. 根据各种记账凭证编制科目汇总表

14. 在科目汇总表账务处理程序下，记账凭证是(　　　)的依据。

A. 登记明细分类账　　B. 登记总分类账　　C. 编制科目汇总表　　D. 编制会计报表

15. 下列各项属于科目汇总表账务处理程序特点的有(　　　)。

A. 根据记账凭证登记总分类账　　　　　　B. 根据科目汇总表登记总分类账

C. 根据记账凭证定期编制科目汇总表　　　D. 根据记账凭证定期编制汇总记账凭证

16. 在汇总记账凭证账务处理程序下，月末应与总分类账核对的内容有(　　　)。

A. 明细分类账　　B. 会计报表　　C. 银行存款日记账　　D. 记账凭证

三、判断题

1. 记账凭证账务处理程序的特点是直接根据汇总记账凭证逐笔登记总分类账和明细分类账。(　　　)

2. 编制财务报告是企业账务处理程序的组成部分。(　　　)

3. 汇总记账凭证账务处理程序可以简化总账的登记工作，所以适用于规模较大、经济业务较多的大中型企业单位。(　　　)

4. 汇总记账凭证与科目汇总表的汇总方法基本相同。(　　　)

5. 不同账务处理程序之间的主要区别在于登记总账的依据和方法不同。(　　　)

6. 科目汇总表可以采用全部汇总和分类汇总两种汇总方式，但任何格式的科目汇总表都不能反映账户之间的对应关系。(　　　)

7. 采用科目汇总表账务处理程序，总分类账、明细账和日记账均应根据科目汇总表登记。(　　　)

8. 科目汇总表账务处理程序的缺点是不便于查对账目。(　　　)

9. 科目汇总表账务处理程序能科学地反映账户的对应关系，且便于账目核对。(　　　)

10. 库存现金日记账和银行存款日记账不论在何种账务处理程序下，都是根据收款凭证和付款凭证逐日逐笔顺序登记的。(　　　)

11. 汇总记账凭证账务处理程序的缺点在于保持账户之间的对应关系。(　　　)

12. 科目汇总表账务处理程序不能反映各科目的对应关系，不便于查对账目，但汇总记账凭证账务处理程序可以克服科目汇总表账务处理程序的这个缺点。(　　　)

13. 在不同的账务处理程序中,登记总账的依据相同。( )
14. 各种账务处理程序编制会计报表的依据都是相同的。( )
15. 汇总收款凭证和汇总转账凭证都是按借方汇总的。( )
16. 汇总记账凭证账务处理程序就是将各种原始凭证汇总后填制记账凭证,据以登记总分类账的账务处理程序。( )
17. 会计科目、会计凭证、会计账簿之间的结合方式不同,构成不同的账务处理程序。( )
18. 在各种账务处理程序下,其登记库存现金日记账的直接依据都是相同的。( )
19. 汇总记账凭证账务处理程序可以清晰地反映科目之间的对应关系,可以做到试算平衡,保证总分类账登记的正确性。( )

练习题

习题一

(一)目的:采用通用记账凭证处理账务。练习记账凭证账务处理程序。

(二)资料:1. 中远公司采用通用记账凭证处理账务,材料按实际成本核算。20×1年9月初,有关科目的余额如下(单位:元):

会计科目	借方余额	贷方余额
库存现金	600.00	
银行存款	639 600.00	
应收账款	88 700.00	
其中:大发公司	48 700.00	
全顺公司	40 000.00	
其他应收款	680.00	
其中:王云	680.00	
原材料	86 700.00	
其中:甲材料6 000kg	61 500.00	
乙材料4 000kg	25 200.00	
库存商品	510 000.00	
其中:A产品3 000盒	330 000.00	
B产品2 000盒	180 000.00	
固定资产	690 000.00	
累计折旧		206 200.00
短期借款		450 000.00
应付账款		73 000.00
其中:西康公司		73 000.00
应付职工薪酬		86 792.00
应交税费		84 000.00
应付利息		8 288.00
实收资本		862 000.00
盈余公积		109 000.00
本年利润		257 000.00
生产成本	120 000.00	
其中:A产品	78 000.00	
B产品	42 000.00	
合 计	2 136 280.00	2 136 280.00

2. "生产成本"明细账的期初余额为：

品 名	直接材料	直接人工	制造费用	合 计
A产品	34 000	29 000	15 000	78 000
B产品	17 000	16 000	9 000	42 000

3. 中远公司20×1年9月份发生以下经济业务：

① 1日，取得短期借款150 000元，存入银行。

② 2日，购进甲材料2 500kg，单价为10元/kg，计25 000元，增值税税率13%，全部款项已经以银行存款支付。

③ 2日，销售A产品1 200盒，单价为150元/盒，计180 000元，增值税税率13%，全部款项已收回入账。

④ 3日，通过银行发放职工工资70 000元。

⑤ 4日，李明因公出差预借差旅费1 000元，以现金支票付讫。

⑥ 5日，收回大发公司的货款48 700元，存入银行。

⑦ 6日，向全顺公司销售B产品500盒，单价为120元/盒，计60 000元，增值税税率13%，款项尚未收回。

⑧ 6日，从东丰公司购进乙材料2 000kg，单价为6.20元/kg，增值税税率13%，款项尚未支付。

⑨ 7日，以存款支付修理费3 200元，其中：生产车间2 700元，行政管理部门500元（暂不考虑增值税）。

⑩ 8日，以存款3 600元支付广告费用（暂不考虑增值税）。

⑪ 9日，购进甲材料1 500kg，单价为11元/kg，计16 500元，增值税税率13%，全部款项以银行存款支付。

⑫ 10日，结转上述甲、乙材料的实际采购成本。

⑬ 12日，李明出差归来报销差旅费950元，退回剩余现金50元。

⑭ 13日，以银行存款支付前欠西康公司的款项73 000元。

⑮ 14日，以银行存款支付电费2 600元，其中：生产车间1 680元，行政管理部门920元（暂不考虑增值税）。

⑯ 18日，以银行存款购置设备一台，价值30 000元（暂不考虑增值税）。

⑰ 19日，从银行提取现金800元备用。

⑱ 20日，以银行存款支付业务招待费12 000元（暂不考虑增值税）。

⑲ 20日，接银行付息通知，第三季度应付短期借款利息12 800元，企业在7、8月份已预提利息共8 288元，9月份应计利息4 512元。

⑳ 22日，以银行存款购办公用品270元，其中：生产车间120元，行政管理部门150元（不考虑增值税）。

㉑ 25日，以银行存款5 000元对某地区发生的山体滑坡灾难进行捐赠。

㉒ 30日，本月领用材料汇总如下：

部门	甲材料		乙材料		合计（元）
	数量（kg）	金额（元）	数量（kg）	金额（元）	
A 产品	4 272	44 000	3 015	18 900	62 900
B 产品	3 204	33 000	2 010	12 600	45 600
生产车间	854	8 800	805	5 040	13 840
行政管理部门	214	2 200			2 200
合计（元）		88 000		36 540	122 540

㉓ 30 日，计提本月固定资产折旧 7 810 元，其中：生产车间 4 540 元，行政管理部门 3 270 元。

㉔ 30 日，分配本月已发职工工资 70 000 元：生产 A 产品工人工资 36 000 元，生产 B 产品工人工资 24 000 元，车间管理人员工资 4 000 元，行政管理人员工资 6 000 元。

㉕ 30 日，据实支付职工医药费、职工困难补助费等福利费：生产车间 A 产品工人 5 040 元，B 产品工人 3 360 元，车间管理人员 560 元，管理部门人员 840 元，共计 9 800 元，已用银行存款支付。

㉖ 30 日，按 A、B 产品的生产工时比例分配结转本月的制造费用，其中：A 产品的生产工时为 7 000 小时，B 产品的生产工时为 3 000 小时，汇集的制造费用为 27 440 元。

㉗ 30 日，结转本月完工产品成本，其中：A 产品全部完工，产量 1 600 盒；B 产品尚未完工。

㉘ 30 日，结转本月销售产品的成本，其中：A 产品的单位生产成本 110 元，B 产品的单位生产成本 90 元。

㉙ 30 日，本月应交的城建税、教育费附加等税费 2 420 元（尚未交纳，在"应交税费"科目中核算）。

㉚ 30 日，结转本期利润（包括收入、成本及各项费用）。

（三）要求：采用通用记账凭证及记账凭证账务处理程序，对中远公司 20×1 年 9 月份的经济业务进行账务处理。提示："制造费用""管理费用""生产成本""主营业务收入"等科目，应采用丁字账的格式并汇总本月发生额（注意期初余额）。

习题二

（一）目的：练习科目汇总表账务处理程序。

（二）资料：同习题一。

（三）要求：按旬编制中远公司 20×1 年 9 月份经济业务的科目汇总表。

习题三

（一）目的：练习根据科目汇总表登记总账的程序。

（二）资料：同习题一、习题二。

（三）要求：根据科目汇总表登记中远公司 20×1 年 9 月份各总账。

第十章 财产清查

第一节 财产清查概述

一、财产清查概念与意义

(一) 财产清查的概念

财产清查是指通过对货币资金、实物资产和往来款项等财产物资进行盘点或核对,确定其实存数,查明账面数与实存数是否相符的一种专门方法。

(二) 财产清查的意义

企业应当建立、健全财产清查制度,对企业的各项财产物资、货币资金以及往来款项等内容进行定期或不定期的清查,加强管理,以保证财产物资的真实性和完整性。具体而言,财产清查的意义主要有:

(1) 保证账实相符,提高会计资料的准确性。通过财产清查,可以查明各项财产的实存数和账面数的差额,以便发现差错的原因和责任,采取措施,寻找减少以至消灭差错的有效办法,保证账实相符和会计信息资料准确可靠。

(2) 切实保障各项财产物资安全完整。通过财产清查,可以查明各项财产物资的保管情况是否良好,有无毁损、短缺、霉变、非法挪用或贪污盗窃等现象的发生,保证账实相符。财产物资如有短缺,要及时分析查明原因,明确责任,采取措施,予以妥善处理,保护企业或事业单位财产安全和完整。

(3) 加速资金周转,提高资金使用效益。通过财产清查,可以查明财产物资有无积压、呆滞、储备过多或不配套等情况,以便采取措施及时利用或处理。这样,不仅可以督促各单位加强财产物资的定额管理,节约储备资金,还可对多余积压物资进行处理,充分挖掘资源潜力,发挥财产物资的应有作用,合理使用资金,加速资金周转。

(4) 促使企业或单位严格执行财经纪律。通过财产清查,检查物资、设备、资金管理情况,核对往来账款,可以查明有无积压、浪费、账实不符、偷税漏税等违反财经纪律和结算制度的情况,以及不合理的债权、债务关系。还可以查明有关财产验收、保管、发出、调拨、报废以及现金出纳、账款结算等手续制度的贯彻执行情况,以便采取措施建立和健全有关财产的管理与核算制度和经济上、财务上的责任制度,促使企业或单位严格执行财经纪律。

(三) 造成账实不符的原因

为了保证账簿记录的正确,应加强会计凭证的日常审核,定期核对账簿记录,做到账证相符、账账相符。但是，仅仅账簿记录正确还不能说明账簿记录内容的真实可靠，因为有很多主观或客观原因致使各项财产的账面数额与实际结存数额出现差异，造成账实不符。实际工作中，造成账实不符的原因一般有以下几个方面：

（1）在财产物资收发和保管过程中发生自然损溢而产生数量或质量上的变化，造成账实不符。

（2）在管理和核算方面由于手续不健全或制度不严密而发生的错收、错付等情况，造成账实不符。

（3）由于计量、检验不准确导致多收多付或少收少付等情况，造成账实不符。

（4）由于管理不善或责任者的过失造成毁损、短缺、漏记、重记和计算不准确等情况，造成账实不符。

（5）由于不法分子营私舞弊、贪污盗窃等行为的存在而造成账实不符。

（6）在结算过程中，由于未达账项的存在而造成的账实不符。

以上造成账实不符的原因，少数是自然因素，是不可能完全避免的，但大部分是人为因素，是可以防止和避免的。在会计工作中，为了查明造成账实不符的具体原因，以便采取相应措施及时加以解决，做到账账相符、账实相符，保证会计资料真实与正确，就必须进行财产清查。

综上所述，财产清查对于保护企业或单位财产物资的安全和完整，保证会计资料的准确可靠、资金的合理使用以及维护财经纪律等方面都有重要的意义。

二、财产清查的种类

（一）按照清查范围分类

财产清查按照范围，可分为全面清查和局部清查。

1. 全面清查

全面清查是指对所有的财产进行全面的盘点和核对。

以企业为例，全面清查的范围一般包括下列各项：

(1) 房屋建筑物、机器设备、运输设备等固定资产。

(2) 原材料、在产品、半成品、产成品、库存商品等流动资产。

(3) 各种低值易耗品。

(4) 各种在途物资。

(5) 库存现金、银行存款、银行借款和各种在途货币资金。

(6) 应收、应付款，预收、预付款等各种往来结算款。

(7) 各种在建工程。

(8) 委托其他单位加工、保管的材料、商品和物资。

(9) 接受其他单位委托加工、保管的各项财产物资。

全面清查一般在每年年终进行。通过清查、核对，保证企业账实相符和年度决算报表真实可靠。另外，企业在结束清算、合并和改变隶属关系时，也应当对上述各种财产进行全面清查。

2. 局部清查

局部清查是指根据需要只对部分财产进行盘点和核对。

由于全面清查工作量大，不便经常进行，所以平时应根据管理上的需要对各种财产物资按其不同性质或不同保管地点进行局部清查。

一般情况下，局部清查的范围包括下列各项：

（1）某些收发频繁，具有流动性或容易短缺、损耗的财产物资，除了年度全面清查之外，还必须经常进行局部的轮流清查或重点抽查。

（2）库存现金，每日终了时应由出纳人员自行盘点一次。

（3）银行存款、银行借款至少每月同银行核对一次。

（4）各种结算款项，在年度中也要同对方核对几次。

（5）个别特殊的、贵重的财产物资，至少要每月盘点一次。

（二）按照清查的时间分类

财产清查按照时间，可分为定期清查和不定期清查两类。

1. 定期清查

定期清查是指在按照预先安排的时间对财产进行的盘点和核对。定期清查一般在年末、季末、月末进行。定期清查，可以是全面清查，也可以是局部清查。

定期清查的对象和范围，一般是全部或部分财产物资、货币资金和往来账款。

2. 不定期清查

不定期清查是指事前不规定清查日期，而是根据特殊需要临时进行的盘点和核对。不定期清查，可以是全面清查，也可以是局部清查，应根据实际需要来确定清查的对象和范围。

不定期清查主要在以下几种情况下进行：

（1）更换财产物资和现金保管人员时。

（2）财产物资由于灾害发生意外损失时。

（3）投资者、有关监管部门对企业进行会计检查时。

（4）需要进行临时性的清产核资工作时。

（三）按照清查的执行系统分类

财产清查按清查的执行系统，可以分为内部清查和外部清查。

1. 内部清查

内部清查是指由本单位内部自行组织清查工作小组所进行的财产清查。大多数财产清查都是内部清查。

2. 外部清查

外部清查是指由上级主管部门、审计机关、司法部门、注册会计师根据国家有关规定或情况需要对本单位所进行的财产清查。一般来讲，进行外部清查时应有本单位相关人员参加。

三、财产清查的一般程序

财产清查既是会计核算的一种专门方法，又是财产物资管理的一项重要制度。企业必须有计划、有组织地进行财产清查。

在编制年度财务会计报告前，应当进行全面财产清查、核实债务。还应当定期将会计账簿记录与实物、款项及有关资料相互核对，保证会计账簿记录与实物及款项的实有数额相符。财产清查的一般程序如下：

① 组建财产清查组织。
② 组织清查人员学习有关政策规定，掌握有关法律、法规和相关业务知识，以提高财产清查工作的质量。
③ 确定清查对象、范围，明确清查任务。
④ 制定清查方案，具体安排清查内容、时间、步骤、方法，以及必要的清查前的准备。
⑤ 清查时本着先清查数量、核对有关账簿记录，后认定质量的原则进行。
⑥ 填制盘存清单。
⑦ 根据盘存清单填制实物、往来账项清查结果报告表。

财产清查的一般程序如图 10-1 所示。

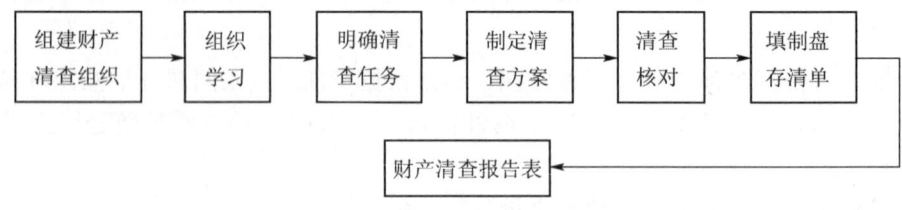

图 10-1　财产清查的一般程序

第二节　财产清查的方法

由于货币资金、实物、往来款项的特点各有不同，财产清查时，应采用与其特点和管理要求相适应的方法。

一、货币资金的清查方法

货币资金主要包括库存现金和银行存款等款项。货币资金清查时，要求货币资金的收、付、存等都符合制度规定和财经纪律的要求。

（一）库存现金的清查

库存现金的清查是采用实地盘点法确定库存现金的实存数，然后再与库存现金日记账的账面余额相核对，确定账实是否相符。

对现金库实际盘点时，盘点前先由出纳员将应登记的收、付款凭证全部登记完毕，计算出结存数额，然后进行实地盘点。为了明确责任，必须由出纳员在场一起清点，点完后交出纳员继续保管。盘点时，除清点实存数额是否与账存数额相符外，还应注意是否有违反国家现金管理规定，以白条抵充现金等错误行为。清点结果应编制"库存现金盘点报告表"。其一般格式见表 10-1。

表 10-1 库存现金盘点报告表

20××年 月 日

实存金额	账存金额	对比结果		备注
		盘盈	盘亏	

盘点人：（签字或盖章） 出纳员：（签字或盖章）

（二）银行存款的清查

银行存款的清查是采用与开户银行核对账目的方法进行的，即将本单位银行存款日记账的账簿记录与开户银行转来的对账单逐笔进行核对，查明银行存款的实有数额。

银行存款清查一般在月末进行。在与开户银行核对账目前，首先要详细检查本单位在一定时期内的存款收入、支用和结存的全部金额，逐笔核对，再与银行核对账目。

1. 银行存款日记账与银行对账单不一致的原因

将截止到清查日所有银行存款的收付业务都登记入账后，对发生的错账、漏账应及时查清更正，再与银行的对账单逐笔核对。如果二者余额相符，通常说明没有错误；如果二者余额不相符，则可能是企业或银行一方或双方记账过程有错误或者存在未达账项。

未达账项，是指企业和银行之间，由于记账时间不一致而发生的一方已经入账，而另一方尚未入账的事项。未达账项使企业的银行存款账面余额与银行账面上的存款余额（即银行对账单上的存款余额）不一致。

未达账项一般分为下列四种情况：

（1）企业已收款记账，银行未收款未记账的款项。
（2）企业已付款记账，银行未付款未记账的款项。
（3）银行已收款记账，企业未收款未记账的款项。
（4）银行已付款记账，企业未付款未记账的款项。

上述（1）、（4）两种情况的存在，会使企业账面存款余额大于银行账面存款余额；出现（2）（3）两种情况，会使企业的账面存款余额小于银行账面存款余额。

上述任何一种未达账项的存在，都会使企业的银行存款日记账的余额与银行开具的对账单的余额不符。所以，在与银行对账时，首先应查明是否存在未达账项，如果存在未达账项，应编制"银行存款余额调节表"，据以调节双方的账面余额，确定企业的银行存款的实有数。

2. 银行存款清查的步骤

银行存款的清查按以下四个步骤进行：

① 根据经济业务、结算凭证的种类、号码和金额等资料逐日逐笔核对银行存款日记账和银行对账单。凡双方都有记录的，用铅笔在金额旁边打上记号"√"。

② 找出未达账项（即银行存款日记账和银行对账单中没有打记号"√"的款项）。

③ 将日记账和对账单的月末余额及找出的未达账项填入"银行存款余额调节表"，并计算出调整后的余额。

④ 将调整平衡的"银行存款余额调节表"经主管会计签章后，呈报开户银行。

"银行存款余额调节表"的编制，是以双方账面余额为基础，各自分别加上对方已收款入账而己方尚未入账的数额，减去对方已付款入账而己方尚未入账的数额。计算公式如下：

企业银行存款日记账余额 + 银行已收企业未收款 − 银行已付企业未付款
= 银行对账单存款余额 + 企业已收银行未收款 − 企业已付银行未付款

【例10-1】甲企业20×1年4月份发生以下事项：

① 于4月30日存入从其他单位收到的转账支票一张计5 000元，银行尚未入账。

② 于4月30日开出转账支票7 000元，现金支票400元，持票人尚未到银行办理转账和取款手续，银行尚未入账。

③ 托收的货款3 000元，银行已收款记账，但收款通知尚未到达企业，企业尚未入账。

④ 已经通过银行支付借款利息125元，银行已记账，而企业尚未收到银行付款通知未记账。

甲企业根据上述未达账项编制的"银行存款余额调节表"如表10-2所示。

表10-2 银行存款余额调节表

存款种类：人民币　　　　　20×1年4月30日

项　　目	金额	项　　目	金额
企业账面存款余额	80 000	银行对账单余额	85 275
加：企业未记的收入		加：银行未记的收入	
托收货款	3 000	存入转账支票	5 000
减：企业未记的支出		减：银行未记的支出	
付借款利息	125	开出转账支票	7 000
		开出现金支票	400
调节后余额	82 875	调节后余额	82 875

双方账目如果没有发生差错，考虑全部未达账项并经调节表调节后，双方账面余额应当相等。若不相等，则说明企业或银行双方登记的账目可能有一方发生差错，因而要及时进一步核对，查明原因，做出正确的处理。对于银行已经入账、企业尚未入账的经济业务，应该在收到有关凭证后再进行账务处理。

3. 银行存款余额调节表的作用

银行存款余额调节表对企业银行存款的安全、完整和企业账簿记录的真实、正确有重

要作用。具体作用有以下方面:

(1) 银行存款余额调节表是一种对账记录或对账工具,不能作为调整账面记录的依据,即不能根据银行存款余额调节表中的未达账项来调整企业银行存款账面余额。未达账项只有在收到有关凭证后才能进行有关的账务处理。

(2) 调节后的余额如果相等,通常说明企业和银行的账面记录没有错误,该余额通常为企业可动用的银行存款实有数额。

(3) 调节后的余额如果不相等,通常说明企业和银行一方或双方记账有误,需进一步追查,查明原因后予以更正和处理。

银行存款的清查方法也适用于银行借款。不过,在对各种银行借款进行清查时,要特别注意借款是否按规定的用途使用,是否按期归还等。

其他货币资金的清查方法与银行存款的清查基本相同。由于货币资金流动性强,涉及业务多,出现错弊的概率高,同时货币资金计量精确,收付手续严格,正常情况下不会出现账实不符的情况。因此,如果发现货币资金账实不符,哪怕只是细微的差错也不得忽略,尤其不能用个人资金抵补短款,以免掩盖货币资金的收付、核算或者管理过程中的错误和漏洞。

二、实物资产的清查方法

实物资产的清查就是对实物资产在数量和质量上所进行的清查。实物资产主要包括固定资产、存货等。

(一) 实物资产清查的准备

实物资产清查的方法,一般是对各项实物进行实地盘点,求得实际数额,再与账面数额进行比较。该项工作是一项繁杂的工作,为迅速而顺利地进行,要做好下面几项准备:

(1) 账务准备。截至清查日,所有财产实物收发的凭证都要全部入账,并结出总账和明细账的余额,认真地进行核对,保证账证、账账之间相互一致。

(2) 实物准备。将准备清查的各项实物整理清楚,存放整齐,分别挂上标签,详细标明其编号、名称、规格和数量。

(3) 度量器具的准备。在清查地点准备好各种必要的度量衡器具,并进行详细的检查,以保证计量的准确性。

(二) 实物资产清查的方法

由于各种实物资产的形态、体积、重量、堆放方式等不尽相同,因而所采用的清查方法也不尽相同。常用的实物资产清查方法主要有实地盘点法和技术推算法。

1. 实地盘点法

实地盘点法,是指在财产物资存放现场逐一清点数量或用计量仪器确定其实存数的一种方法。实地盘点法的适用范围较广。大多数财产物资的清查都可以采用这种方法。

2. 技术推算法

技术推算法,是指利用技术方法推算财产物资实存数的方法。

采用技术推算法,对于财产物资不是逐一清点计数,而是通过量方、计尺等技术手段推算财产物资的结存数量。这种方法一般适用于量大、成堆而价值又不高，难以逐一清点的财产物资的清查。例如，露天堆放的沙石、煤炭等。实物资产质量的检查，可根据不同的物资采用不同的方法。如有的物资采用物理方法，有的物资则采用化学方法检查。

（三）实物资产清查结果的报告

实物盘点时，保管人员必须在场，并参加盘点工作。盘点中除要防止重点、漏点外，还应注意实物质量，对于半成品还要注意检查其是否配套。盘点后，应将盘点结果随即登记在盘点报告表上。“盘点报告表”的一般格式见表10－3。

表10－3　盘点报告表

财产类别：

存放地点：　　　　　　　　　　　盘点时间：　　　　　　　　　　　编号：

编号	名称、规格	单位	数量	单价	金额	备注

盘点人签章：　　　　　　　　　　　　　　　　实物保管人签章：

为了进一步查明盘点结果同账面金额是否一致，还要根据盘存单和账簿记录编制“实存账存对比表”，其一般格式见表10－4。

表10－4　实存账存对比表

20××年　月　日

<table>
<tr><th rowspan="3">№</th><th rowspan="3">名称、规格</th><th colspan="2" rowspan="2">实存</th><th colspan="2" rowspan="2">账存</th><th colspan="4">账存</th><th rowspan="3">备注</th></tr>
<tr><th colspan="2">数量</th><th colspan="2">金额</th></tr>
<tr><th>数量</th><th>金额</th><th>盘盈</th><th>盘亏</th><th>数量</th><th>金额</th><th>数量</th><th>金额</th></tr>
<tr><td></td><td></td><td></td><td></td><td></td><td></td><td></td><td></td><td></td><td></td><td></td></tr>
<tr><td></td><td>合　计</td><td></td><td></td><td></td><td></td><td></td><td></td><td></td><td></td><td></td></tr>
</table>

实物资产清查工作中，“实存账存对比表”是一张非常重要的原始凭证，它是调整账簿、分析差异原因以及查明责任的依据。

对于委托外部加工、保管的材料、商品物资以及在途材料等，在财产清查时应当同有关单位进行核对，查对账实是否相符。

三、往来款项的清查方法

往来款项主要包括应收款项、应付款项和预收、预付款项等。往来款项的清查一般采用发函询证的方法进行核对。

发函询证时，先要编制对账单，派人或发函与对方单位核对往来账项。对账单位按明细账户逐笔抄列，一式两联，其中一联作为回单，对方单位核对相符，应在回单上盖章后退回；如有不符，应在回单上注明原因。若有未达账项，应在收到有关凭证后再进行账务处理。

往来款项清查的目的是,进一步确认债权债务的数额,及时收回应收款,及时偿还应付款,认真处理有争执的款项及坏账损失。

往来款项清查以后,将清查结果编制"往来款项清查报告单",填列各项债权、债务的余额。对于有争执的款项以及无法收回的款项,应在报告单上详细列明情况,以便及时采取措施进行处理,避免或减少坏账损失。

"往来款项清查报告单"的一般格式见表10-5。

表10-5 往来款项清查报告单

20××年 月 日

清查账户		清查结果		核对不符单位及原因分析				
名称	余额	核对相符金额	核对不符金额	核对不符单位	未达账项金额	争执款项金额	无法收回金额	其他

记账员签章: 清查人员签章:

第三节 财产清查结果的处理

一、财产清查结果处理的要求

对于财产清查中发现的问题,如财产物资的盘盈、盘亏、毁损或其他各种损失,应核实情况,调查分析产生的原因,按照国家有关法律法规的规定进行相应的处理。

财产清查结果处理的具体要求是:

(1) 分析产生差异的原因和性质,提出处理建议。在财产清查中确定的清查资料和账簿记录之间的差异,如财产物资盘盈、盘亏和各种损失等,都要认真查明其性质和产生的原因,明确责任,并提出具体的处理建议,按规定程序报请领导处理。

(2) 积极处理多余积压财产,清理往来款项。在清查过程中所发现的多余和不需用的物资,应当订出计划,报请批准后做出积极妥善的处理。对于长期拖欠不清的债权、债务以及发生争执的债权、债务,都应当指定专人限期做好清理工作。

(3) 总结经验教训,建立健全各项管理制度。财产清查的任务之一是发现财产物资管理中的问题,并对有关问题做出认真、严肃的处理。另外,从长远的观点出发,认真总结经验教训,切实提出改进工作的措施,建立和健全一些必要的规章制度,加强财产管理的责任制,逐步提高财产管理水平。这也是财产清查的任务之一。

(4) 及时调整账簿记录,保证账实相符。财产清查发现的差异以及对差异的处理,都应当在账簿上予以反映,必须通过对账簿记录的调整,做到账实相符。对财产清查中所发现的各项差异,在会计上应当分两个步骤进行处理:

① 将已经查明属实的财产盘盈、盘亏和损失应先调整账簿记录,作出会计分录,在

"待处理财产损溢"等账簿上据实反映,使各项财产的账存数同实存数完全一致。

② 按照规定程序报经批准,将各项盘盈、盘亏和损失,分别不同情况进行处理。如果财产清查是在办理决算时进行的,这项差异数字必须在结账前处理完毕,并登记入账。

二、财产清查结果处理的步骤与方法

对于财产清查结果的处理,可分为以下两种情况:

1. 审批之前的处理

根据"清查结果报告表""盘点报告表"等已经查实的数据资料,编制记账凭证,记入有关账簿,使账簿记录与实际盘存数相符。同时根据权限,将处理建议上报股东大会或董事会批准,或报经理(厂长)会议或类似机构批准。

2. 审批之后的处理

企业清查的各种财产损溢,应于期末前查明原因,并根据企业的管理权限,经股东大会或董事会,或经理(厂长)会议或类似机构批准后,在期末结账前处理完毕。企业应严格按照有关部门关于财产物资清查结果的处理意见填制有关记账凭证,登记有关账簿,并追回应由责任者承担的财产损失。

期末结账前,如果企业清查的各种财产的损溢尚未经批准,在对外提供财务报表时,先按上述规定进行处理,并在附注中作出说明;其后批准处理的金额与已处理金额不一致的,应调整财务报表相关项目的年初数。

三、财产清查结果的账务处理

(一)设置"待处理财产损溢"账户

为了反映和监督企业在财产物资清查过程中查明的各种财产物资的盘盈、盘亏、毁损及其处理情况,应设置"待处理财产损溢"账户(但固定资产盘盈和毁损分别通过"以前年度损益调整""固定资产清理"账户核算)。该账户属于双重性质的资产类账户,下设"待处理流动资产损溢"和"待处理非流动资产损溢"两个明细账户进行明细分类核算。

"待处理财产损溢"账户的借方登记财产物资的盘亏数、毁损数和批准转销的财产物资盘盈数;贷方登记财产物资的盘盈数和批准转销的财产物资盘亏及毁损数。企业清查的各种财产的盘盈、盘亏和毁损应在期末结账前处理完毕,所以"待处理财产损溢"账户在期末结账后没有余额。

(二)库存现金清查结果的账务处理

1. 库存现金盘盈的账务处理

库存现金盘盈时,应及时办理库存现金的入账手续,调整库存现金账簿记录,即按盘盈的金额借记"库存现金"科目,贷记"待处理财产损溢——待处理流动资产损溢"

科目。

对于盘盈的库存现金，应及时查明原因，按管理权限报经批准后，按盘盈的金额借记"待处理财产损溢——待处理流动资产损溢"科目，按需要支付或退还他人的金额贷记"其他应付款"科目，按无法查明原因的金额贷记"营业外收入"科目。

【例10-2】甲公司年终进行财产清查，发现库存现金盘盈350元。经查明，系支付张三差旅费时少付款200元，其他150元无法查明原因。处理如下（已取得董事会批准意见）。

① 发现库存现金盘盈350元，上报待批。作会计分录如下：
  借：库存现金   350
    贷：待处理财产损溢——待处理流动资产损溢   350

② 经批准，补付张三200元，无法查明原因的150元记入营业外收入。
  借：待处理财产损溢——待处理流动资产损溢   350
    贷：营业外收入   150
    贷：其他应付款——张三   200

2. 库存现金盘亏的账务处理

库存现金盘亏时，应及时办理盘亏的确认手续，调整库存现金账簿记录。即按盘亏的金额借记"待处理财产损溢——待处理流动资产损溢"科目，贷记"库存现金"科目。

对于盘亏的库存现金，应及时查明原因，按管理权限报经批准后，对于可收回的保险赔偿和过失人赔偿的金额借记"其他应收款"（保险赔偿+过失人赔偿），对于管理不善等原因造成净损失的金额借记"管理费用"（净损失）科目，由于自然灾害等原因造成净损失的金额借记"营业外支出"科目，按原记入"待处理财产损溢——待处理流动资产损溢"科目借方的金额贷记"待处理财产损溢——待处理流动资产损溢"科目。

【例10-3】乙公司年终进行财产清查，发现库存现金盘亏200元。经查明，系出纳支付费用时多付款100元，其他100元无法查明原因。处理如下（已取得董事会批准意见）。

① 发现库存现金盘亏200元，上报待批。
  借：待处理财产损溢——待处理流动资产损溢   200
    贷：库存现金   200

② 批准后，出纳多付的100元由出纳本人赔偿（出纳已经赔偿交回），无法查明原因的100元记入营业外支出。
  借：库存现金   100
  借：营业外支出   100
    贷：待处理财产损溢——待处理流动资产损溢   200

（三）存货清查结果的账务处理

1. 存货盘盈的账务处理

存货盘盈时，应及时办理存货入账手续，调整存货账簿的实存数。盘盈的存货应按其重置成本作为入账价值借记"原材料""库存商品"等科目，贷记"待处理财产损溢——待处理流动资产损溢"科目。

对于盘盈的存货,应及时查明原因,按管理权限报经批准后,冲减管理费用,即按其入账价值,借记"待处理财产损溢——待处理流动资产损溢"科目,贷记"管理费用"科目。

【例10-4】甲公司年终进行财产清查,发现存货账实不符的事项如下(并已取得董事会批准意见)。

① 发现A材料盘盈1 500元。上报待批时处理如下:

  借:原材料——A材料   1 500
    贷:待处理财产损溢——待处理流动资产损溢   1 500

② 经批准,该原材料盘盈冲减管理费用。

  借:待处理财产损溢——待处理流动资产损溢   1 500
    贷:管理费用   1 500

2. 存货盘亏的账务处理

存货盘亏时,应按盘亏的金额借记"待处理财产损溢——待处理流动资产损溢"科目,贷记"原材料""库存商品"等科目。材料、产成品、商品采用计划成本(或售价)核算的,还应同时结转成本差异(或商品进销差价)。涉及增值税的,还应进行相应处理。

对于盘亏的存货,应及时查明原因,按管理权限报经批准后,对于可收回的保险赔偿和过失人赔偿的金额借记"其他应收款"科目,对于管理不善等原因造成净损失的金额借记"管理费用"科目,由于自然灾害等原因造成的净损失借记"营业外支出"科目,按原记入"待处理财产损溢——待处理流动资产损溢"科目借方的金额贷记"待处理财产损溢——待处理流动资产损溢"科目。

【例10-5】乙公司年终进行财产清查,发现存货账实不符的事项如下(并已取得董事会批准意见)。

① G材料盘亏350元,其中属于定额内自然损耗300元,属于保管人员李四失职损失50元。

发现上报时,作会计分录如下:

  借:待处理财产损溢——待处理流动资产损溢   350
    贷:原材料   350

② 根据报经批准后的意见,定额内自然损耗转作企业管理费用,失职损失责成保管员赔偿。

  借:管理费用   300
    其他应收款——李四   50
    贷:待处理财产损溢——待处理流动资产损溢   350

(四)固定资产清查结果的账务处理

1. 固定资产盘盈的账务处理

企业在财产清查过程中盘盈的固定资产,经查明确属企业所有,按管理权限报经批准后,应根据盘存凭证填制固定资产交接凭证,经有关人员签字后送交企业会计部门,填写固定资产卡片账,并作为前期差错处理,通过"以前年度损益调整"科目核算。盘盈的固定资产通常按其重置成本作为入账价值,借记"固定资产"科目,贷记"以前年度损益调整"科目。涉及增值税、所得税和盈余公积的,还应按相关规定处理。

【例10-6】甲公司于20×1年12月31日对企业全部的固定资产进行盘查,盘盈一台8成新的机器设备。该设备同类产品市场价格为200 000元,预计使用年限10年。甲公司用直线法计提折旧,所得税税率25%,企业按净利润的10%计提盈余公积,假设不涉及增值税(或该资产购进时没有抵扣进项税)。已取得董事会批准意见。账务处理如下:

① 发现时填写固定资产卡片入账:

  借:固定资产(市场价格)   200 000
    贷:累计折旧(20万×20%)   40 000
      以前年度损益调整(20万×80%) 160 000

② 调整所得税:

  借:以前年度损益调整(16万×25%)   40 000
    贷:应交税费——应交所得税(16万×25%) 40 000

③ 调整盈余公积:

  借:以前年度损益调整   12 000
    贷:盈余公积——法定盈余公积[(16万-4万)×10%] 12 000

④ 净额转未分配利润(16万-4万-1.2万):

  借:以前年度损益调整   108 000
    贷:利润分配——未分配利润   108 000

2. 固定资产盘亏的账务处理

固定资产盘亏时,应及时办理固定资产注销手续,按盘亏固定资产的账面价值,借记"待处理财产损溢——待处理非流动资产损溢"科目,按已提折旧额借记"累计折旧"科目,按其原价贷记"固定资产"科目。涉及增值税和递延所得税的,还应按相关规定进行处理。

对于盘亏的固定资产,应及时查明原因,按管理权限报经批准后,对于过失人及保险公司应赔偿额,借记"其他应收款"科目,对于盘亏固定资产原价扣除累计折旧和过失人及保险公司赔偿后的差额,借记"营业外支出"科目,按盘亏固定资产的账面价值,贷记"待处理财产损溢——待处理非流动资产损溢"科目。

【例10-7】乙公司年终进行财产清查,发现短缺设备一台,该设备原价26 000元,已提折旧8 000元,经查该项固定资产没有计提减值准备,没有保险公司或过失人赔偿。企业上报董事会批准,并已取得董事会批准意见。

① 发现短缺设备一台,原价26 000元,已提取折旧8 000元。上报持批时:

  借:待处理固定资产损溢——待处理非流动资产损溢 18 000
  借:累计折旧   8 000
    贷:固定资产   26 000

② 经批准,该项固定资产盘亏记入营业外支出。

  借:营业外支出   18 000
    贷:待处理财产损溢——待处理非流动资产损溢 18 000

（五）结算往来款项盘存的账务处理

在财产清查过程中发现的长期未结算的往来款项，应及时清查。对于经查明确实无法支付的应付款项可按规定程序报经批准后，转作营业外收入。

对于无法收回的应收款项应作为坏账损失冲减坏账准备。坏账是指企业无法收回或收回可能性极小的应收款项。由于发生坏账而产生的损失，称为坏账损失。

1. 坏账的账务处理

企业通常应将符合下列条件之一的应收款项确认为坏账：

① 债务人死亡，以其遗产清偿后仍然无法收回。
② 债务人破产，以其破产财产清偿后仍然无法收回。
③ 债务人较长时间内未履行其偿债义务，并有足够的证据表明无法收回或者收回的可能性极小。

企业对有确凿证据表明无法收回的应收款项，经批准后作为坏账损失。

对于已经确认为坏账的应收款项，并不意味着企业放弃了追索权，一旦重新收回，应及时入账。

坏账损失的核算有直接转销法和备抵法两种核算方法。按照我国现行会计制度的要求，我国企业应该采用备抵法核算坏账损失，计提坏账准备金。

（1）直接转销法。是指在实际发生坏账时，将坏账损失直接计入期间费用，同时冲销应收账款。在直接转销法下，不需设置"坏账准备"科目。

【例10-8】 甲企业应收账款中，应收 A 公司的账款为 15 000 元。至年底财产清查时，确认无法收回坏账，应编制会计分录如下：

借：管理费用——坏账损失　　　　　　　　15 000
　　贷：应收账款——A 公司　　　　　　　　　15 000

如果已确认并转销的这部分坏账损失在下年度又收回时，企业应编制如下会计分录：

借：应收账款——A 公司　　　　　　　　　15 000
　　贷：管理费用——坏账损失　　　　　　　　15 000

收到款项时，编制会计分录如下：

借：银行存款　　　　　　　　　　　　　　15 000
　　贷：应收账款——A 公司　　　　　　　　　15 000

直接转销法的优点是账务处理简单、易懂。缺点是它不符合权责发生制，也不符合收入与费用配比的会计原则。在转销坏账损失的前期，对于坏账的情况不做任何处理，从而忽视了坏账损失与赊销业务的联系。由于不关注应收款项的质量，不做处理，可能导致企业发生大量陈账、呆账。由于长年挂账，虚增了企业的利润，也虚增了资产负债表中应收账款的可实现价值。

（2）备抵法。是指在坏账损失实际发生前，企业依据权责发生制的原则估计坏账损失，计入期间费用，同时建立坏账准备金，待实际发生坏账时，冲销已经提取的坏账准备金。在备抵法下，企业需设置"坏账准备"科目。

【例10-9】 望京股份公司应收 G 单位的货款 100 000 元，经查确属无法收回的款项，上年已经计提坏账准备 20 000 元，批准作为坏账损失处理。账务处理如下：

上年计提坏账准备时：
  借：管理费用   20 000
    贷：坏账准备   20 000
本年确认为坏账，批准作为坏账损失处理：
  借：管理费用   80 000
    贷：坏账准备   80 000
  借：坏账准备   100 000
    贷：应收账款   100 000

采用备抵法核算坏账损失，避免了直接转销法的缺点。企业在会计核算过程中遵循谨慎性原则和配比原则的要求，对应收账款提取坏账准备，可以将预计未来不能收回的应收账款作为坏账损失记入期间费用，既保持了成本费用和利润的真实性，避免虚盈实亏，又在一定程度上消除或减少了坏账损失给企业带来的风险。同时，备抵法在会计报表上列示应收账款净额，使企业应收账款可能发生的坏账损失得到及时的反映，从而方便会计信息使用者更加清楚地了解企业真实的财务状况。

2. 应付账款清查结果的处理

由于债权单位撤销或不存在等原因造成的长期应付而无法偿付的款项，经批准予以转销。无法偿付的款项在批准前不做账务处理，即不需通过"待处理财产损溢"账户进行核算，按规定的程序批准后，将应付款项转作"营业外收入"科目。

【例10-10】望京股份公司在财产清查过程中，发现应付某单位的货款34 000元已无法支付，经批准予以转销。

经批准转销时，其会计处理如下：
  借：应付账款   34 000
    贷：营业外收入   34 000

思考与练习

重要概念

财产清查 全面清查 局部清查 内部清查 外部清查 未达账项

思考题

1. 什么是财产清查？为什么要进行财产清查？财产清查的一般程序是什么？
2. 怎样进行货币资金清查、实物资产清查和往来账项的清查？
3. 财产清查结果如何处理？"待处理财产损溢"账户应如何应用？

客观题

一、单项选择题

1. 现金清查中,无法查明原因的长款,应记入( )账户核算。
   A. 其他应付款　　B. 其他应收款　　C. 管理费用　　D. 营业外收入

2. 库存商品因管理不善盘亏,经批准核销时,应借记( )账户。
   A. 管理费用　　B. 营业外支出　　C. 库存商品　　D. 待处理财产损溢

3. 下列各项属于实物资产清查范围的是( )。
   A. 现金　　B. 存货　　C. 有价证券　　D. 应收账款

4. 现金清查中无法查明原因的短款,经批准后计入( )。
   A. 管理费用　　B. 财务费用　　C. 其他应收款　　D. 营业外支出

5. 财产清查是通过实地盘点、查证核对来查明( )是否相符的一种方法。
   A. 账证　　B. 账表　　C. 账实　　D. 账账

6. 以下项目不是财产清查的基本程序的有( )。
   A. 清查前的准备工作　　B. 账项核对和实地盘点
   C. 清查结果处理　　D. 复查报告

7. 在财产清查中填制的"账存实存对比表"是( )。
   A. 调整账面记录的原始凭证　　B. 调整账面记录的记账凭证
   C. 登记总分类账的直接依据　　D. 登记日记账的直接依据

8. 对银行存款所采用的清查方法一般是( )。
   A. 实地盘点法　　B. 对账单　　C. 估算法　　D. 技术推算法

9. 对于发生自然灾害或贪污盗窃受损的财产物资进行财产清查,通常采用( )。
   A. 定期清查　　B. 不定期清查　　C. 集中清查　　D. 分散清查

10. 某企业原材料盘亏,经查明原因,属于定额内损耗。经批准按照规定予以转销时,应编制的会计分录为( )。
    A. 借:待处理财产损溢　　　　B. 借:待处理财产损溢
    　　　贷:原材料　　　　　　　　　　贷:管理费用
    C. 借:管理费用　　　　　　　D. 借:营业外支出
    　　　贷:待处理财产损溢　　　　　　贷:待处理财产损溢

11. 因企业合并而对财产进行清查,就清查范围来说,应属于( )。
    A. 定期清查　　B. 局部清查　　C. 全面清查　　D. 不定期清查

12. 未达账项是指由于会计凭证传递引起的( )。
    A. 双方登记金额不一致的账项　　B. 一方重复记账的账项
    C. 一方已经入账,而另一方尚未登记入账的账项
    D. 双方均尚未入账的账项

13. 企业对财产物资进行全面清查的时间是( )。
    A. 季度终了　　B. 月份终了
    C. 年终决算之前　　D. 经营周期结束之前

14. 对库存现金进行清查时,一般应进行( )。
    A. 账面清查　　B. 实地盘点　　C. 账账核对　　D. 账证核对

15. 现金清查时,在盘点结束后应根据盘点结果,编制( )。
    A. 盘存单　　B. 实存账存对比表　　C. 现金盘点报告表　　D. 对账单

16. 银行存款的清查，就是将（　　）进行核对。
   A. 银行存款日记账和总分类账 B. 银行存款日记账和银行存款收、付款凭证
   C. 银行存款日记账和银行对账单 D. 银行存款总分类账与银行存款收、付款凭证
17. 某企业银行存款日记账余额56 000元，银行已收、企业未收款项10 000元，企业已付银行未付款项2 000元，银行已付、企业未付款项8 000元。调节后的企业银行存款余额是（　　）元。
   A. 58 000 B. 54 000 C. 62 000 D. 56 000
18. 在财产清查中发现盘亏一台设备，其账面原值为80 000元，已提折旧20 000元。则该企业记入"待处理财产损益"账户的金额为（　　）元。
   A. 80 000 B. 20 000 C. 60 000 D. 100 000
19. 单位主要领导离任进行的财产清查，应属于（　　）。
   A. 重点清查 B. 全面清查 C. 局部清查 D. 定期清查
20. 在企业银行双方记账无误的情况下，银行存款日记账与银行对账单余额不一致，是由于有（　　）存在。
   A. 应收账款 B. 应付账款 C. 未达账项 D. 其他货币资金
21. 出纳人员发生变动时，应对其保管的库存现金进行清查。这种财产清查属于（　　）。
   A. 全面清查和定期清查 B. 局部清查和不定期清查
   C. 全面清查和不定期清查 D. 局部清查和定期清查

二、多项选择题

1. 进行局部财产清查时，正确的做法是（　　）。
   A. 现金每月清点一次 B. 银行存款每月至少同银行核对一次
   C. 贵重物品每月盘点一次 D. 债权债务每年至少核对一、二次
2. 下列各项属于实物资产清查范围的是（　　）。
   A. 现金 B. 存货 C. 低值易耗品 D. 应收账款
3. 下列清查事项，属于不定期清查的有（　　）。
   A. 发生意外灾害 B. 清产核资 C. 临时性检查 D. 货币资金的检查
4. 应每月清点一次的财产是（　　）。
   A. 现金 B. 银行存款 C. 应收账款 D. 贵重物品
5. 应记入"待处理财产损溢"账户借方核算的是（　　）。
   A. 盘亏的财产物资数额 B. 盘盈财产物资的转销数额
   C. 盘盈的财产物资数额 D. 盘亏财产物资的转销数额
6. 下列情况需要进行全面财产清查的是（　　）。
   A. 年终决算之前 B. 企业股份制改制前
   C. 进行全面资产评估时 D. 企业合并时
7. 现金清查的内容主要包括（　　）。
   A. 是否有未达账项 B. 是否有白条顶库
   C. 是否超限额留存现金 D. 是否坐支现金
8. 结转盘亏的固定资产时，不能列入"营业外支出"核算的是（　　）。
   A. 固定资产的变价收入 B. 过失人赔偿部分
   C. 已经提取的折旧
   D. 固定资产原价扣除累计折旧、变价收入和赔偿后的差额
9. 财产清查主要解决以下哪几个问题（　　）。
   A. 确定单位财产物资的实存数和债权、债务的实际余额
   B. 查明财产物资的实存数与账面数的差异及其产生的原因

C. 调整账目，达到账实相符
D. 不断发现和解决会计核算和会计管理方面的问题

10. 下列项目采用实地盘点方法的有（　　）。
   A. 现金　　　　　　B. 固定资产　　　　　C. 应收账款　　　　　D. 银行存款

11. 企业对实物资产的清查可以采用的方法有（　　）。
   A. 实地盘点法　　　B. 函证法　　　　　　C. 技术推算法　　　　D. 倒挤法

12. 财产清查，按清查的时间可分为（　　）。
   A. 全面清查　　　　B. 局部清查　　　　　C. 定期清查　　　　　D. 不定期清查

13. 可采用实地盘点法进行清查的是（　　）。
   A. 房屋　　　　　　B. 产成品　　　　　　C. 材料　　　　　　　D. 实收资本

14. 进行不定期财产清查的情况有（　　）。
   A. 更换财产保管员　　　　　　　　　　　B. 非常灾害造成的意外损失
   C. 审计等部门进行的会计检查　　　　　　D. 清产核资时

15. 下列各项属于未达账项的有（　　）。
   A. 企业收到支票存入银行，并已记银行存款增加，银行尚未记账
   B. 银行代企业付水电费，企业尚未入账
   C. 企业开出一张支票支付购料款，并记银行存款减少，银行未接到支票
   D. 银行收到某单位给企业的汇款，已记银行存款增加，企业尚未收到通知

16. 在财产清查结果的账务处理中，经批准计入"营业外支出"的盘亏损失有（　　）。
   A. 固定资产盘亏净损失　　　　　　　　　B. 自然灾害造成的流动资产损失
   C. 坏账损失　　　　　　　　　　　　　　D. 责任事故造成的流动资产损失

17. 财产物资账面结存的方法采用实地盘存制时，平时在账簿中（　　）。
   A. 登记财产物资的增加数　　　　　　　　B. 登记财产物资的减少数
   C. 不登记财产物资的增加数　　　　　　　D. 不登记财产物资的减少数
   E. 结出账面余额

18. 财产清查按清查范围分，可分为（　　）。
   A. 全面清查　　　　B. 局部清查　　　　　C. 定期清查　　　　　D. 不定期清查

19. 对于企业盘亏的固定资产，可作以下处理，记入（　　）账户。
   A. "管理费用"　　　B. "营业外支出"　　　C. "其他应收款"　　　D. "坏账损失"

20. 以下情况可能造成账实不符的有（　　）。
   A. 财产收发计量或检验不准确　　　　　　B. 管理不善
   C. 未达账项　　　　　　　　　　　　　　D. 账簿记录发生差错

21. 往来账项的清查办法不可能是（　　）。
   A. 实地盘点法　　　　　　　　　　　　　B. 发函询证法
   C. 技术推算法　　　　　　　　　　　　　D. 抽查法

22. 发生下列（　　）事项需要对财产进行不定期的局部清查。
   A. 库存现金、财产物资保管人员更换时　　B. 企业变更隶属关系时（全面清查）
   C. 发生非常灾害造成财产物资损失时　　　D. 企业进行清产核资时（全面清查）

23. 企业出现现金短缺，是由于出纳管理不善造成的，批准后不应记入（　　）账户。
   A. 管理费用　　　　　　　　　　　　　　B. 其他应收款
   C. 其他应付款　　　　　　　　　　　　　D. 营业外支出

24. 企业（　　）等均采用原始价值计价标准。
   A. 盘盈固定资产　　B. 确定计提折旧的依据　C. 盘亏固定资产　D. 新购建固定资产计价

三、判断题

1. 定期清查，可以是全面清查，也可以是局部清查。 （   ）
2. 盘盈的固定资产，应按照重置价值减去估计折旧的差额计入营业外收入。 （   ）
3. 不定期清查，可以是全面清查，也可以是局部清查。 （   ）
4. 现金清查中发现长款，如果无法查明原因，经批准应当冲减当期管理费用。 （   ）
5. 财产清查如果账实不符，说明记账肯定出现了差错。 （   ）
6. 盘点实物时，发现其账面数大于实存数，即冲减当期的"管理费用"。 （   ）
7. 财产清查主要是指对企业存货、固定资产等实物资产的清查。 （   ）
8. 在进行财产清查前，会计部门应将所有账目全部登记入账，结出余额，核对清楚，做到账簿记录完整，计算准确，账证相符，账账相符。 （   ）
9. 财产清查不仅包括对实物资产的盘点，也包括对银行存款、往来款项的核对。 （   ）
10. 银行存款余额调节表是用于核对银行存款余额的，因此可以作为记账的依据。 （   ）
11. 企业更换财产或现金管理人员时，应进行定期全面的财产清查。 （   ）
12. 转销已批准处理的财产盘盈数，均应登记在"待处理财产损益"账户的贷方。 （   ）
13. 无法查明原因的库存现金溢余应该冲减当期的"管理费用"。 （   ）
14. 银行存款余额调节表只是为了核对账目，并不能作为调节银行存款账面余额的原始凭证。 （   ）
15. 财产清查中，对于银行存款、各种往来账项至少每月与银行或有关单位核对一次。 （   ）
16. 存货盘亏、损毁的净损失一律记入"管理费用"科目。 （   ）

练习题

习题一

（一）目的：练习银行存款的清查。

（二）资料：A公司20×5年9月底清查银行存款，本月份银行存款账面记录与银行发来的对账单有下列情况：

企业的银行存款账面记录：

① 23日，存入销售货款转账支票18 000元。

② 24日，开出支票，号码1024，支付委托外单位加工费3 400元。

③ 25日，开出支票，号码1025，支付购入材料价款12 524元。

④ 29日，存入销售货款所收转账支票1 120元。

⑤ 29日，开出支票，号码1026，支付购料运输费270元。

⑥ 30日，开出支票，号码1027，支付购燃料费7 800元。

⑦ 30日，银行存款结存余额20 540元。

银行对账单记录：

① 24日，销货转账收入18 000元。

② 26日，代交应付电费2 800元。

③ 27日，支票，号码1024，支付加工费3 400元。

④ 28日，支票，号码1025，支付材料款12 524元。

⑤ 29日，存款利息收入828元。

⑥ 30日，支票，号码1027，支付燃料费7 800元。

⑦ 30日，结存余额17 718元。

（三）要求：1. 查明企业的银行存款账面记录与银行对账单不符的原因。

2. 根据未达账项编制"银行存款余额调节表"，并确定企业月末实际可以动用的银行存款数额。

习题二

（一）目的：练习财产清查的方法和清查结果的处理。

（二）资料：某企业年终进行财产清查，在清查中发现下列事项：

① 原材料的账面资料和清查资料（盘存单）分别见下表：

原材料账面资料

编号	材料规格、名称	单位	单价	结余（20××年12月31日）	
				数量	金额
	甲材料	kg	30	1 200	36 000
	乙材料	kg	25	800	20 000
	丙材料	t	9 000	20	180 000
	丁材料	kg	20	2 700	54 000

××企业材料盘存单

财产类别：原材料

存放地点：3号库　　　　　盘点时间：20××年12月31日　　　　　编号：105423

编号	材料名称	单位	数量	单价	金额	备注
	甲材料	kg	1 120	30	33 600	定额损耗30kg，收发计量差错50kg。
	乙材料	kg	780	25	19 500	保管人员失职造成短缺。
	丙材料	t	19	9 000	17 100	收发计量上的差错。
	丁材料	kg	2 750	20	55 000	代外厂加工剩余50kg

盘点人签章：×××　　　　　　　　　　　　　　　　　　实物保管人签章：×××

② 发现账外机器一台，重置成本4 000元（假设不涉及增值税），所得税25%，盈余公积10%。

③ 发现短缺设备一台，原值4 000元，已提折旧1 600元。

④ 查明其他应收款350元，已无法收回。

⑤ 查明其他应付款1 000元，已无法偿付。

上列盘盈、盘亏和损失，经查原因属实，报请有关部门审核批准，作出处理：

① 账外固定资产，调整以前年度损益。

② 固定资产短缺损失，列作企业营业外支出。

③ 无法收回的款项，转冲坏账准备。

④ 无须偿还的款项，转作营业外收入。

⑤ 材料定额内损耗，作为管理费用处理。

⑥ 材料收发计量上的差错，列入管理费用处理。

⑦ 管理人员失职造成的材料短缺，责成过失人赔偿。

⑧ 代外厂加工剩余，折合价款列入"其他应付款"。

（三）要求：

1. 编制原材料实存账存对照表。
2. 将上列清查结果做成审批前会计分录。
3. 根据报请批准处理的结果做审批后会计分录。

第十一章 财务报表

第一节 财务报表概述

一、财务报表的概念与分类

(一) 财务报表的概念

财务报表是对企业财务状况、经营成果和现金流量的结构性表述。

企业编制财务报表的目的,是向财务报表使用者提供与企业财务状况、经营成果和现金流量等有关的会计信息,反映企业管理层受托责任的履行情况,有助于财务报表使用者作出经济决策。财务报表使用者通常包括投资者、债权人、政府及其有关部门和社会公众等。

财务报表至少应当包括资产负债表、利润表、现金流量表、所有者权益变动表、附注。财务报表的上述组成部分具有同等的重要程度。

资产负债表、利润表和现金流量表分别从不同角度反映企业的财务状况、经营成果和现金流量。资产负债表反映企业在某一特定日期所拥有的资产、需偿还的债务以及股东(投资者)拥有的净资产情况。利润表反映企业在一定会计期间的经营成果,即盈利或亏损的情况,表明企业运用所拥有资产的获利能力。现金流量表反映企业在一定会计期间现金和现金等价物流入和流出的情况。所有者权益变动表反映构成企业所有者权益的各组成部分当期的增减变动情况。企业的净利润及其分配情况是所有者权益变动的组成部分,相关信息已经在所有者权益变动表及其附注中反映,企业不需要再单独编制利润分配表。

附注是财务报表不可或缺的组成部分,是资产负债表、利润表、现金流量表和所有者权益变动表等报表中列示项目的文字描述或明细资料,以及对未能在这些报表中列示项目的说明等。

(二) 财务报表的分类

1. 按编报期间分类

财务报表按其编报期间的不同分为中期财务报表和年度财务报表。

(1) 中期财务报表。包括月报、季报和半年报。月报指每月末编制的财务会计报表;季报指每季末编制的财务会计报表;半年报指每半年末编制的财务会计报表。

(2) 年度财务报表。也称年报,是指每年末编制的财务会计报告,即从每年的1月1日至12月31日一个完整会计期间编制的报表。

月报、季报、半年报,其时间均短于一个完整的会计年度的会计报表期间,因此报表的种类有所侧重;年报则是以一个完整的会计年度的报告期间为基础编制的财务报告,因此年报的报表种类比较齐全。

2. 按编报主体分类

财务报表按其编报主体的不同分为个别财务报表和合并财务报表。

（1）个别财务报表。是指由企业在自身核算基础上对账簿记录进行加工而编制的财务报表。它主要用来反映企业自身的财务状况、经营成果和现金流量状况。

（2）合并财务报表。以母公司和子公司组成的企业集团为会计主体，根据母公司和所属子公司的财务报表，由母公司编制的综合反映企业集团财务状况、经营成果及现金流量的财务报表。

3. 其他分类

财务报表还可以按反映的经济内容分类，按反映资金运动的状态分类。

（1）按反映的经济内容分类。可分为：

①反映财务状况及现金流量的财务会计报告。指用来反映企业在一定会计期末财务状况的报表（如资产负债表），反映企业一定会计报表期内现金流量（流入与流出）及原因的会计报表（如现金流量表）。

②反映经营成果的财务会计报告。指用来反映企业在一定会计报表期收入、费用和最终经营成果的报表（如利润表）。

③反映所有者权益变动的财务会计报表（如所有者权益变动表）。

（2）按反映资金运动的状态分类。可分为：

①静态报表。指反映资金运动处于相对静止状态时的会计报表，它用来反映某一时点企业经营中资产与负债的分布与来源的状况。资产负债表是典型的静态报表。

②动态报表。指反映资金运动显著变动状态的会计报表，它用来反映某一时期资金的投入与退出，以及资金在企业内部周转运动的情况。利润表、现金流量表等都是动态报表。

二、财务报表编制的基本要求

财务报表的编制应当真实可靠，相关可比，全面完整，编报及时，便于理解，符合国家会计准则的有关规定。主要包括：

（1）以持续经营为基础编制。企业应当以持续经营为基础，根据实际发生的交易和事项，按照《企业会计准则——基本会计准则》和其他各项会计准则的规定进行确认和计量，在此基础上编制财务报表。如果以持续经营为基础编制财务报表不再合理，企业应当采用其他基础编制财务报表，并在附注中声明财务报表未以持续经营为基础编制的事实、披露未以持续经营为基础编制的原因和财务报表的编制基础。

（2）按正确的会计基础编制。除现金流量表按照收付实现制原则编制外，企业应当按照权责发生制原则编制财务报表。

（3）至少按年编制财务报表。企业至少应当按年编制财务报表。年度财务报表涵盖的期间短于一年的，应当披露年度财务报表的涵盖期间、短于一年的原因以及报表数据不具可比性的事实。

（4）项目列报遵守重要性原则。重要性，是指在合理预期下，财务报表某项目的省略或错报会影响使用者据此作出经济决策。列报项目应具有重要性。

重要性应当根据企业所处的具体环境，从项目的性质和金额两方面予以判断。且对各项目重要性的判断标准一经确定，不得随意变更。判断项目性质的重要性，应当考虑该项目在性质上是否属于企业日常活动，是否显著影响企业的财务状况、经营成果和现金流量等因素。判断项目金额大小的重要性，应当考虑该项目金额占资产总额、负债总额、所有者权益总额、营业收入总额、营业成本总额、净利润、综合收益总额等直接相关项目金额的比重或所属报表单列项目金额的比重。

性质或功能不同的项目，应当在财务报表中单独列报，但不具有重要性的项目除外。

性质或功能类似的项目，其所属类别具有重要性的，应当按其类别在财务报表中单独列报。

某些项目的重要性程度不足以在资产负债表、利润表、现金流量表或所有者权益变动表中单独列示，但对附注却具有重要性，则应当在附注中单独披露。

《企业会计准则第30号——财务报表列报》规定在财务报表中单独列报的项目，应当单独列报。其他会计准则规定单独列报的项目，应当增加单独列报项目。

（5）保持各个会计期间财务报表项目列报的一致性。财务报表项目的列报应当在各个会计期间保持一致，除会计准则要求改变财务报表项目的列报或企业经营业务的性质发生重大变化后，变更财务报表项目的列报能够提供更可靠、更相关的会计信息外，不得随意变更。

（6）各项目之间的金额不得相互抵销。财务报表中的资产项目和负债项目的金额、收入项目和费用项目的金额、直接计入当期利润的利得项目和损失项目的金额不得相互抵销，但其他会计准则另有规定的除外。

一组类似交易形成的利得和损失应当以净额列示，但具有重要性的除外。

资产或负债项目按扣除备抵项目后的净额列示，不属于抵销。

非日常活动产生的利得和损失，以同一交易形成的收益扣减相关费用后的净额列示更能反映交易实质的，不属于抵销。

（7）至少应当提供所有列报项目上一个可比会计期间的比较数据。当期财务报表的列报，至少应当提供所有列报项目上一个可比会计期间的比较数据，以及与理解当期财务报表相关的说明，但其他会计准则另有规定的除外。

财务报表列报项目发生变更的，应当至少对可比期间的数据按照当期的列报要求进行调整，并在附注中披露调整的原因和性质，以及调整的各项目金额。对可比数据进行调整不切实可行的，应当在附注中披露不能调整的原因。

（8）应当在财务报表的显著位置披露编报企业的名称等重要信息。企业应当在财务报表的显著位置（如表首）至少披露下列各项：

① 编报企业的名称。
② 资产负债表日或财务报表涵盖的会计期间。
③ 人民币金额单位。
④ 财务报表是合并财务报表的，应当予以标明。

三、财务报表编制前的准备工作

在编制财务报表前，需要完成以下工作：

（1）严格审核会计账簿的记录和有关资料。

（2）进行全面财产清查，核实债务，发现有关问题时应及时查明原因，按规定程序报批后进行相应的会计处理。

（3）按规定的结账日结账，结出有关会计账簿的余额和发生额，并核对各会计账簿之间的余额。

（4）检查相关的会计核算是否按照国家统一的会计制度的规定进行。

（5）检查是否存在因会计差错、会计政策变更等原因需要调整前期或本期相关项目的情况等。

第二节 资产负债表

一、资产负债表的概念与作用

（一）资产负债表的概念

资产负债表是反映企业在某一特定日期的财务状况的财务报表。

资产负债表是根据"资产＝负债＋所有者权益"这一会计等式，依照一定的分类标准和编排顺序，将企业特定日期的全部资产、负债和所有者权益项目进行适当分类、汇总、排列后编制而成的。

资产负债表中的数据体现的是特定时刻的状况，因此属于静态报表。

（二）资产负债表的作用

资产负债表的作用主要有：

（1）可以提供某一日期资产的总额及其结构，表明企业拥有或控制的资源及其分布情况。

（2）可以提供某一日期的负债总额及其结构，表明企业未来需要用多少资产或劳务清偿债务以及清偿时间。

（3）可以反映所有者所拥有的权益，据以判断资本保值、增值的情况以及对负债的保障程度。

二、资产负债表的列示要求

（一）资产负债表列报总体要求

1. 分类别列报

资产负债表应当按照资产、负债、所有者权益三大类别分类列报。

（1）资产。资产是指企业过去的交易或者事项形成的，由企业拥有或控制的，预期会给企业带来经济利益的资源。资产一般按照流动资产、非流动资产分类并进一步分项列示。

流动资产是指预计在一个正常营业周期中变现、出售或耗用，主要为交易目的而持有，预计在资产负债表日起一年内（含一年，下同）变现，自资产负债表日起一年内，交换其他资产或清偿负债的能力不受限制的现金或现金等价物。

资产负债表中列示的流动资产项目通常包括货币资金、交易性金融资产、应收票据、应收账款、其他应收款、预付账款、应收利息、应收股利、存货、待摊费用和一年内到期的长期债权投资等。

非流动资产是指流动资产以外的资产，并应按其性质分类列示。资产负债表中列示的非流动资产项目通常包括长期股权投资、固定资产、无形资产、开发支出、长期待摊费用以及其他非流动资产等。其中，固定资产项目又包括固定资产原价、累计折旧、固定资产净值、固定资产减值准备、固定资产净额、工程物资、在建工程和固定资产清理等项目。

（2）负债。负债是指企业过去的交易或者事项形成的，预期会导致经济利益流出企业的现时义务。负债应当按照流动负债和非流动负债在资产负债表中进行列示。

流动负债是指预计在一个正常营业周期中清偿，或者主要为交易目的而持有，或者自资产负债表日起一年内（含一年，下同）到期应予以清偿，或者企业无权自主地将清偿推迟至资产负债表日后一年以上的负债。

资产负债表中列示的流动负债项目包括短期借款、应付票据、应付账款、预收账款、应付职工薪酬、应交税费、应付利息、应付股利、其他应付款、一年内到期的非流动负债和其他流动负债等。

非流动负债是指流动负债以外的负债，并应按其性质分类列示。非流动负债或称长期负债，是指偿还期在一年或者超过一年的一个营业周期以上的负债。非流动负债项目通常包括长期借款、应付债券、长期应付款、专项应付款和其他非流动负债等。

（3）所有者权益。所有者权益是企业资产扣除负债后的剩余权益，反映企业在某一特定日期股东（或投资者）拥有的净资产总额。所有者权益一般按照实收资本、资本公积、盈余公积和未分配利润分项列示。所有者权益的来源包括所有者投入的资本、直接记入所有者权益的利得和损失、留存收益等。

2. 资产和负债按流动性列报

资产和负债应当按流动性分别分为流动资产和非流动资产、流动负债和非流动负债列示。

（1）左方为资产项目。按资产的流动性大小排列，流动性大的资产如"货币资金""交易性金融资产""应收票据""应收账款"等排在前面，流动性小的资产如"持有至到期投资""长期投资""固定资产""无形资产"等排在后面。

（2）右方为负债及所有者权益项目。负债按流动性大小排列，流动性大的如"短期借款""应付票据""应付账款""应付职工薪酬""应交税费"等需要在一年内或者长于一年的一个营业周期内偿还的流动负债排在前面，"长期借款""应付债券"等在一年以上或者长于一年的一个营业周期以上才需偿还的长期负债排在中间，在企业清算之前不需要偿还的所有者权益项目排在最后。

3. 列报相关的合计、总计项目

资产负债表中的资产类至少应当列示流动资产和非流动资产以及资产的合计项目；负债类至少应当列示流动负债、非流动负债以及负债的合计项目；所有者权益类应当列示所有者权益及所有者权益的合计项目。

资产负债表应当分别列示资产总计项目和负债与所有者权益之和的总计项目，并且这二者的金额应当相等。即资产负债表左方合计、右方合计应当相等。因此，通过账户式资产负债表，反映企业资产、负债、所有者权益之间的内在关系，即"资产＝负债＋所有者权益"。

（二）资产的列报

资产负债表中的资产至少应当单独列示反映下列信息的项目：
① 货币资金；
② 以公允价值计量且其变动计入当期损益的金融资产；
③ 应收款项；
④ 预付款项；
⑤ 存货；
⑥ 被划分为持有待售的非流动资产及被划分为持有待售的处置组中的资产；
⑦ 可供出售金融资产；
⑧ 持有至到期投资；
⑨ 长期股权投资；
⑩ 投资性房地产；
⑪ 固定资产；
⑫ 生物资产；
⑬ 无形资产；
⑭ 递延所得税资产。

（三）负债的列报

资产负债表中的负债类至少应当单独列示反映下列信息的项目：
① 短期借款；
② 以公允价值计量且其变动计入当期损益的金融负债；
③ 应付款项；
④ 预收款项；
⑤ 应付职工薪酬；
⑥ 应交税费；
⑦ 被划分为持有待售的处置组中的负债；
⑧ 长期借款；
⑨ 应付债券；
⑩ 长期应付款；
⑪ 预计负债；

⑫ 递延所得税负债。

(四) 所有者权益的列报

资产负债表中的所有者权益类至少应当单独列示反映下列信息的项目:
① 实收资本 (或股本);
② 资本公积;
③ 盈余公积;
④ 未分配利润。

三、我国企业资产负债表的一般格式

资产负债表的列示主要有账户式和报告式两种。在我国,资产负债表采用账户式的结构,即左侧列示资产;右侧列示负债和所有者权益。

资产负债表由表头和表体两部分组成。表头部分应列明报表名称、编表单位名称、资产负债表日和人民币金额单位;表体部分反映资产、负债和所有者权益的内容。其中,表体部分是资产负债表的主体和核心,各项资产、负债和所有者权益按流动性排列,所有者权益项目按稳定性排列。我国企业资产负债表的一般格式如表 11-1 所示。

表 11-1 资产负债表

会企 01 表

编制单位: _____ 年___月___日 单位:元

资　产	期末余额	年初余额	负债和所有者权益 (或股东权益)	期末余额	年初余额
流动资产:			流动负债:		
货币资金			短期借款		
以公允价值计量且其变动计入当期损益的金融资产			以公允价值计量且其变动计入当期损益的金融负债		
应收票据			应付票据		
应收账款			应付账款		
预付账款			预收账款		
应收利息			应付职工薪酬		
应收股利			应交税费		
其他应收款			应付利息		
存货			应付股利		
一年内到期的非流动资产			其他应付款		
其他流动资产			一年内到期的非流动负债		
流动资产合计			其他流动负债		
非流动资产:			流动负债合计		
可供出售金融资产			非流动负债:		
持有至到期投资			长期借款		
长期应收款			应付债券		

续表 11-1

资　产	期末余额	年初余额	负债和所有者权益（或股东权益）	期末余额	年初余额
长期股权投资			长期应付款		
投资性房地产			专项应付款		
固定资产			预计负债		
在建工程			递延收益		
工程物资			递延所得税负债		
固定资产清理			其他非流动负债		
生产性生物资产			非流动负债合计		
油气资产			负债合计		
无形资产			所有者权益（或股东权益）：		
开发支出			实收资本（或股本）		
商誉			资本公积		
长期待摊费用			减：库存股		
递延所得税资产			盈余公积		
其他非流动资产			未分配利润		
非流动资产合计			所有者权益（或股东权益）合计		
资产总计			负债和所有者（或股东权益）总计		

四、资产负债表编制的基本方法

（一）期末余额栏的填列方法

资产负债表期末余额栏内各项数字，一般应根据资产、负债和所有者权益类科目的期末余额填列。具体方法如下：

（1）根据一个或几个总账科目的余额填列。如"短期借款""应付票据""应付股利""应付账款""实收资本""资本公积""盈余公积""应付职工薪酬""应交税费"等项目，可以根据相应科目借方或贷方的总账科目期末余额直接填列。

又如"货币资金"，反映企业库存现金、银行结算户存款以及银行本票存款、银行汇票存款等其他货币资金的，应根据"库存现金""银行存款""其他货币资金"这几个总账科目的期末余额合计填列。

还有"未分配利润"，它反映企业期末尚未分配的利润，应根据"本年利润"科目和"利润分配"科目的余额计算填列。未弥补的亏损在本项目内以"-"号反映。

（2）根据明细科目的余额计算填列。如"开发支出"项目，是反映企业开发无形资产过程中能够资本化形成无形资产成本的支出部分。"开发支出"项目应当根据"研发支出"总账科目中所属的"资本化支出"明细科目期末余额计算填列。

（3）根据总账科目和明细账科目的余额分析计算填列。如"应付账款"，反映企业购买原材料或接受劳务供应而应付给供应单位的款项，应根据"应付账款"总账科目和所属各明细科目的期末余额分析计算填列。如果"应付账款"科目所属有关明细科目有借方余额的，应在资产负债表"应收账款"科目内填列。如果"应收账款"科目所属明细科目有贷方余额的，应在资产负债表"预收款项"科目内填列。

又如"预收账款"，反映企业预收购买单位的货款，应根据"预收账款"科目及所属的各明细科目期末余额分析填列。如果"预收账款"科目所属有关明细科目有借方余额的，应在资产负债表"应收账款"科目内填列。

（4）根据有关科目余额减去其备抵科目余额后的净额填列。如"固定资产"，反映企业拥有的固定资产的总额，应根据"固定资产"总账科目余额，减去"累计折旧"科目余额，减去"固定资产减值准备"后的净额填列。"无形资产"反映企业拥有的无形资产的总额，应根据"无形资产"总账科目余额，减去"累计摊销"科目余额、减去"无形资产减值准备"后的净额填列。还有，"长期股权投资"，反映企业长期股权投资的情况，应根据"长期股权投资"总账科目余额减去"长期股权投资减值准备"余额后的净额填列。

（5）综合运用上述填列方法分析填列。如"存货"项目，反映企业期末在库、在途和在加工中的各项存货的实际成本，包括库存材料、包装物、低值易耗品、自制半成品、产成品、分期收款发出商品等，应根据"材料采购""原材料""包装物及低值易耗品""委托加工材料""自制半成品""产成品""分期收款发出商品""生产成本"等总账科目的期末借方余额，减去"材料成本差异"备抵科目余额，再减去已提取的"存货跌价准备"所提取的跌价准备后的余额填列。

（二）年初余额栏的填列方法

资产负债表的年初余额栏通常根据上年末有关项目的期末余额填列，且与上年末资产负债表期末余额栏一致。如果企业上年度资产负债表规定的项目名称和内容与本年度不一致，应当对上年年末资产负债表相关项目的名称和数字按照本年度的规定进行调整，填入年初余额栏。

第三节 利润表

一、利润表的概念与作用

（一）利润表的概念

利润表是反映企业在一定会计期间的经营成果的财务报表。

利润表中的净利润，是根据会计核算的配比原则，通过一定时期内的收入和相对应的成本费用多次配比而得出的。由于它反映的是某一期间的情况，所以又称为动态报表。有时利润表也称之为损益表、收益表。

（二）利润表的作用

利润表的作用主要有：

（1）反映一定会计期间收入的实现情况。通过利润表可以从总体上了解企业收入、净利润（或亏损）的实现及构成情况。

（2）反映一定会计期间的费用耗费情况。通过利润表可以从总体上了解企业成本和费用的耗费及构成情况。

（3）反映企业经济活动成果的实现情况，据以判断资本保值增值等情况。通过利润表提供的不同时期的比较数字（本月数、本年累计数、上年数），可以分析企业经济活动成果的实现情况、企业的获利能力及利润的未来发展趋势，判断投资者投入资本的保值增值情况。利润表提供的盈利能力的信息，还可以帮助企业管理者通过分析得到企业各项投入、费用、利润之间的相互消长趋势，发现企业在经营管理中存在的问题，揭露矛盾，找出差距，以便改善经营管理，作出合理的决策。

二、利润表的列示要求

利润表列示的基本要求如下：

1. 费用按照功能分类

企业在利润表中应当对费用按照功能分类，分为从事经营业务发生的成本、管理费用、销售费用和财务费用等。

2. 单独列示的项目

利润表至少应当单独列示反映下列信息的项目，但其他会计准则另有规定的除外：

（1）营业收入；
（2）营业成本；
（3）营业税金及附加；
（4）管理费用；
（5）销售费用；
（6）财务费用；
（7）投资收益；
（8）公允价值变动损益；
（9）资产减值损失；
（10）非流动资产处置损益；
（11）所得税费用；
（12）净利润；
（13）其他综合收益各项目分别扣除所得税影响后的净额；
（14）综合收益总额。

金融企业可以根据其特殊性列示利润表各项目。

3. 其他综合收益项目

其他综合收益项目应当根据其他相关会计准则的规定，分为以后会计期间不能重分类进损益的其他综合收益项目和以后会计期间在满足规定条件时将重分类进损益的其他综合收益项目两类列报。

4. 少数股东权益

在合并利润表中，企业应当在净利润项目之下，单独列示归属于母公司所有者的权益和归属于少数股东的损益；在综合收益总额项目之下，单独列示归属于母公司所有者的综合收益总额和归属于少数股东权益的综合收益总额。

三、我国利润表的一般格式

利润表的格式主要有多步式利润表和单步式利润表两种。在我国，企业应当采用多步式利润表，将不同性质的收入和费用分别进行对比，以便得出一些中间性的利润数据，帮助使用者理解企业经营成果的不同来源。

利润表通常由表头和表体两部分组成。表头部分应列明报表名称、编表单位名称、财务报表涵盖的会计期间和人民币金额单位等内容；利润表的表体反映形成经营成果的各个项目和计算过程。我国企业利润表的一般格式如表11－2所示。

表11－2 利润表

会企02表

编制单位：　　　　　　　　　　　____年__月　　　　　　　　　　　单位：元

项　　目	本期金额	上期金额
一、营业收入		
减：营业成本		
营业税金及附加		
销售费用		
管理费用		
财务费用		
资产减值损失		
加：公允价值变动收益（损失以"－"号填列）		
投资收益（损失以"－"号填列）		
其中：对联营企业和合营企业的投资收益		
其他收益		
二、营业利润（亏损以"－"号填列）		
加：营业外收入		
其中：非流动资产处置利得		
减：营业外支出		
其中：非流动资产处置损失		
三、利润总额（亏损总额以"－"号填列）		
减：所得税费用		
四、净利润（净亏损以"－"号填列）		

续表 11-2

项　　目	本期金额	上期金额
五、其他综合收益的税后净额		
（一）以后不能重分类进损益的其他综合收益		
（二）以后将重分类进损益的其他综合收益		
六、综合收益总额		
七、每股收益		
（一）基本每股收益		
（二）稀释每股收益		

四、利润表编制的基本方法

利润表各项目均需填列"本期金额"和"上期金额"两栏。

（一）"本期金额"栏的填列方法

"本期金额"栏根据"主营业务收入""主营业务成本""营业税金及附加""销售费用""管理费用""财务费用""资产减值损失""公允价值变动损益""投资收益""营业外收入""营业外支出""所得税费用"等科目的发生额分析填列。其中，"营业利润""利润总额""净利润"等项目根据该表中相关项目计算填列。

具体编制步骤和内容如下：

① 以营业收入（销售收入、主营业务收入或营运收入等）为基础，减去营业成本（销售成本、主营业务成本、营运成本等）、营业税金及附加、销售费用、管理费用、财务费用、资产减值损失、加上或减去公允价值变动收益（损失）、投资收益（损失）等，计算出营业利润。

② 以营业利润为基础，加上营业外收入，减去营业外支出，计算出利润总额。

③ 以利润总额为基础，减去所得税费用，计算出净利润（或亏损）。

④ 计算其他综合收益的税后净额。根据其他相关会计准则的规定，分为以后会计期间不能重分类进损益的其他综合收益和以后会计期间在满足规定条件时将重分类进损益的其他综合收益。

⑤ 计算综合收益总额。即企业净利润与其他综合收益的合计金额。

⑥ 计算列示基本每股收益和稀释每股收益。

每股收益又称每股税后利润、每股盈余，是指税后净利润与股本总数的比率。它是综合反映公司获利能力的重要指标，是企业某一时期净收益与股份数的比率，是测定股票投资价值的重要指标之一，用于分析每股价值。

基本每股收益 = 归属于普通股股东的当期净利润 ÷ 当期发行在外普通股的加权平均数

稀释每股收益，即假设企业存在稀释性潜在普通股的，应当分别调整归属于普通股股东的当期净利润和发行在外普通股的加权平均数，并据以计算稀释每股收益。

相对于基本每股收益，稀释每股收益充分考虑了潜在普通股对每股收益的稀释作用，以反映公司在未来股本结构下的资本盈利水平。

计算稀释每股收益时,当期发行在外普通股的加权平均数应当为计算基本每股收益时普通股的加权平均数与假定稀释性潜在普通股转换为已发行普通股而增加的普通股股数的加权平均数之和。

(二)"上期金额"栏的填列方法

"上期金额"栏应根据上年该期利润表的"本期金额"栏内所列数字填列。如果上年该期利润表规定的各个项目的名称和内容同本期不一致,应对上年该期利润表各项目的名称和数字按本期的规定进行调整,填入利润表"上期金额"栏内。

第四节 综合举例

甲公司是增值税的一般纳税人,单一生产 D 产品,增值税税率13%。20×1 年 12 月 31 日的科目余额表、资产负债表(年初余额略)见表 11-3 和表 11-4。

表 11-3 科目余额表
20×1 年 12 月 31 日 单位:元

科目名称	借方余额	科目名称	贷方余额
库存现金	2 000	短期借款	300 000
银行存款	1 280 000	应付票据	200 000
其他货币资金	8 000	应付账款	108 000
交易性金融资产	215 000	其他应付款	50 000
应收票据	245 000	应付利息	1 000
应收账款	300 000	应付职工薪酬	110 000
坏账准备	-1 000	应交税费	30 000
预付账款	100 000		
其他应收款	5 000		
材料采购	25 000		
原材料	50 000	长期借款	800 000
周转材料	85 000	其中:一年内到期的长期负债	
库存商品	630 000	专项应付款	100 000
材料成本差异	5 000		
长期股权投资	250 000		
固定资产	1 500 000	股本	4 000 000
累计折旧	-400 000	盈余公积	50 000
在建工程	1 000 000	利润分配(未分配利润)	50 000
无形资产	500 000		
合计	5 799 000	合计	5 799 000

甲公司据表 11-3 编制 20×1 年 12 月 31 日资产负债表,如表 11-4 所示。

表11-4 资产负债表

会企01表

编制单位：甲公司　　　　　　20×1年12月31日　　　　　　单位：元

资　产	期末余额	年初余额	负债与所有者权益	期末余额	年初余额
流动资产：			流动负债：		
货币资金	1 290 000		短期借款	300 000	
以公允价值计量且其变动计入当期损益的金融资产	215 000		以公允价值计量且其变动计入当期损益的金融负债		
应收票据	245 000		应付票据	200 000	
应收账款	299 000		应付账款	108 000	
预付账款	100 000		预收账款		
应收利息			应付职工薪酬	110 000	
应收股利			应交税费	30 000	
其他应收款	5 000		应付利息	1 000	
存货	795 000		应付股利		
一年内到期的非流动资产			其他应付款	50 000	
其他流动资产			一年内到期的非流动负债		
流动资产合计	2 949 000		其他流动负债		
非流动资产：			流动负债合计	799 000	
可供出售金融资产			非流动负债：		
持有至到期投资			长期借款	800 000	
长期应收款			应付债券		
长期股权投资	250 000		长期应付款		
投资性房地产			专项应付款	100 000	
固定资产	1 100 000		预计负债		
在建工程	1 000 000		递延所得税负债		
工程物资			其他非流动负债		
固定资产清理			非流动负债合计	900 000	
无形资产	500 000		负债合计	1 699 000	
开发支出			股东权益：		
商誉			股本	4 000 000	
长期待摊费用			资本公积		
递延所得税资产			盈余公积	50 000	
其他非流动资产			未分配利润	50 000	
非流动资产合计	2 850 000		股东权益合计	4 100 000	
资产总计	5 799 000		负债与所有者权益合计	5 799 000	

假设该甲公司20×2年发生以下业务：

① 接银行通知，用银行存款支付到期的商业承兑汇票100 000元。

② 购入原材料一批，收到的增值税专用发票上注明的原材料价款为150 000元，增值税进项税额为19 500元，款项已通过银行转账支付，材料未验收入库。

③ 向乙公司销售产品一批，开出的增值税专用发票上注明的销售价款为300 000元，增值税销项税额为39 000元，货款尚未收到。该批产品实际成本180 000元，产品已发出。

④ 甲公司将持有的A公司股票15 000元出售，收回本金15 000元，投资收益1 500元，均已存入银行。

⑤ 购入不需安装的设备1台，收到的增值税专用发票上注明的设备价款为80 000元、增值税进项税额为10 400元，支付杂费1 000元及运费增值税100元。价款、税金及杂费共93 900元以银行存款支付。设备已交付使用。

⑥ 一项工程完工，交付生产使用，已办理竣工手续，固定资产价值1 000 000元。

⑦ 将已到期的一张面值为200 000元的银行承兑汇票（无息），连同解讫通知和进账单交银行办理转账。收到银行盖章退回的进账单一联。款项银行已收妥。

⑧ 出售不需用设备一台，收到价款300 000元，该设备原价400 000元，已提折旧150 000元。该项设备已由购入单位运走（暂不考虑增值税，经查该固定资产没有提减值准备）。

⑨ 收到丙公司前欠货款45 000元，存入银行；本月生产D产品领用原材料10 000元。

⑩ 以银行存款支付职工工资500 000元（转至职工个人工资卡）。

⑪ 分配应支付的职工工资500 000元。其中，生产产品人员工资275 000元，车间管理人员工资10 000元，行政管理部门人员工资15 000元。其余200 000元为在建工程应负担的工资。

⑫ 计提无形资产摊销60 000元，用银行存款支付咨询费10 000元，支付基本生产车间固定资产修理费90 000元（暂不考虑增值税）。

⑬ 计算并结转本期制造费用。

⑭ 结转本期完工产品成本。本期没有期初在产品，生产的D产品已经全部完工入库。

⑮ 公司本期产品销售应交纳的教育费附加为2 000元。

⑯ 用银行存款交纳增值税25 000元、教育费附加2 000元。

⑰ 将各损益类科目结转至本年利润科目。

⑱ 计算本年应交所得税，税率25%。结转本年利润。

用记账凭证账务处理程序，甲公司20×2年度进行账务处理的会计分录如下（记账凭证分录编号与以上经济业务编号一致，单位均为元）：

① 借：应付票据　　　　　　　　　　　　　　　100 000
　　贷：银行存款　　　　　　　　　　　　　　　100 000
② 借：材料采购　　　　　　　　　　　　　　　150 000
　　　　应交税费——应交增值税（进项税额）　　19 500
　　贷：银行存款　　　　　　　　　　　　　　　169 500
③ 借：应收账款——乙公司　　　　　　　　　　339 000
　　贷：主营业务收入　　　　　　　　　　　　　300 000
　　　　应交税费——应交增值税（销项税额）　　39 000

· 233 ·

借：主营业务成本	180 000	
贷：库存商品		180 000

④ 借：银行存款　　　　　　　　　　　　　　　16 500
　　贷：交易性金融资产　　　　　　　　　　　　　　15 000
　　　　投资收益　　　　　　　　　　　　　　　　　 1 500

⑤ 借：固定资产（80 000 + 1 000）　　　　　　　81 000
　　　应交税费——应交增值税（进项税额）（10 400 + 100）
　　　　　　　　　　　　　　　　　　　　　　　10 500
　　贷：银行存款　　　　　　　　　　　　　　　　　91 500

⑥ 借：固定资产　　　　　　　　　　　　　　1 000 000
　　贷：在建工程　　　　　　　　　　　　　　　　1 000 000

⑦ 借：银行存款　　　　　　　　　　　　　　　200 000
　　贷：应收票据　　　　　　　　　　　　　　　　　200 000

⑧ 借：固定资产清理　　　　　　　　　　　　　250 000
　　　累计折旧　　　　　　　　　　　　　　　　150 000
　　贷：固定资产　　　　　　　　　　　　　　　　　400 000
　　借：银行存款　　　　　　　　　　　　　　　300 000
　　贷：固定资产清理　　　　　　　　　　　　　　　300 000
　　借：固定资产清理　　　　　　　　　　　　　 50 000
　　贷：营业外收入——处置非流动资产净利得　　　　 50 000

⑨ 借：银行存款　　　　　　　　　　　　　　　 45 000
　　贷：应收账款——丙公司　　　　　　　　　　　　 45 000
　　借：生产成本　　　　　　　　　　　　　　　 10 000
　　贷：原材料　　　　　　　　　　　　　　　　　　 10 000

⑩ 借：应付职工薪酬　　　　　　　　　　　　　500 000
　　贷：银行存款　　　　　　　　　　　　　　　　　500 000

⑪ 借：生产成本　　　　　　　　　　　　　　　275 000
　　　制造费用　　　　　　　　　　　　　　　　 10 000
　　　管理费用　　　　　　　　　　　　　　　　 15 000
　　　在建工程　　　　　　　　　　　　　　　　200 000
　　贷：应付职工薪酬　　　　　　　　　　　　　　　500 000

⑫ 借：管理费用——无形资产摊销　　　　　　　 60 000
　　贷：累计摊销　　　　　　　　　　　　　　　　　 60 000
　　借：管理费用——咨询费　　　　　　　　　　 10 000
　　　制造费用——固定资产修理费　　　　　　　 90 000
　　贷：银行存款　　　　　　　　　　　　　　　　　100 000

⑬ 借：生产成本　　　　　　　　　　　　　　　100 000
　　贷：制造费用　　　　　　　　　　　　　　　　　100 000

⑭ 借：库存商品　　　　　　　　　　　　　　　385 000

	贷：生产成本	385 000
⑮	借：营业税金及附加	2 000
	贷：应交税费——应交教育费附加	2 000
⑯	借：应交税费——应交增值税	25 000
	应交税费——应交教育费附加	2 000
	贷：银行存款	27 000
⑰	借：主营业务收入	300 000
	营业外收入	50 000
	投资收益	1 500
	贷：本年利润	351 500
	借：本年利润	267 000
	贷：主营业务成本	180 000
	营业税金及附加	2 000
	管理费用	85 000
⑱	借：本年利润（84 500×25%）	21 125
	贷：应交税费——应交所得税	21 125
	借：本年利润	63 375
	贷：利润分配——未分配利润	63 375

根据以上分录（记账凭证），登记甲公司各总分类账，并结出各总账账户年末余额如表11-5。

表11-5　账户余额表

20×2年12月31日　　　　　　　　　　　　　单位：元

科目名称	借方余额	科目名称	贷方余额
库存现金	2 000	短期借款	300 000
银行存款	853 500	应付票据	100 000
其他货币资金	8 000	应付账款	108 000
交易性金融资产	200 000	其他应付款	50 000
应收票据	45 000	应付职工薪酬	110 000
应收账款	594 000	应交税费	35 125
坏账准备	-1 000	应付利息	1 000
预付账款	100 000	应付股利	
其他应收款	5 000	一年内到期的非流动负债	
材料采购	175 000	长期借款	800 000
原材料	40 000	专项应付款	100 000
周转材料	85 000		
库存商品	835 000		
材料成本差异	5 000	股本	4 000 000

续表 11-5

科目名称	借方余额	科目名称	贷方余额
其他流动资产		盈余公积	50 000
长期股权投资	250 000	利润分配（未分配利润）	113 375
固定资产	2 181 000		
累计折旧	-250 000		
固定资产减值准备			
工程物资			
在建工程	200 000		
无形资产	500 000		
累计摊销	-60 000		
递延所得税资产			
其他非流动资产			
合计	5 767 500	合计	5 767 500

根据 20×2 年 12 月 31 日的科目余额表，编制甲公司 20×2 年 12 月 31 日的资产负债表如表 11-6 所示。

表 11-6 资产负债表

会企 01 表

编制单位：甲公司　　　　　　20×2 年 12 月 31 日　　　　　　单位：元

资产	期末余额	年初余额	负债与所有者权益	期末余额	年初余额
流动资产：			流动负债：		
货币资金	863 500	1 290 000	短期借款	300 000	300 000
以公允价值计量且其变动计入当期损益的金融资产	200 000	215 000	以公允价值计量且其变动计入当期损益的金融负债		
应收票据	45 000	245 000	应付票据	100 000	200 000
应收账款	593 000	299 000	应付账款	108 000	108 000
预付账款	100 000	100 000	预收账款		
应收利息			应付职工薪酬	110 000	110 000
应收股利			应交税费	35 125	30 000
其他应收款	5 000	5 000	应付利息	1 000	1 000
存货	1 140 000	795 000	应付股利		
一年内到期的非流动资产			其他应付款	50 000	50 000
其他流动资产			一年内到期的非流动负债		
流动资产合计	2 946 500	2 949 000	其他流动负债		
非流动资产：			流动负债合计	704 125	799 000

续表 11-6

资 产	期末余额	年初余额	负债与所有者权益	期末余额	年初余额
可供出售金融资产			非流动负债：		
持有至到期投资			长期借款	800 000	800 000
长期应收款			应付债券		
长期股权投资	250 000	250 000	长期应付款		
投资性房地产			专项应付款	100 000	100 000
固定资产	1 931 000	1 100 000	预计负债		
在建工程	200 000	1 000 000	递延所得税负债		
工程物资			其他非流动负债		
固定资产清理			非流动负债合计	900 000	900 000
无形资产	440 000	500 000	负债合计	1 604 125	1 699 000
开发支出			股东权益：		
商誉			股本	4 000 000	4 000 000
长期待摊费用			资本公积		
递延所得税资产			盈余公积	50 000	50 000
其他非流动资产			未分配利润	113 375	50 000
非流动资产合计	2 821 000	2 850 000	股东权益合计	4 163 375	4 100 000
资产总计	5 767 500	5 799 000	负债与所有者权益合计	5 767 500	5 799 000

上述甲公司 20×2 年 12 月 31 日的损益类科目本年累计发生额如下：

主营业务收入（贷）	300 000 元
主营业务成本（借）	180 000 元
营业税金及附加（借）	2 000 元
管理费用（借）	85 000 元
投资收益（贷）	1 500 元
营业外收入（贷）	50 000 元

编制甲公司 20×2 年的利润表，如表 11-7 所示。

表 11-7 利润表

会企 02 表

编制单位：甲公司　　　　　　　　20×2 年度　　　　　　　　单位：元

项　目	本期金额	上期金额（略）
一、营业收入	300 000	
减：营业成本	180 000	
营业税金及附加	2 000	
销售费用		
管理费用	85 000	
财务费用		
加：公允价值变动净收益		
投资收益	1 500	

续表 11-7

项　　目	本期金额	上期金额（略）
二、营业利润	34 500	
加：营业外收入	50 000	
减：营业外支出		
三、利润总额	84 500	
减：所得税费用（25%）	21 125	
四、净利润	63 375	
五、其他综合收益		
六、综合收益总额		
七、每股收益	（略）	

思考与练习

重要概念

财务报表　资产负债表　利润表　现金流量表　综合收益　每股收益

思考题

1. 财务报表按不同标准如何进行分类？一套完整的财务报表至少应当包括哪几部分？
2. 编制资产负债表的意义是什么？从结构来看，我国资产负债表是哪种格式？资产、负债以及所有者权益项目在资产负债表中如何列示？按怎样的顺序列示？
3. 编制利润表的意义是什么？利润表中的利润计算关系是怎样的？
4. 什么是综合收益？应当如何理解与计算？

客观题

一、单项选择题

1. 会计报表是根据（　　）定期进行归集、加工和汇总而编制的。
   A. 原始凭证　　　　B. 记账凭证　　　　C. 会计凭证　　　　D. 会计账簿记录
2. 最关注投资的内在风险和投资报酬的会计报表使用者是（　　）。
   A. 投资者　　　　B. 债权人　　　　C. 企业管理人员　　　　D. 政府
3. 财务报表是根据（　　）资料编制的。
   A. 日记账、总账和明细账　　　　B. 日记账和明细分类账
   C. 明细账和总分类账　　　　D. 日记账和总分类账
4. 20×7 年 8 月 1 日，某企业开始研究开发一项新技术，当月共发生研发支出 800 万元，其中，费用化的金额 650 万元，符合资本化条件的金额 150 万元。8 月末，研发活动尚未完成。该企业 20×7 年 8 月应计入当期利润总额的研发支出为（　　）万元。
   A. 0　　　　B. 150　　　　C. 650　　　　D. 800
5. 反映企业经营成果的会计报表是（　　）。

A. 资产负债表　　　　B. 利润表　　　　C. 现金流量表　　　　D. 会计报表附注
6. "预付账款"科目明细账中若有贷方余额，应将其计入资产负债表中的(　　)项目。
A. 应收账款　　　B. 预收账款　　　C. 应付账款　　　D. 其他应付款
7. 编制资产负债表所依据的会计等式是(　　)。
A. 收入 – 费用 = 利润　　　　　　　　B. 资产 = 负债 + 所有者权益
C. 借方发生额 = 贷方发生额
D. 期初余额 + 本期借方发生额 – 本期贷方发生额 = 期末余额
8. 以下报表中反映企业特定日期财务状况的报表是(　　)。
A. 资产负债表　　　B. 利润表　　　C. 现金流量表　　　D. 利润分配表
9. 某企业年初所有者权益160万元，本年度实现净利润300万元，以资本公积转增资本50万元，提取盈余公积30万元，向投资者分配现金股利20万元。假设不考虑其他因素，该企业年末所有者权益为(　　)万元。
A. 360　　　　B. 410　　　　C. 440　　　　D. 460
10. 资产负债表是反映企业(　　)财务状况的财务报表。
A. 某一特定日期　　B. 一定时期内　　C. 某一年份内　　D. 某一月份内
11. 依照我国的会计准则，资产负债表采用的格式为(　　)。
A. 单步报告式　　B. 多步报告式　　C. 账户式　　D. 混合式
12. 在资产负债表中，资产按照其流动性排列时，下列排列方法正确的是(　　)。
A. 存货、无形资产、货币资金、交易性金融资产
B. 交易性金融资产、存货、无形资产、货币资金
C. 无形资产、货币资金、交易性金融资产、存货
D. 货币资金、交易性金融资产、存货、无形资产
13. 资产负债表中的资产类项目、负债类项目均按流动性分类和排列，主要优点是(　　)。
A. 便于项目的分类和排列　　　　B. 便于项目的填制
C. 便于报表资料的分析和应用　　D. 便于类别、项目的计算和汇总
14. 利润表中的项目应根据损益类账户的(　　)填列。
A. 期初余额　　B. 期末余额　　C. 发生额　　D. 期初余额加发生额
15. 某企业年初未分配利润为100万元，本年净利润为1 000万元，按10%计提法定盈余公积金，按5%计提任意盈余公积金，宣告发放现金股利为80万元，该企业期末未分配利润为(　　)万元。
A. 855　　　B. 867　　　C. 870　　　D. 874
16. 某企业"本年利润"账户5月末账面余额为58万元，表示(　　)。
A. 5月份实现的利润总额　　　　B. 1～5月份累计实现的营业利润
C. 1～5月份累计实现的利润总额　　D. 1～5月份累计实现的主营业务利润
17. 下列报表中，属于对内的会计报表是(　　)。
A. 资产负债表　　B. 利润表　　C. 产品生产成本表　　D. 现金流量表
18. 下列项目中，不属于利润表项目的是(　　)。
A. 营业成本　　B. 应收货款　　C. 所得税费用　　D. 资产减值损失
19. 某企业7月份"本年利润"账户期末贷方余额为900 000元，"利润分配"账户期末借方余额为200 000元。则该企业资产负债表中"未分配利润"项目的"期末余额"为(　　)元。
A. 200 000　　B. 700 000　　C. 900 000　　D. 1 100 000
20. 某企业"长期借款"账户月末余额为300 000元，其中20 000元将于一年内到期；"应付债券"账户月末余额为200 000元，其中60 000元将于一年内到期。则该企业资产负债表中"一年内到期的非流动负债"项目的"期末余额"为(　　)元。

A. 80 000　　　　　B. 14 000　　　　　C. 280 000　　　　　D. 500 000

21. "利润表"中"本期金额"栏各项目应根据损益类账户的（　　）填列。
A. 期初余额　　　　　　　　　　　　B. 期末余额
C. 本期发生额合计数　　　　　　　　D. 上年同期发生额合计数

二、多项选择题

1. 企业财务会计报告的使用者通常包括（　　）。
A. 投资者　　　B. 债权人　　　C. 企业管理人员　　　D. 政府及相关机构

2. 企业应当编制的会计报表包括（　　）。
A. 资产负债表　　　B. 利润表　　　C. 现金流量表　　　D. 所有者权益变动表

3. 中期财务会计报告包括（　　）。
A. 月度财务会计报告　　　　　　　　B. 半年度财务会计报告
C. 季度财务会计报告　　　　　　　　D. 年度财务会计报告

4. 财务会计报告可以提供关于企业（　　）的信息。
A. 财务状况　　　B. 经营成果　　　C. 资源消耗　　　D. 现金流量

5. 下列各项中，不应确认为财务费用的有（　　）。
A. 企业筹建期间的借款费用　　　　　B. 资本化的借款利息支出
C. 销售商品发生的商业折扣　　　　　D. 支付的银行承兑汇票手续费

6. 按照我国现行会计制度的规定，在资产负债表中应作为"存货"项目列示的有（　　）。
A. 生产成本　　　B. 管理费用　　　C. 未确认融资费用　　　D. 发出商品

7. 会计报表的编制要求有（　　）。
A. 数字真实　　　B. 内容完整　　　C. 便于理解　　　D. 编报及时

8. 从利润中形成的所有者权益包括（　　）。
A. 资本公积　　　B. 盈余公积　　　C. 未分配利润　　　D. 实收资本

9. 资本公积的内容不包括（　　）。
A. 法定财产重估增值　　　　　　　　B. 投入资本
C. 银行借款　　　　　　　　　　　　D. 资本（股本）溢价

10. 在我国，留存收益包括（　　）。
A. 投资者投入的资本　　　　　　　　B. 直接计入所有者权益的利得
C. 未分配利润　　　　　　　　　　　D. 盈余公积

11. 资产负债表编制的主要依据有（　　）。
A. 总账　　　B. 明细账　　　C. 备查登记簿　　　D. 上年度资产负债表

12. 在资产负债表中，负债分为（　　）。
A. 流动负债　　　B. 短期负债　　　C. 非流动负债　　　D. 预计负债

13. 下列选项中，以"资产＝负债＋所有者权益"这一会计恒等式为理论依据的有（　　）。
A. 编制利润表　　　B. 复式记账　　　C. 编制资产负债表　　　D. 成本计算

14. 下列关于"本年利润"科目的表述，正确的有（　　）。
A. "本年利润"属于所有者权益类科目　　　B. "本年利润"属于损益类科目
C. "本年利润"科目不会出现借方余额
D. 将本年利润结转至"利润分配——未分配利润"不影响所有者权益

15. 企业向投资者分配利润时，应编制的会计分录是（　　）科目。
A. 借记"盈余公积"　　B. 贷记"利润分配"　　C. 借记"利润分配"　　D. 贷记"应付股利"

16. 资产负债表可根据总账账户余额直接填列的项目有（　　）。
A. 交易性金融资产　　　B. 应付票据　　　C. 实收资本　　　D. 应收账款

17. 编制资产负债表，可根据明细账户余额计算分析填列的项目有(　　　)。
　A. 应付账款　　　　B. 预收账款　　　　C. 盈余公积　　　　D. 累计折旧

三、判断题

1. 财务会计报告是企业会计核算的最终成果。　　　　　　　　　　　　　　　(　　)
2. 由于财务会计报告是对外提供，所以其所提供的信息对企业管理者和职工没有用处。(　　)
3. 年度终了除"未分配利润"明细科目外，"利润分配"的其他明细科目应当无余额。(　　)
4. 企业会计报表各项目的数据在同一企业不同时期应当口径一致、相互可比，在不同的企业之间则不一定要相互可比。　　　　　　　　　　　　　　　　　　　　　　　　　(　　)
5. 企业对重要的事项，应当按照要求在会计报表附注中进行说明。　　　　　　(　　)
6. 会计报表便于理解是建立在会计报表使用者具有一定的会计报表阅读能力基础上的。(　　)
7. 账户式资产负债表左侧的资产项目是按金额大小排列的。　　　　　　　　　(　　)
8. 财务报表至少应包括资产负债表、利润表、现金流量表、所有者权益变动表和附注等。(　　)
9. 账户式资产负债表分左右两方，右方为负债及所有者权益项目，左方为资产类项目。(　　)
10. 会计报表项目数据的直接来源是原始凭证和记账凭证。　　　　　　　　　　(　　)
11. 实际工作中，为使会计报表及时报送，企业可以提前结账。　　　　　　　　(　　)
12. 资产负债表是总括反映企业特定日期资产、负债和所有者权益情况的动态报表，通过它可以了解企业的资产构成、资金的来源构成和企业债务的偿还能力。　　　　　　　　　　(　　)
13. 中期财务报表是指以一年的中间日为资产负债表日编制的财务报表。　　　　(　　)
14. 企业持有的应收票据是一项短期债权，在资产负债表上列示为流动资产。　　(　　)
15. "本年利润"账户年末可能是借方余额，也可能是贷方余额。　　　　　　　　(　　)
16. "本年利润"账户属于损益类账户，"累计折旧"账户属于负债类账户。　　　　(　　)

练习题

习题一

（一）资料：1. A 公司单一生产 B 产品，为增值税的一般纳税人，税率13%。20×1 年 12 月 31 日的有关资料如下：

科目余额表

编制单位：A 公司　　　　　　20×1 年 12 月 31 日　　　　　　　　　　单位：元

科目名称	借方余额	贷方余额
库存现金	10 000	
银行存款	57 000	
应收票据	60 000	
应收账款	80 000	
坏账准备		5 000
预付账款		30 000
原材料	70 000	
低值易耗品	10 000	
材料成本差异		55 000
在产品	90 000	
库存商品	100 000	
固定资产	800 000	
累计折旧		300 000

(续上表)

科目名称	借方余额	贷方余额
在建工程	40 000	
无形资产	150 000	
短期借款		10 000
应付账款		70 000
预收账款		10 000
应付职工薪酬	4 000	
应交税费		11 000
长期借款		80 000
实收资本		500 000
盈余公积		200 000
未分配利润		200 000

2. 20×2年，假设该公司共发生如下业务：

① 购入原材料一批，收到的增值税专用发票上注明的原材料价款为30 000元，增值税进项税额为3 900元，款项已通过银行转账支付，材料已验收入库。

② 向B公司销售产品一批，开出的增值税专用发票上注明的销售价款为200 000元，增值税销项税额为26 000元，货款尚未收到。该批产品实际成本65 000元，产品已发出。

③ 购入不需安装的设备1台，收到的增值税专用发票上注明的设备价款为50 000元，增值税进项税额为6 500元，支付包装费、运费1 500元（暂不考虑包装费与运费增值税）。设备已交付使用，款项已经电汇至对方账户。

④ 一项工程完工，交付生产使用，已办理竣工手续，固定资产价值40 000元。

⑤ 收到前C公司所欠账款120 000元，存入银行。

⑥ 归还银行短期借款10 000元。

⑦ 从银行借入长期借款60 000元。

⑧ 以银行存款支付职工工资70 000元（转至职工个人工资卡）。

⑨ 分配本月工资：为生产部门职工发放工资50 000元，为管理部门职工发放工资20 000元。

⑩ 计提本年折旧额50 000元，均为车间使用的固定资产。

⑪ 结计本期制造费用，结转本期完工产品成本（本期没有期初在产品，生产的B产品已经全部完工入库）。

⑫ 将各损益类科目结转，并结转本年利润（所得税税率25%）。

（二）要求：

1. 根据资料编制A公司20×2年经济业务的会计分录。
2. 根据资料编制A公司20×2年12月31日资产负债表。
3. 根据资料编制A公司20×2年利润表。

习题二

（一）资料：B公司20×1年12月份有关损益类账户的发生额如下表所示。

B公司损益类账户发生额表

单位：元

会计科目	借方发生额	贷方发生额
主营业务收入		7 611 620

（续上表）

会计科目	借方发生额	贷方发生额
其他业务收入		928 000
投资收益		600 000
营业外收入		645 380
主营业务成本	5 683 200	
其他业务成本	698 300	
销售费用	352 000	
管理费用	543 000	
财务费用	86 000	
营业税金及附加	50 000	
营业外支出	314 500	

（二）要求：

1. 将 B 公司的收入、成本费用类账户结转到"本年利润"账户。
2. 计算 B 公司所得税费用（税率 25%），并转入"本年利润"账户。
3. 根据以上资料编制 B 公司利润表。

习题三

（一）资料：深圳德力公司所得税税率 25%，该公司本年度 1 月至 11 月损益类账户累计发生额和 12 月有关账户发生额如下（金额单位：元）：

德力公司部分账户资料

账户名称	1～11月累计发生额		12月发生额	
	借方	贷方	借方	贷方
主营业务收入		1 000 000		100 000
其他业务收入		500 000		10 000
营业外收入		10 000		1 000
投资收益		180 000		10 000
坏账准备		5 000		8 000
主营业务成本	700 000		60 000	
其他业务成本	300 000		6 000	
生产成本	70 000		20 000	
销售费用	200 000		7 000	
管理费用	100 000		5 000	
制造费用	50 000		10 000	
财务费用	5 000		1 000	
营业税金及附加	20 000		2 000	
营业外支出	5 000		500	
资产减值损失	20 000		5 000	

（二）要求：计算该公司年度利润表中"营业收入""营业成本""营业利润""利润总额"以及"净利润"各项目的金额（选择资料中所给数据进行计算）。

习题四

（一）资料：某公司为增值税一般纳税人，主要生产和销售甲产品，适用增值税税率 13%，所得税税率 25%，不考虑其他相关税费。该公司 20×1 年发生以下业务：

① 销售甲产品一批，该批产品的成本 16 万元，销售价格 40 万元，专用发票注明增值税 5.2 万元，产品已经发出，提货单已交给买方，货款及增值税尚未收到。

② 当年分配并发放职工工资 40 万元，其中生产工人工资 24 万元，车间管理人员工资 8 万元，企业管理人员工资 8 万元。

③ 本年出租一台设备，取得租金收入 8 万元，存入银行。

④ 本年度计提固定资产折旧 8 万元，其中计入制造费用的固定资产折旧 5 万元，计入管理费用的固定资产折旧 2 万元，出租设备的折旧 1 万元。

⑤ 用银行存款支付销售费用 1 万元。

（二）要求：

1. 根据以上资料，作出相应会计分录。
2. 计算该企业当年营业收入、营业成本、营业利润、利润总额、净利润。

第十二章 会计档案

第一节 会计档案概述

一、会计档案的概念

会计档案是指单位在进行会计核算等过程中接收或形成的,记录和反映单位经济业务事项的,具有保存价值的文字、图表等各种形式的会计资料,包括通过计算机等电子设备形成、传输和存储的电子会计档案。

会计档案对于总结经济工作,指导生产经营管理和事业管理,检查经济财务问题,防止贪污舞弊,研究经济发展的方针、战略等都具有重要作用,是记录和反映单位经济业务的重要史料和证据。

为了加强会计档案管理,统一会计档案管理制度,根据《中华人民共和国会计法》和《中华人民共和国档案法》的规定,财政部、国家档案局于 2015 年 12 月联合发布了《会计档案管理办法》。各个单位(包括国家机关、社会团体、企业、事业单位和其他组织)必须根据《会计档案管理办法》的规定,加强会计档案管理工作,建立和完善会计档案的收集、整理、保管、利用和鉴定销毁等管理制度,采取可靠的安全防护技术和措施,保证会计档案的真实、完整、可用、安全。

单位的档案机构或者档案工作人员所属机构(以下统称单位档案管理机构)负责管理本单位的会计档案。单位也可以委托具备档案管理条件的机构代为管理会计档案。

二、归档会计档案的内容

应当进行归档的会计档案,具体包括会计凭证、会计账簿、财务会计报告和其他会计核算资料四个部分。预算、计划、制度等文件材料,属于文书档案,不是会计档案。

(1) 会计凭证。包括原始凭证(外来原始凭证、自制原始凭证、原始凭证汇总表)和记账凭证(记账凭证、记账凭证汇总表等)。

(2) 会计账簿。包括总账、明细账(包括各种明细账、库存现金日记账、银行存款日记账以及备查账)、日记账、固定资产卡片及其他辅助性账簿等。

(3) 财务会计报告。包括月度、季度、半年度、年度财务会计报告。具体有资产负债表、利润表、现金流量表和所有者权益变动表等主要会计报表、会计报表附注等。

(4) 其他会计资料。包括银行存款余额调节表、银行对账单、纳税申报表、会计档案移交清册、会计档案保管清册、会计档案销毁清册、会计档案鉴定意见书及其他具有保存价值的会计资料。

单位可以利用计算机、网络通信等信息技术手段管理会计档案。

三、电子会计档案

同时满足下列条件的、单位内部形成的属于归档范围的电子会计资料,可仅以电子形式保存,形成电子会计档案:

(1) 形成的电子会计资料来源真实有效,由计算机等电子设备形成和传输。

(2) 使用的会计核算系统能够准确、完整、有效接收和读取电子会计资料,能够输出符合国家标准归档格式的会计凭证、会计账簿、财务会计报表等会计资料,设定了经办、审核、审批等必要的审签程序。

(3) 使用的电子档案管理系统能够有效接收、管理、利用电子会计档案,符合电子档案的长期保管要求,并建立了电子会计档案与相关联的其他纸质会计档案的检索关系。

(4) 采取有效措施,防止电子会计档案被篡改。

(5) 建立电子会计档案备份制度,能够有效防范自然灾害、意外事故和人为破坏的影响。

(6) 形成的电子会计资料不属于具有永久保存价值或者其他重要保存价值的会计档案。

另外,满足上述规定条件,单位从外部接收的电子会计资料附有符合《中华人民共和国电子签名法》规定的电子签名的,可仅以电子形式归档保存,形成电子会计档案。

第二节 会计档案的归档和保管

根据我国《会计档案管理办法》,单位的会计机构或会计人员所属机构(以下统称单位会计管理机构)按照归档范围和归档要求,负责定期将应当归档的会计资料整理立卷,编制会计档案保管清册。

一、会计资料的整理立卷

(一) 会计档案的装订

1. 会计凭证的装订

会计凭证一般每月装订一次。会计凭证装订后,应在每本凭证封面上填写好凭证种类、起讫号码、凭证张数,会计主管人员和凭证装订人员在封面上签章;同时,应在凭证封面上编好卷号,按卷号顺序入柜,并应显露出标明凭证种类编号,以便调阅。

2. 会计账簿的装订

各种会计账簿在年终办理了年度结账后,除跨年度连续使用的账簿(如固定资产明细账、应收账款明细账)外,其他账簿都应按时整理立卷。

3. 财务会计报告的装订

财务会计报告编制完成并及时报出后,留存的财务会计报告应按月装订成册,谨防丢失。财务会计报告的装订要求如下：

（1）核对整理。装订前要按编报目录核对财务会计报告是否齐全，整理报表页数，上边和左边对齐压平，并防止折角。

（2）按顺序进行装订。财务会计报告的装订顺序为封面—编制说明—各种会计报表（按会计报表的编号顺序排列）—会计报表附注—封底。

（3）编号。各种财务会计报告应根据其保管期限编制卷号。

4. 其他会计核算资料的装订

属于会计档案构成内容的其他会计核算资料，也应按照一定的规则、顺序予以装订成册。

（二）会计档案的立卷

各单位每年形成的会计档案，会计机构都应按照归档的要求负责整理立卷，装订成册，编制会计档案保管清册。会计档案的整理要求有以下几点：

（1）分类标准要统一。一般将财务会计资料分成一类会计账簿、二类会计凭证、三类会计报表、四类文字资料及其他会计核算资料。

（2）档案形式要统一。包括会计档案的案册封面、档案卡夹、存放柜和存放序列等，都要统一。

（3）管理要求要统一。单位要建立会计资料档案簿、会计资料档案目录。会计凭证要装订成册，报表和文字资料应分类立卷，其他零星资料要按年度排序并装订成册。

三、会计档案的归档与调用

（一）会计档案的归档

根据我国《会计档案管理办法》规定，当年形成的会计档案，在会计年度终了后，可由单位会计管理机构临时保管一年，再移交单位档案管理机构保管。因工作需要确需推迟移交的，应当经单位档案管理机构同意。

单位会计管理机构临时保管会计档案最长不超过三年。临时保管期间，会计档案的保管应当符合国家档案管理的有关规定，且出纳人员不得兼管会计档案。

单位会计管理机构在办理会计档案移交时，应当编制会计档案移交清册，并按照国家档案管理的有关规定办理移交手续。

纸质会计档案移交时应当保持原卷的封装；电子会计档案移交时应当将电子会计档案及其元数据一并移交，且文件格式应当符合国家档案管理的有关规定。特殊格式的电子会计档案应当与其读取平台一并移交。

单位档案管理机构接收电子会计档案时，应当对电子会计档案的准确性、完整性、可用性、安全性进行检测，符合要求的才能接收。

（二）会计档案的调用

单位应当严格按照相关制度利用会计档案，在进行会计档案查阅、复制、借出时履行登记手续,严禁篡改和损坏。

单位保存的会计档案一般不得对外借出。确因工作需要且根据国家有关规定必须借出的,应当严格按照规定办理相关手续。

会计档案借用单位应当妥善保管和利用借入的会计档案,确保借入会计档案的安全完整,并在规定时间内归还。

四、会计档案的保管

根据我国《会计档案管理办法》规定,会计档案的保管期限分为永久、定期两类。定期保管期限一般分为10年和30年。各类会计档案的保管原则上应当按照表12-1和表12-2所列期限执行。表中规定的会计档案保管期限为最低保管期限。

会计档案的保管期限,从会计年度终了后的第一天算起。

单位会计档案的具体名称如有同《会计档案管理办法》附表所列档案名称不相符的,应当比照类似档案的保管期限办理。

我国《会计档案管理办法》规定的各类会计档案的保管期限见表12-1和表12-2。

表12-1 企业和其他组织会计档案保管期限表

序号	档案名称	保管期限	备 注
	一、会计凭证:		
1	原始凭证	30年	
2	记账凭证	30年	
	二、会计账簿:		
3	总账	30年	
4	明细账	30年	
5	日记账	30年	
6	固定资产卡片		固定资产报废清理后保管5年
7	其他辅助性账簿	30年	
	三、财务会计报告:		
8	月度、季度、半年度财务会计报告	10年	
9	年度财务会计报告	永久	
	四、其他会计资料:		
10	银行存款余额调节表	10年	
11	银行对账单	10年	
12	纳税申报表	10年	
13	会计档案移交清册	30年	
14	会计档案保管清册	永久	
15	会计档案销毁清册	永久	
16	会计档案鉴定意见书	永久	

表12-2 财政总预算、行政单位、事业单位和税收会计档案保管期限表

序号	档案名称	保管期限			备 注
		财政总预算	行政单位、事业单位	税收会计	
一、会计凭证					
1	国家金库编送的各种报表及缴库退库凭证	10年		10年	
2	各收入机关编送的报表	10年			
3	行政单位和事业单位的各种会计凭证		30年		包括原始凭证、记账凭证和传票汇总表
4	财政总预算拨款凭证和其他会计凭证	30年			包括拨款凭证和其他会计凭证
二、会计账簿					
5	日记账		30年	30年	
6	总账	30年	30年	30年	
7	税收日记账（总账）			30年	
8	明细分类账、分户账或登记簿	30年	30年	30年	
9	行政单位和事业单位固定资产卡片				固定资产报废清理后保管5年
三、财务会计报告					
10	政府综合财务报告	永久			下级财政、本级部门和单位报送的保管2年
11	部门财务报告		永久		所属单位报送的保管2年
12	财政总决算	永久			下级财政、本级部门和单位报送的保管2年
13	部门决算		永久		所属单位报送的保管2年
14	税收年报（决算）			永久	
15	国家金库年报（决算）	10年			
16	基本建设拨、贷款年报（决算）	10年			
17	行政单位和事业单位会计月、季度报表		10年		所属单位报送的保管2年
18	税收会计报表			10年	所属税务机关报送的保管2年
四、其他会计资料					
19	银行存款余额调节表	10年	10年		
20	银行对账单	10年	10年	10年	
21	会计档案移交清册	30年	30年	30年	
22	会计档案保管清册	永久	永久	永久	
23	会计档案销毁清册	永久	永久	永久	
24	会计档案鉴定意见书	永久	永久	永久	

注：税务机关的税务经费会计档案保管期限，按行政单位会计档案保管期限规定办理。

第三节 会计档案的销毁与移交

一、会计档案的鉴定与销毁

根据我国《会计档案管理办法》的规定,单位应当定期对已到保管期限的会计档案进行鉴定,并形成会计档案鉴定意见书。经鉴定,仍需继续保存的会计档案,应当重新划定保管期限;对保管期满,确无保存价值的会计档案,可以销毁。

(一) 会计档案的鉴定

会计档案鉴定工作应当由单位档案管理机构牵头,组织单位会计、审计、纪检监察等机构或人员共同进行。

保管期满但未结清的债权债务会计凭证和涉及其他未了事项的会计凭证不得销毁,纸质会计档案应当单独抽出立卷,电子会计档案单独转存,保管到未了事项完结时为止。

单独抽出立卷或转存的会计档案,应当在会计档案鉴定意见书、会计档案销毁清册和会计档案保管清册中列明。

(二) 会计档案的销毁

经鉴定可以销毁的会计档案,应当按照以下程序销毁:

① 编制会计档案销毁清册。单位档案管理机构编制会计档案销毁清册,列明拟销毁会计档案的名称、卷号、册数、起止年度、档案编号、应保管期限、已保管期限和销毁时间等内容。

② 相关人员签署意见。单位负责人、档案管理机构负责人、会计管理机构负责人、档案管理机构经办人、会计管理机构经办人在会计档案销毁清册上签署意见。

③ 档案管理机构与会计管理机构共同派员监销。单位档案管理机构负责组织会计档案销毁工作,并与会计管理机构共同派员监销。监销人在会计档案销毁前,应当按照会计档案销毁清册所列内容进行清点核对;在会计档案销毁后,应当在会计档案销毁清册上签名或盖章。

电子会计档案的销毁还应当符合国家有关电子档案的规定,并由单位档案管理机构、会计管理机构和信息系统管理机构共同派员监销。

单位因撤销、解散、破产或其他原因而终止的,在终止或办理注销登记手续之前形成的会计档案,按照国家档案管理的有关规定处置。

二、单位分立与合并

(一) 单位分立

单位分立后原单位存续的,其会计档案应当由分立后的存续方统一保管,其他方可以查阅、复制与其业务相关的会计档案。

单位分立后原单位解散的，其会计档案应当经各方协商后由其中一方代管，或按照国家档案管理的有关规定处置，各方可以查阅、复制与其业务相关的会计档案。

单位分立中未结清的会计事项所涉及的会计凭证，应当单独抽出由业务相关方保存，并按照规定办理交接手续。

单位因业务移交其他单位办理所涉及的会计档案，应当由原单位保管，承接业务单位可以查阅、复制与其业务相关的会计档案。对其中未结清的会计事项所涉及的会计凭证，应当单独抽出由承接业务单位保存，并按照规定办理交接手续。

（二）单位合并

单位合并后原各单位解散或者一方存续其他方解散的，原各单位的会计档案应当由合并后的单位统一保管。单位合并后原各单位仍存续的，其会计档案仍应当由原各单位保管。

三、会计档案的移交

（一）竣工移交

建设单位在项目建设期间形成的会计档案，需要移交给建设项目接受单位的，应当在办理竣工财务决算后及时移交，并按照规定办理交接手续。

（二）单位之间移交

单位之间交接会计档案时，交接双方应当办理会计档案交接手续。

移交会计档案的单位，应当编制会计档案移交清册，列明应当移交的会计档案名称、卷号、册数、起止年度、档案编号、应保管期限和已保管期限等内容。

交接会计档案时，交接双方应当按照会计档案移交清册所列内容逐项交接，并由交接双方的单位有关负责人负责监督。交接完毕后，交接双方经办人和监督人应当在会计档案移交清册上签名或盖章。

电子会计档案应当与其元数据一并移交，特殊格式的电子会计档案应当与其读取平台一并移交。档案接受单位应当对保存电子会计档案的载体及其技术环境进行检验，确保所接收电子会计档案的准确、完整、可用和安全。

（三）其他

单位的会计档案及其复制件需要携带、寄运或者传输至境外的，应当按照国家有关规定执行。

单位委托中介机构代理记账的，应当在签订的书面委托合同中，明确会计档案的管理要求及相应责任。

思考与练习

重要概念

会计档案　电子会计档案

思考题

1. 什么是会计档案？归档会计档案的内容有哪些？
2. 如何进行会计档案的销毁？
3. 单位分立与合并，其会计档案如何处理？

客观题

一、单项选择题

1. 下列资料不属于会计凭证的是(　　)。
   A. 会计核算中接收的　　　　　　B. 反映经济业务事项的
   C. 会计核算形成的　　　　　　　D. 经济计划
2. 下列资料不属于会计凭证类会计档案的是(　　)。
   A. 原始凭证　　B. 汇总凭证　　C. 辅助账簿　　D. 记账凭证
3. 企业和其他组织的下列会计档案，保管期限为30年的是(　　)。
   A. 会计档案鉴定意见书　B. 银行对账单　C. 纳税申报表　D. 其他辅助账簿
4. 企业银行对账单和银行存款余额调节表的保管期限为(　　)。
   A. 30年　　　　B. 永久　　　　C. 10年　　　　D. 15年
5. 原始凭证和记账凭证的保管期限为(　　)。
   A. 5年　　　　B. 10年　　　　C. 30年　　　　D. 25年
6. 下列会计档案不需要永久保存的是(　　)。
   A. 会计档案鉴定意见书　　　　　B. 会计档案移交清册
   C. 会计档案保管清册　　　　　　D. 会计档案销毁清册
7. 企业单位和行政单位的固定资产卡片的保管期限为(　　)。
   A. 固定资产清理报废时　　　　　B. 固定资产清理报废后2年
   C. 固定资产清理报废后10年　　　D. 固定资产清理报废后5年
8. 按照我国《会计档案管理办法》的规定，年度财务会计报告的保存年限为(　　)。
   A. 5年　　　　B. 15年　　　　C. 25年　　　　D. 永久
9. 会计档案的保管期限应当从(　　)算起。
   A. 会计档案形成之日　　　　　　B. 会计档案归档之日
   C. 会计档案所属会计年度终了之日　D. 会计档案所属会计年度终了后的第1天

二、多项选择题

1. 下列资料属于会计账簿类会计档案的有(　　)。
   A. 日记账　　　B. 明细账　　　C. 银行对账单　　D. 固定资产卡片
2. 各种会计档案的保管期限，根据其特点，分为(　　)两类。
   A. 长期　　　　B. 短期　　　　C. 永久　　　　D. 定期

3. 根据规定，定期档案的保管期限一般（除固定资产卡片外）分为（　　）。
A. 5 年　　　　　　B. 10 年　　　　　　C. 30 年　　　　　　D. 20 年
4. 企业和其他组织的下列会计档案中，需要永久保存的有（　　）。
A. 会计档案保管清册　　B. 会计档案销毁清册　　C. 会计档案移交清册　　D. 年度财务保管清册
5. 企业的下列会计档案中，保管期限为 15 年的有（　　）。
A. 往来款项明细账　　　B. 存货总账　　　C. 银行存款明细账　　D. 长期投资总账
6. 按照规定，企业和其他组织至少要保存 10 年的会计档案有（　　）。
A. 月度、季度、半年度财务会计报告　　　　B. 银行存款余额调节表
C. 银行对账单　　　　　　　　　　　　　　D. 会计账簿
E. 会计档案移交清册　　　　　　　　　　　F. 纳税申报表

三、判断题

1. 财务报告类会计档案包括月度、季度、年度财务报表及附表、附注，不包括文字说明。（　　）
2. 单位之间交接会计档案时，交接双方应当办理会计档案交接手续。（　　）
3. 我国《会计档案管理办法》规定的会计档案保管期限为最低保管期限。（　　）
4. 会计账簿类会计档案的保管期限均为 15 年。（　　）
5. 单位保存的会计档案一般不得对外借出。（　　）
6. 电子会计档案应与其元数据一并移交，特殊格式的电子会计档案应与其元数据一并移交。（　　）
7. 单位分立后原单位解散的，其会计档案应当经各方协商后由其中一方代管，或按照国家档案管理的有关规定处置，各方可以查阅、复制与其业务相关的会计档案。（　　）
8. 建设单位在项目建设期间形成的会计档案，需要移交给建设项目接受单位的，应当在办理竣工财务决算前及时移交，并按照规定办理交接手续。（　　）
9. 保管期满的会计档案可以直接销毁。（　　）
10. 单位会计管理机构临时保管会计档案最长不超过一年。（　　）
11. 出纳人员不得兼管会计档案。（　　）
12. 会计档案的保管期限，从会计年度终了后的第一天算起。（　　）

附录　习题参考答案

第一章

一、单项选择题　1. A　2. D　3. C　4. C　5. A　6. B　7. C　8. B　9. B　10. A　11. C　12. A

二、多项选择题　1. ABD　2. BD　3. ABCD　4. ACD　5. ABCDEFG　6. ACD　7. ABCDEF　8. ABCD　9. ABCDEF

三、判断题　1. √　2. ×　3. ×　4. √　5. √　6. ×

第二章

一、单项选择题　1. C　2. D　3. A　4. D　5. C　6. B　7. D　8. A　9. B　10. A　11. D　12. B　13. A　14. A　15. C　16. B　17. D　18. A　19. B　20. D　21. C　22. B　23. A　24. A　25. B　26. B　27. C　28. C　29. A　30. A　31. B　32. C　33. D

二、多项选择题　1. AD　2. ABC　3. ACD　4. AD　5. ABC　6. BCD　7. ACD　8. ABD　9. ABCD　10. ABCD　11. BD　12. ABC　13. BCD　14. BCD　15. ABCD　16. ABD　17. ABCD　18. ABD　19. CD　20. BC

三、判断题　1. ×　2. ×　3. ×　4. ×　5. √　6. ×　7. ×　8. ×　9. √　10. ×　11. ×　12. √

习题一　资产 = 2 720 000 元，负债 = 160 000 元，所有者权益 = 2 560 000 元

习题二　业务①，涉及银行存款（+）和实收资本（+）；业务②，涉及无形资产（+）和银行存款（-）

业务③，涉及固定资产（+）和银行存款（-）；业务④，涉及短期借款（-）和银行存款（-）

业务⑤，涉及库存现金（+）和银行存款（-）；业务⑥，涉及库存现金（-）和管理费用（+）

业务⑦，涉及原材料（+）和应付账款（+）；业务⑧，涉及主营业务收入（+）和应收账款（+）

业务⑨，涉及银行存款（+）和应收账款（-）；业务⑩，涉及库存现金（+）和银行存款（-）

业务⑪，涉及库存现金（-）和应付职工薪酬（-）；业务⑫，涉及原材料（+）和银行存款（-）

业务⑬，涉及应付账款（-）和银行存款（-）；业务⑭，涉及管理费用（+）和银行存款（-）

业务⑮，涉及销售费用（+）和银行存款（-）

习题三　A 公司 20×3 年 8 月 31 日各账户资料填齐如下：

账　户	期初余额	本期借方发生额	本期贷方发生额	期末余额
银行存款	600 000	800 000	380 000	1 020 000
原材料	—	30 000	—	30 000
固定资产	1 000 000	200 000	—	1 200 000
短期借款	200 000	40 000	—	160 000
应付账款	160 000	160 000	10 000	10 000
应付票据	—	—	40 000	40 000
实收资本	1 000 000	—	960 000	1 960 000
资本公积	240 000	160 000	—	80 000

第三章

一、单项选择题　1. A　2. B　3. B　4. C　5. A　6. A　7. D　8. C　9. C　10. B　11. D　12. B　13. A

14. A 15. D 16. D

二、多项选择题 1. ABD 2. ABCDEF 3. AB 4. ABCDEF 5. CD 6. ABD 7. AC 8. ACD

三、判断题 1. √ 2. √ 3. × 4. × 5. √ 6. × 7. × 8. √ 9. √ 10. √ 11. √ 12. ×
13. × 14. √ 15. × 16. √ 17. × 18. ×

习题一 S 公司 20×5 年 3 月底各账户数字填齐如下（单位：万元）：

账　户	期初余额		本期发生额		期末余额	
	借方	贷方	借方	贷方	借方	贷方
固定资产	200 000		10 000	—	210 000	
原材料	25 000		6 000	7 000	24 000	
生产成本	36 000		7 000	—	43 000	
产成品	59 000		—	—	59 000	
库存现金	3 000		300	—	3 300	
银行存款	70 000		1 000	24 100	46 900	
应收账款	7 000		—	1 200	5 800	
实收资本		300 000	—	10 000		310 000
累计折旧		20 000	—	—		20 000
短期借款		60 000	20 000	—		40 000
应付账款		14 000	4 000	6 000		16 000
应交税费		6 000	—	—		6 000
合　计	400 000	400 000	48 300	48 300	392 000	392 000

习题二 该 A 公司 20×5 年 1 月 31 日各账户三段借贷平衡如下：

账　户	期初余额		本期发生额		期末余额	
	借方	贷方	借方	贷方	借方	贷方
银行存款	600 000		800 000	380 000	1 020 000	
原材料			30 000		30 000	
固定资产	1 000 000		200 000		1 200 000	
短期借款		200 000	40 000			160 000
应付账款		160 000	160 000	10 000		10 000
应付票据				40 000		40 000
实收资本		1 000 000		960 000		1 960 000
资本公积		240 000		160 000		80 000
合　计	1 600 000	1 600 000	1 390 000	1 390 000	2 250 000	2 250 000

第四章

一、单项选择题 1. B 2. C 3. D 4. A 5. A 6. B 7. A 8. A 9. B 10. C 10. C 11. C 12. B
13. B 14. A 15. C 16. C

二、多项选择题 1. ABCD 2. ABC 3. BC 4. AB 5. ABC 6. ABCD 7. AB 8. ABCD 9. CD

三、判断题 1. √ 2. √ 3. × 4. √ 5. × 6. √ 7. × 8. × 9. √

习题一 1. 开设的"原材料"和"应付账款"总账如下：

总分类账户

会计科目：原材料　　　　　　　　　　　　　　　　　　　　　　　　　　　　单位：元

凭证号数	摘要	借方	贷方	借或贷	余额
	期初余额			借	1 500 000
①	购入原材料	60 000		借	1 560 000
②	购入原材料	670 000		借	2 230 000
③	生产用料		1 030 000	借	1 200 000
④	购入原材料	120 000		借	1 320 000
⑤	生产用料		520 000	借	800 000
⑦	购入原材料	650 000		借	1 450 000
	本期发生额及余额	1 500 000	1 550 000	借	1 450 000

总分类账户

会计科目：应付账款　　　　　　　　　　　　　　　　　　　　　　　　　　　　单位：元

凭证号数	摘要	借方	贷方	借或贷	余额
	期初余额			贷	80 000
①	应付购料款		60 000	贷	140 000
②	应付购料款		120 000	贷	260 000
⑥	偿还账款	30 000		贷	230 000
⑧	用借款归还账款	90 000		贷	140 000
	本期发生额及余额	120 000	180 000	贷	140 000

2. 开设的各明细账如下：

原材料明细分类账户

明细科目：A 材料　　　　　　　　　　　　　　　　　　　　　　　　　　材料计量单位：t

凭证号数	摘要	收入 数量	收入 单价	收入 金额	发出 数量	发出 单价	发出 金额	结存 数量	结存 单价	结存 金额
	期初余额							200	5 000	1 000 000
①	购入原材料	12	5 000	60 000				212	5 000	1 060 000
②	购入原材料	80	5 000	400 000				292	5 000	1 460 000
③	生产用料				120	5 000	600 000	172	5 000	860 000
④	购入原材料	10	5 000	50 000				182	5 000	910 000
⑤	生产用料				60	5 000	300 000	122	5 000	610 000
⑦	购入原材料	30	5 000	150 000				152	5 000	760 000
	本期发生额	132	5 000	660 000	180	5 000	900 000	152	5 000	760 000

原材料明细分类账户

明细科目：B 材料　　　　　　　　　　　　　　　　　　　　　材料计量单位：kg

凭证号数	摘要	收入			发出			结存		
		数量	单价	金额	数量	单价	金额	数量	单价	金额
	期初余额							1 000	300	300 000
②	购入原材料	500	300	150 000				1 500	300	450 000
③	生产用料				900	300	270 000	600	300	180 000
⑤	生产用料				400	300	120 000	200	300	60 000
⑦	购入原材料	1 200	300	360 000				1 400	300	420 000
	本期发生额	1 700	300	510 000	1 300	300	390 000	1 400	300	420 000

原材料明细分类账户

明细科目：C 材料　　　　　　　　　　　　　　　　　　　　　材料计量单位：kg

凭证号数	摘要	收入			发出			结存		
		数量	单价	金额	数量	单价	金额	数量	单价	金额
	期初余额							5 000	40	200 000
②	购入原材料	3 000	40	120 000				8 000	40	320 000
③	生产用料				4 000	40	160 000	4 000	40	160 000
④	购入原材料	1 750	40	70 000				5 750	40	230 000
⑤	生产用料				2 500	40	100 000	3 250	40	130 000
⑦	购入原材料	3 500	40	140 000				6 750	40	270 000
	本期发生额	8 250	40	330 000	6 500	40	260 000	6 750	40	270 000

应付账款明细分类账户

明细科目：大明公司　　　　　　　　　　　　　　　　　　　　　　　　单位：元

年		凭证		摘要	借方	贷方	借或贷	余额
月	日	种类	号数					
6	1			期初余额			贷	50 000
	3		①	应付购料款		60 000	贷	110 000
	12		④	应付购料款		50 000	贷	160 000
	18		⑥	偿还账款	20 000		贷	140 000
	29		⑧	偿还账款	54 000		贷	86 000
	31			本期发生额	74 000	110 000	贷	86 000

应付账款明细分类账户

明细科目：星光公司　　　　　　　　　　　　　　　　　　　　　　　　单位：元

年		凭证		摘要	借方	贷方	借或贷	余额
月	日	种类	号数					
6	1			期初余额			贷	30 000
	12		④	应付购料款		70 000	贷	100 000
	18		⑥	偿还账款	10 000		贷	90 000
	28		⑧	偿还账款	36 000		贷	54 000
	31			本期发生额	46 000	70 000	贷	54 000

3. 会计分录如下：

① 借：原材料——A 材料　　　　　　　　　　　　60 000
　　　贷：应付账款——大明公司　　　　　　　　　　　　60 000
② 借：原材料——A 材料　　　　　　　　　　　　400 000
　　　　　　——B 材料　　　　　　　　　　　　150 000
　　　　　　——C 材料　　　　　　　　　　　　120 000
　　　贷：银行存款　　　　　　　　　　　　　　　　　　670 000
③ 借：生产成本　　　　　　　　　　　　　　　1 030 000
　　　贷：原材料——A 材料　　　　　　　　　　　　　　600 000
　　　　　　　——B 材料　　　　　　　　　　　　　　270 000
　　　　　　　——C 材料　　　　　　　　　　　　　　160 000
④ 借：原材料——A 材料　　　　　　　　　　　　50 000
　　　　　　——C 材料　　　　　　　　　　　　70 000
　　　贷：应付账款——大明公司　　　　　　　　　　　　50 000
　　　　　　　　——星光公司　　　　　　　　　　　　70 000
⑤ 借：生产成本　　　　　　　　　　　　　　　　520 000
　　　贷：原材料——A 材料　　　　　　　　　　　　　　300 000
　　　　　　　——B 材料　　　　　　　　　　　　　　120 000
　　　　　　　——C 材料　　　　　　　　　　　　　　100 000
⑥ 借：应付账款——大明公司　　　　　　　　　　20 000
　　　　　　　——星光公司　　　　　　　　　　10 000
　　　贷：银行存款　　　　　　　　　　　　　　　　　　30 000
⑦ 借：原材料——A 材料　　　　　　　　　　　　150 000
　　　　　　——B 材料　　　　　　　　　　　　360 000
　　　　　　——C 材料　　　　　　　　　　　　140 000
　　　贷：银行存款　　　　　　　　　　　　　　　　　　650 000
⑧ 借：应付账款——大明公司　　　　　　　　　　54 000
　　　　　　　——星光公司　　　　　　　　　　36 000
　　　贷：短期借款　　　　　　　　　　　　　　　　　　90 000

以上分录在有关账户中登记见前开设的总账和明细账。

4. 结账见前面开设的各总账和明细账，"试算平衡表"如下：

原材料明细分类账试算表

单位：元

明细账户名称	单位	单价	期初余额		本期发生额				期末余额	
					收入		发出			
			数量	金额	数量	金额	数量	金额	数量	金额
A 材料	t	5 000	200	1 000 000	132	660 000	180	900 000	152	760 000
B 材料	kg	300	1 000	300 000	1 700	510 000	1 300	390 000	1 400	420 000
C 材料	kg	40	5 000	200 000	8 250	330 000	6 500	260 000	6 750	270 000
合计	—	—		1 500 000	—	1 500 000	—	1 550 000	—	1 450 000

应付账款明细分类账试算表

单位：元

明细账户名称	期初余额		本期发生额		期末余额	
	借方	贷方	借方	贷方	借方	贷方
大明公司		50 000	74 000	110 000		86 000
星光公司		30 000	46 000	70 000		54 000
合计		80 000	120 000	180 000		140 000

习题二 1. 按要求编制的会计分录如下：

① 借：固定资产——机器设备　　　　　　　　　　　1 200 000
　　贷：实收资本　　　　　　　　　　　　　　　　1 200 000
② 借：原材料　　　　　　　　　　　　　　　　　　240 000
　　贷：应付账款——A 公司　　　　　　　　　　　240 000
③ 借：无形资产　　　　　　　　　　　　　　　　　100 000
　　贷：银行存款　　　　　　　　　　　　　　　　100 000
④ 借：生产成本　　　　　　　　　　　　　　　　　40 000
　　贷：原材料　　　　　　　　　　　　　　　　　40 000
⑤ 借：其他应收款——张明　　　　　　　　　　　　2 000
　　贷：库存现金　　　　　　　　　　　　　　　　2 000
⑥ 借：产成品　　　　　　　　　　　　　　　　　　140 000
　　贷：生产成本　　　　　　　　　　　　　　　　140 000
⑦ 借：固定资产——厂房　　　　　　　　　　　　　300 000
　　贷：银行存款　　　　　　　　　　　　　　　　300 000
⑧ 借：应付账款——A 公司　　　　　　　　　　　　240 000
　　贷：短期借款　　　　　　　　　　　　　　　　240 000
⑨ 借：应付账款——B 公司　　　　　　　　　　　　50 000
　　贷：银行存款　　　　　　　　　　　　　　　　50 000
⑩ 借：管理费用　　　　　　　　　　　　　　　　　1 500
　　　库存现金　　　　　　　　　　　　　　　　　500
　　贷：其他应收款——张明　　　　　　　　　　　2 000
⑪ 借：银行存款　　　　　　　　　　　　　　　　　390 000

　　　　贷：应收账款——C 公司　　　　　　　　　　　　　　　　390 000
⑫ 借：短期借款　　　　　　　　　　　　　　　　　　　　　　240 000
　　　　贷：银行存款　　　　　　　　　　　　　　　　　　　　　　240 000
⑬ 借：库存现金　　　　　　　　　　　　　　　　　　　　　　　10 000
　　　　贷：银行存款　　　　　　　　　　　　　　　　　　　　　　 10 000
⑭ 借：原材料　　　　　　　　　　　　　　　　　　　　　　　　20 000
　　　　贷：银行存款　　　　　　　　　　　　　　　　　　　　　　 20 000
⑮ 借：银行存款　　　　　　　　　　　　　　　　　　　　　　 100 000
　　　　贷：长期借款　　　　　　　　　　　　　　　　　　　　　　100 000

开设各账户（丁字账），以及登记如下（单位：元）：

借方	固定资产		贷方		借方	实收资本		贷方
期初	2 000 000						期初	3 000 000
①	1 200 000						①	1 200 000
⑦	300 000							
本期	1 500 000	本期	0		本期	0	本期	1 200 000
期末	3 500 000						期末	4 200 000

借方	原材料		贷方		借方	长期借款		贷方
期初	460 000	④	40 000				期初	360 000
②	240 000						⑮	100 000
⑭	20 000							
本期	260 000	本期	40 000		本期	0	本期	100 000
期末	680 000						期末	460 000

借方	生产成本		贷方		借方	应付职工薪酬		贷方
期初	260 000	⑥	140 000				期初	310 000
④	40 000							
本期	40 000	本期	140 000		本期	0	本期	0
期末	160 000						期末	310 000

借方	产成品		贷方		借方	短期借款		贷方
期初	450 000						期初	120 000
⑥	140 000				⑫	240 000		240 000
本期	140 000	本期	0		本期	240 000	本期	240 000
期末	590 000						期末	120 000

借方	库存现金		贷方		借方	其他应付款		贷方
期初	5 000	⑤	2 000				期初	30 000
⑩	500							
⑬	10 000							
本期	10 500	本期	2 000		本期	0	本期	0
期末	13 500						期末	30 000

借方	银行存款		贷方	借方	应付账款		贷方
期初	350 000	③	100 000	⑧	240 000	期初	180 000
		⑦	300 000	⑨	50 000	②	240 000
⑪	390 000	⑨	50 000				
⑮	100 000	⑫	240 000				
		⑬	10 000				
		⑭	20 000				
本期	490 000	本期	720 000	本期	290 000	本期	240 000
期末	120 000					期末	130 000

借方	应收账款		贷方	借方	其他应收款		贷方
期初	420 000	⑪	390 000	期初	55 000	⑩	2 000
				⑤	2 000		
本期	0	本期	390 000	本期	2 000	本期	2 000
期末	30 000			期末	55 000		

借方	管理费用		贷方	借方	无形资产		贷方
期初	0			期初	0		
⑩	1 500			③	100 000		
本期	1 500	本期	0	本期	100 000	本期	0
期末	1 500			期末	100 000		

2. 编制的"总分类账户本期发生额及余额表"如下：

总分类账户本期发生额及余额表

单位：元

账 户	期初余额		本期发生额		期末余额	
	借方	贷方	借方	贷方	借方	贷方
固定资产	2 000 000		1 500 000		3 500 000	
无形资产	0		100 000		100 000	
原材料	460 000		260 000	40 000	680 000	
生产成本	260 000		40 000	140 000	160 000	
产成品	450 000		140 000		590 000	
库存现金	5 000		10 500	2 000	13 500	
银行存款	350 000		490 000	720 000	120 000	
应收账款	420 000			390 000	30 000	
其他应收款	55 000		2 000	2 000	55 000	
管理费用			1 500		1 500	
实收资本		3 000 000		1 200 000		4 200 000
长期借款		360 000		100 000		460 000
应付职工薪酬		310 000				310 000
短期借款		120 000	240 000	240 000		120 000
其他应付款		30 000				30 000
应付账款		180 000	290 000	240 000		130 000
合 计	4 000 000	4 000 000	3 074 000	3 074 000	5 250 000	5 250 000

第五章

一、单项选择题 1. A 2. B 3. A 4. B 5. D 6. C 7. B 8. C
二、多项选择题 1. ABC 2. ABCD 3. ABC 4. ABC 5. ABC 6. BCD 7. ABCD 8. AC 9. BC
三、判断题 1. × 2. √ 3. √ 4. × 5. √ 6. × 7. × 8. ×

习题一 会计分录如下：

① 借：原材料　　　　　　　　　　　　　　　　　　　　　50 000
　　　应交税费——应交增值税（进项税额）　　　　　　　 6 500
　　贷：银行存款　　　　　　　　　　　　　　　　　　　56 500
② 借：银行存款　　　　　　　　　　　　　　　　　　　113 000
　　贷：主营业务收入　　　　　　　　　　　　　　　　100 000
　　　　应交税费——应交增值税（销项税额）　　　　　 13 000
③ 借：其他应收款——李四　　　　　　　　　　　　　　 5 000
　　贷：库存现金　　　　　　　　　　　　　　　　　　　5 000
④ 借：管理费用　　　　　　　　　　　　　　　　　　　　 800
　　贷：库存现金　　　　　　　　　　　　　　　　　　　　800

习题二 1. 发行总价 = 5 × 10 000 = 50 000（万元）；
2. 应计入股本金额 = 1 × 10 000 = 10 000（万元）；
3. 应计入资本公积金额 = 50 000 − 10 000 = 40 000（万元）。账务处理如下：

　　借：银行存款　　　　　　　　　　　　　　　　　　500 000 000
　　　贷：股本——普通股　　　　　　　　　　　　　　100 000 000
　　　　　资本公积——股本溢价　　　　　　　　　　　400 000 000

习题三

　　借：固定资产　　　　　　　　　　　　　　　　　　　500 000
　　　　应交税费——应交增值税（进项税额）　　　　　　65 000
　　　贷：银行存款　　　　　　　　　　　　　　　　　　565 000

习题四

　　借：制造费用——生产车间　　　　　　　　　　　　　60 000
　　　　销售费用　　　　　　　　　　　　　　　　　　　10 000
　　　　管理费用　　　　　　　　　　　　　　　　　　　30 000
　　　贷：累计折旧　　　　　　　　　　　　　　　　　　100 000

习题五

① 借：原材料——A 材料　　　　　　　　　　　　　　　 36 000
　　　应交税金——应交增值税（进项税额）　　　　　　　4 680
　　贷：应付账款——东方公司　　　　　　　　　　　　 40 680
② 借：原材料——甲材料　　　　　　　　　　　　　　　 24 000
　　　　　　——乙材料　　　　　　　　　　　　　　　 32 000
　　　应交税金——应交增值税（进项税额）　　　　　　　7 280
　　贷：银行存款　　　　　　　　　　　　　　　　　　 63 280
③ 借：原材料——A 材料　　　　　　　　　　　　　　　 49 500
　　　应交税金——应交增值税（进项税额）　　　　　　　6 435
　　贷：银行存款　　　　　　　　　　　　　　　　　　 55 935

第六章

一、单项选择题 1. A 2. B 3. A 4. C 5. B 6. C 7. D 8. A 9. D 10. C 11. D 12. C 13. A 14. C 15. A 16. C 17. B 18. C

二、多项选择题 1. ABC 2. ABD 3. ABC 4. ABCDF 5. ABCD 6. ABCD 7. ABD 8. ABC 9. ABD 10. ABCD 11. ABC 12. AB 13. AD 14. ABC 15. ABC 16. BCD 17. ABC 18. ABCD 19. CD 20. ABC 21. BCD

三、判断题 1. × 2. √ 3. √ 4. × 5. × 6. √ 7. × 8. √ 9. × 10. × 11. √ 12. √ 13. ×

习题一 工资薪酬分配率 = 52500 ÷ (2200 + 2600 + 1600 + 600) = 7.5（元/工时）

甲产品应负担的工资费用 = 7.5 × 2 200 = 16 500（元）
乙产品应负担的工资费用 = 7.5 × 2 600 = 19 500（元）
丙产品应负担的工资费用 = 7.5 × 1 600 = 12 000（元）
在建工程应负担的工资费用 = 7.5 × 600 = 4 500（元）

借：生产成本——基本生产成本——甲产品　　　　　　　　16 500
　　　　　　　　　　　　　　——乙产品　　　　　　　　19 500
　　　　　　　　　　　　　　——丙产品　　　　　　　　12 000
　　在建工程　　　　　　　　　　　　　　　　　　　　　 4 500
　　贷：应付职工薪酬　　　　　　　　　　　　　　　　　52 500

习题二 制造费用分配率 = $\dfrac{630\,000}{40\,000 + 30\,000}$ = 9（元/小时）

A产品应负担的制造费用 = 40 000 × 9 = 360 000（元）
B产品应负担的制造费用 = 30 000 × 9 = 270 000（元）

按机器工时比例法编制制造费用分配表如下：

制造费用分配表

金额单位：元

借方科目	机器工时（小时）	分配金额（分配率：9元/小时）
生产成本——基本生产成本		
——A产品	40 000	360 000
——B产品	30 000	270 000
合计	70 000	630 000

会计分录如下：

借：生产成本——基本生产成本——A产品　　　　　　　　360 000
　　　　　　　　　　　　　　——B产品　　　　　　　　270 000
　　贷：制造费用　　　　　　　　　　　　　　　　　　 630 000

习题三

1. ① 借：库存商品——W商品　　　　　　　　　　　　　 800 000
　　　　应交税费——应交增值税　　　　　　　　　　　　104 000
　　　　贷：应付账款——A公司　　　　　　　　　　　　 904 000

② 借：应收账款——B公司　　　　　　　　　　　　　　1 695 000
　　贷：主营业务收入　　　　　　　　　　　　　　　　1 500 000
　　　　应交税费——应交增值税（销项税额）　　　　　　195 000

借：主营业务成本	1 200 000
贷：库存商品——W 商品	1 200 000
③借：主营业务收入	750 000
应交税费——应交增值税（销项税额）	97 500
贷：应收账款——B 公司	847 500
借：库存商品	600 000
贷：主营业务成本	600 000

2. 20×1 年 3 月 31 日 W 商品账面余额 = 230 + 80 − 120 + 60 = 250（万元）。

第七章

一、单项选择题　1. D　2. C　3. A　4. D　5. A　6. B　7. D　8. C　9. A　10. B　11. B　12. D　13. B　14. B　15. B　16. C　17. D　18. D　19. D　20. A　21. B　22. C　23. C　24. B　25. B　26. D　27. D　28. B　29. C　30. D　31. C　32. D

二、多项选择题　1. BC　2. BD　3. ABCD　4. ABCD　5. ABC　6. ABCD　7. CD　8. ABC　9. BCD　10. CD　11. ABD　12. ABCD　13. ABCD　14. ABCD　15. ABC　16. ABCD

三、判断题　1. √　2. ×　3. ×　4. √　5. ×　6. ×　7. √　8. √　9. ×　10. ×　11. ×　12. ×　13. √　14. √

习题一　会计分录如下（可以使用通用记账凭证）：

①借：银行存款	550 000
贷：长期借款	550 000
②借：管理费用	4 000
贷：银行存款	4 000
③借：原材料	200 000
应交税金——应交增值税（进项税额）	26 000
贷：应付账款——A 公司	226 000
④借：银行存款	800 000
贷：实收资本	800 000
⑤借：应收账款	1 017 000
贷：主营业务收入	900 000
应交税金——应交增值税（销项税额）	117 000
⑥借：库存现金	5 000
贷：银行存款	5 000
⑦借：原材料	1 400 000
应交税金——应交增值税（进项税额）	182 000
贷：短期借款	1 582 000
⑧借：库存现金	120 000
贷：银行存款	120 000
⑨借：应付职工薪酬	120 000
贷：库存现金	120 000
⑩借：短期借款	700 000
财务费用	16 000

          贷：银行存款   716 000
    ⑪ 借：管理费用   70 000
          贷：银行存款   70 000
    ⑫ 借：管理费用   12 000
          贷：银行存款   12 000
    ⑬ 借：管理费用——办公费   4 000
          贷：库存现金   4 000
    ⑭ 借：生产成本——A产品   480 000
          贷：原材料   480 000
    ⑮ 借：应付账款——×单位   200 000
          贷：银行存款   200 000
    ⑯ 借：销售费用   100 000
          贷：银行存款   100 000

习题二 1. 日期未写完整；2. 编号不全；3. 摘要没有写；4. 借方科目明细账不全；5. 金额有误；6. 附件未写（不清楚有无附件）；7. 出纳未盖章；8. 记账处未盖章；9. 凭证空行处未划线注销；10. 金额合计前未标明人民币符号。

第八章

一、单项选择题 1. A 2. A 3. C 4. C 5. B 6. A 7. C 8. C 9. D 10. A 11. C 12. C 13. D 14. C 15. D 16. D 17. A 18. B 19. C 20. A 21. B 22. A 23. A 24. A 25. D 26. D

二、多项选择题 1. AC 2. BC 3. AC 4. ABD 5. ABC 6. AB 7. ABCD 8. BD 9. AD 10. ABC 11. BC 12. AB 13. BCD 14. ABD 15. ABCDE 16. BCDE 17. CD 18. CD

三、判断题 1. × 2. × 3. × 4. × 5. × 6. √ 7. √ 8. √ 9. √ 10. √ 11. × 12. × 13. × 14. ×

习题一 1. 开设"原材料"和"应付账款"总账与明细账如下：

借方	原材料（总账）		贷方		借方	原材料—甲材料		贷方
期初	158 000	③	212 000		期初	90 000	③	144 000
①	280 000	⑥	40 000		①	180 000		
④	82 000				④	18 000		
本期	362 000	本期	252 000		本期	198 000	本期	144 000
期末	268 000				期末	144 000		

借方	原材料—乙材料		贷方		借方	原材料—丙材料		贷方
期初	48 000	③	48 000		期初	20 000	③	20 000
①	60 000				①	40 000	⑥	40 000
④	24 000				④	40 000		
本期	84 000	本期	48 000		本期	80 000	本期	60 000
期末	84 000				期末	40 000		

借方	应付账款（总账）		贷方
		期初	29 000
②	10 000	①	280 000
⑤	280 000	④	82 000
本期	290 000	本期	362 000
		期末	101 000

借方	应付账款—A公司		贷方
		期初	10 000
⑤	240 000	①	240 000
		④	42 000
本期	240 000	本期	282 000
		期末	52 000

借方	应付账款—B公司		贷方
		期初	19 000
②	10 000	①	40 000
⑤	40 000	④	40 000
本期	50 000	本期	80 000
		期末	49 000

2. 各项业务应作的会计分录如下：

① 借：原材料——甲材料　　　　　　　　　　　　　　　180 000
　　　　　　——乙材料　　　　　　　　　　　　　　　 60 000
　　　　　　——丙材料　　　　　　　　　　　　　　　 40 000
　　　贷：应付账款——A公司　　　　　　　　　　　　　240 000
　　　　　　　　——B公司　　　　　　　　　　　　　 40 000
② 借：应付账款——B公司　　　　　　　　　　　　　　 10 000
　　　贷：银行存款　　　　　　　　　　　　　　　　　 10 000
③ 借：生产成本　　　　　　　　　　　　　　　　　　　212 000
　　　贷：原材料——甲材料　　　　　　　　　　　　　144 000
　　　　　　　——乙材料　　　　　　　　　　　　　　 48 000
　　　　　　　——丙材料　　　　　　　　　　　　　　 20 000
④ 借：原材料——甲材料　　　　　　　　　　　　　　　 18 000
　　　　　　——乙材料　　　　　　　　　　　　　　　 24 000
　　　　　　——丙材料　　　　　　　　　　　　　　　 40 000
　　　贷：应付账款——A公司　　　　　　　　　　　　　 42 000
　　　　　　　　——B公司　　　　　　　　　　　　　 40 000
⑤ 借：应付账款——A公司　　　　　　　　　　　　　　240 000
　　　　　　　　——B公司　　　　　　　　　　　　　 40 000
　　　贷：短期借款　　　　　　　　　　　　　　　　　280 000
⑥ 借：生产成本——A产品　　　　　　　　　　　　　　 40 000
　　　贷：原材料——丙材料　　　　　　　　　　　　　 40 000

以上各分录在有关总账和明细账的登记见前面账户，结账情况也见前面账户。

3. 各总账与所属明细账的余额已核对相符：

（1）"原材料"总账余额为 268 000 元，其中：甲材料 144 000 元，乙材料 84 000 元，丙材料 40 000 元。

（2）"应付账款"总账余额为 101 000 元，其中：A公司 52 000 元，B公司 49 000 元。

习题二　1. 账务处理如下：

① 借：银行存款　　　　　　　　　　　　　　　　　　　150 000
　　　贷：短期借款　　　　　　　　　　　　　　　　　150 000
② 借：原材料　　　　　　　　　　　　　　　　　　　　 30 000

	贷：银行存款	30 000
③	借：应付账款——太阳公司	24 600
	贷：银行存款	24 600
④	借：原材料	400
	贷：库存现金	400
⑤	借：其他应收款——王放	5 000
	贷：银行存款	5 000
⑥	借：库存现金	30 000
	贷：银行存款	30 000
⑦	借：应付职工薪酬	30 000
	贷：库存现金	30 000
⑧	借：应付职工薪酬	800
	贷：库存现金	800
⑨	借：银行存款	32 000
	贷：主营业务收入（营业收入）	32 000
⑩	借：销售费用	900
	贷：银行存款	900
⑪	借：银行存款	38 000
	贷：应收账款——东方公司	38 000
⑫	借：管理费用	4 900
	库存现金	100
	贷：其他应收款——王放	5 000
⑬	借：应交税费	58 000
	贷：银行存款	58 000

2. 库存现金日记账：

20×5年		凭证号数	摘　要	对方账户	收入	付出	结余
月	日						
9	1		月初余额				5 200
	6		支付4日购进材料运杂费	原材料		400	4 800
	8		从银行提取现金	银行存款	30 000		34 800
	10		支付职工工资	应付职工薪酬		30 000	4 800
	12		支付职工困难补助	应付职工薪酬		800	4 000
	26		退回多余差旅费	其他应收款	100		4 100

银行存款日记账：

20×5年		凭证号数	摘　要	对方账户	收入	付出	结余
月	日						
9	1		月初余额				54 000
	3		取得短期借款	短期借款	150 000		2 040 000
	4		购买材料	原材料		30 000	174 000
	5		支付前欠太阳公司货款	应付账款		24 600	149 400
	7		王放出借差旅费	其他应收款		5 000	144 400
	8		提现，准备发放职工工资	库存现金		30 000	114 400

（续上表）

20×5年		凭证号数	摘　要	对方账户	收入	付出	结余
月	日						
	15		销售商品收到货款	主营业务收入	32 000		146 400
	18		支付销售商品发生的费用	销售费用		900	145 500
	25		收到东方公司前欠货款	应收账款	38 000		183 500
	30		缴纳税金	应交税费		58 000	125 500

习题三　（1）红字更正法

更正：首先用红字填写一张与原错误凭证相同的记账凭证，用以冲销原错误凭证：

　　借：管理费用　　　　　　　　　　　　　　　　　　　　　　3 000（红字）

　　　　贷：库存现金　　　　　　　　　　　　　　　　　　　　3 000（红字）

然后再用蓝字填写一张正确的记账凭证：

　　借：其他应收款——张一　　　　　　　　　　　　　　　　　3 000

　　　　贷：库存现金　　　　　　　　　　　　　　　　　　　　3 000

最后，再根据这两张凭证登记账簿。

（2）划线更正法。

将错误金额划掉，在错误金额上面填写正确金额（金额全部划掉，不能只划错误数字）。

（3）补充登记法。

将少记金额编制一张记账凭证：

　　借：所得税费用　　　　　　　　　　　　　　　　　　　　　48 600

　　　　贷：应交税费——应交所得税　　　　　　　　　　　　　48 600

然后再根据记账凭证登记账簿。

第九章

一、单项选择题　1. B　2. D　3. B　4. C　5. B　6. A　7. B　8. D　9. A　10. D　11. A　12. C　13. C　14. B　15. D　16. D　17. A　18. D　19. C　20. D

二、多项选择题　1. BC　2. ABD　3. ABC　4. BCD　5. AC　6. ABC　7. AB　8. ABCD　9. AC　10. ABC　11. BC　12. ABCD　13. ABCD　14. AC　15. BC　16. AC

三、判断题　1. ×　2. √　3. √　4. ×　5. √　6. √　7. ×　8. √　9. ×　10. √　11. ×　12. √　13. ×　14. √　15. ×　16. ×　17. ×　18. √　19. ×

习题一　中远公司20×1年9月经济业务账务处理编制记账凭证（简化形式）如下：

20×1年		凭证		摘　要	会　计　科　目	借方金额	贷方金额
月	日	字	号				
9	01	记	01	借入短期借款	银行存款 短期借款	150 000	150 000
9	02	记	02	采购甲材料	材料采购——甲材料 应交税费——应交增值税（进项税） 银行存款	25 000 3 250	28 250

(续上表)

20×1年		凭证		摘　要	会 计 科 目	借方金额	贷方金额
月	日	字	号				
9	02	记	03	销售产品，款已收	银行存款 主营业务收入 应交税费—应交增值税（销项税）	203 400	180 000 23 400
9	03	记	04	发放职工工资	应付职工薪酬 银行存款	70 000	70 000
9	04	记	05	李明预借差旅费	其他应收款—李明 银行存款	1 000	1 000
9	05	记	06	收回大发公司所欠货款	银行存款 应收账款—大发公司	48 700	48 700
9	06	记	07	向全顺公司销售产品，款未收	应收账款—全顺公司 主营业务收入 应交税费—应交增值税（销项税）	67 800	60 000 7 800
9	06	记	08	从东丰公司采购乙材料，款未付	材料采购—乙材料 应交税费—应交增值税（进项税） 应付账款—东丰公司	12 400 1 612	14 012
9	07	记	09	支付修理费	制造费用 管理费用 银行存款	2 700 500	3 200
9	08	记	10	支付广告费	销售费用 银行存款	3 600	3 600
9	09	记	11	采购甲材料	材料采购—甲材料 应交税费—应交增值税（进项税） 银行存款	16 500 2 145	18 645
9	10	记	12	甲、乙材料验收入库	原材料—甲材料 　　　—乙材料 材料采购—甲材料 　　　—乙材料	41 500 12 400	41 500 12 400
9	12	记	13	李明报销差旅费	管理费用 库存现金 其他应收款—李明	950 50	1 000
9	13	记	14	支付前欠西康公司货款	应付账款—西康公司 银行存款	73 000	73 000
9	14	记	15	支付电费	制造费用 管理费用 银行存款	1 680 920	2 600
9	18	记	16	购置设备	固定资产 银行存款	30 000	30 000
9	19	记	17	提取现金	库存现金 银行存款	800	800
9	20	记	18	支付业务招待费	管理费用 银行存款	12 000	12 000

(续上表)

20×1年		凭证		摘要	会计科目	借方金额	贷方金额
月	日	字	号				
9	20	记	19	支付第三季度短期借款利息	应付利息 财务费用 银行存款	8 288 4 512	12 800
9	22	记	20	购入办公用品	制造费用 管理费用 银行存款	120 150	270
9	25	记	21	对外捐赠	营业外支出 银行存款	5 000	5 000
9	30	记	22	分配本月材料费用	生产成本——A产品 ——B产品 制造费用 管理费用 原材料——甲材料 ——乙材料	62 900 45 600 13 840 2 200	88 000 36 540
9	30	记	23	计提本月固定资产折旧	制造费用 管理费用 累计折旧	4 540 3 270	7 810
9	30	记	24	分配本月职工工资	生产成本——A产品 ——B产品 制造费用 管理费用 应付职工薪酬	36 000 24 000 4 000 6 000	70 000
9	30	记	25	支付职工福利费	生产成本——A产品 ——B产品 制造费用 管理费用 应付职工薪酬	5 040 3 360 560 840	9 800
9	30	记	26	支付职工福利费	应付职工薪酬 银行存款	9 800	9 800
9	30	记	27	分配结转本月的制造费用	生产成本——A产品 ——B产品 制造费用	19 208 8 232	27 440
9	30	记	28	结转本月完工产品成本	库存商品——A产品 生产成本——A产品	201 148	201 148
9	30	记	29	结转本月销售产品的成本	主营业务成本 库存商品——A产品 ——B产品	177 000	132 000 45 000
9	30	记	30	本月城建税等税费	营业税金及附加 应交税费	2 420	2 420
9	30	记	31	结转本期收入	主营业务收入 本年利润	240 000	240 000

(续上表)

20×1年		凭证		摘 要	会 计 科 目	借方金额	贷方金额
月	日	字	号				
9	30	记	32	结转本期销售成本、费用	本年利润 主营业务成本 销售费用 营业税金及附加 管理费用 财务费用 营业外支出	219 362	177 000 3 600 2 420 26 830 4 512 5 000

习题二

科目汇总表

20×1年9月01—9月10日　　　　　　　　　　汇字第01号

会计科目	记账	本期发生额		记账凭证起讫号数
		借方	贷方	
银行存款		407 500	125 940	记账凭证01—12
应收账款		69 600	48 700	
其他应收款		1 000		
材料采购		53 900	53 900	
原材料		53 900		
短期借款			150 000	
应付账款			14 384	
应付职工薪酬		70 000		
应交税费		8 624	38 400	
制造费用		2 700		
主营业务收入			240 000	
销售费用		3 600		
管理费用		500		
合计		671 324	671 324	

科目汇总表

20×1年9月11—9月20日　　　　　　　　　　汇字第02号

会计科目	记账	本期发生额		记账凭证起讫号数
		借方	贷方	
库存现金		850		记账凭证13—19
银行存款			131 200	
其他应收款			1 000	
固定资产		30 000		
应付账款		73 000		
应付利息		8 288		
制造费用		1 680		
管理费用		13 870		
财务费用		4 512		
合计		132 200	132 200	

科目汇总表

20×1年9月21—9月30日   汇字第03号

会计科目	记账	本期发生额		记账凭证起讫号数
		借方	贷方	
银行存款			15 070	记账凭证20—32
原材料			124 540	
库存商品		201 148	177 000	
累计折旧			7 810	
应付职工薪酬		9 800	79 800	
应交税费			2 420	
本年利润		219 362	240 000	
生产成本		204 340	201 148	
制造费用		23 060	27 440	
主营业务收入		240 000		
主营业务成本		177 000	177 000	
销售费用			3 600	
营业税金及附加		2 420	2 420	
管理费用		12 460	26 830	
财务费用			4 512	
营业外支出		5 000	5 000	
合计		1 094 590	1 094 590	

习题三

根据科目汇总表登记各总账如下：

库存现金

20×1年		凭证号数	摘要	借方金额	贷方金额	借或贷	余额
月	日						
9	01		期初余额			借	600
9	20	科汇2	11至20日汇总	850		借	1 450

银行存款

20×1年		凭证号数	摘要	借方金额	贷方金额	借或贷	余额
月	日						
9	01		期初余额			借	639 600
9	10	科汇1	1至10日汇总	407 500	125 940	借	921 160
9	20	科汇2	11至20日汇总		131 200	借	789 960
9	30	科汇3	21至30日汇总		15 070	借	774 890
9	30		本月合计	407 500	272 210	借	774 890

应收账款

20×1年		凭证号数	摘要	借方金额	贷方金额	借或贷	余额
月	日						
9	01		期初余额			借	88 700
9	10	科汇1	1至10日汇总	69 600	48 700	借	109 600

其他应收款

20×1年		凭证号数	摘要	借方金额	贷方金额	借或贷	余额
月	日						
9	01		期初余额			借	680
9	10	科汇1	1至10日汇总	1 000		借	1 680
9	20	科汇2	11至20日汇总		1 000	借	680
9	30		本月合计	1 000	1 000	借	680

材料采购

20×1年		凭证号数	摘要	借方金额	贷方金额	借或贷	余额
月	日						
9	10	科汇1	1至10日汇总	53 900	53 900	平	0

原材料

20×1年		凭证号数	摘要	借方金额	贷方金额	借或贷	余额
月	日						
9	01		期初余额			借	86 700
9	10	科汇1	1至10日汇总	53 900		借	140 600
9	30	科汇3	21至30日汇总		124 540	借	16 060
9	30		本月合计	53 900	124 540	借	16 060

库存商品

20×1年		凭证号数	摘要	借方金额	贷方金额	借或贷	余额
月	日						
9	01		期初余额			借	510 000
9	30	科汇3	21至30日汇总	201 148	177 000	借	534 148

固定资产

20×1年		凭证号数	摘要	借方金额	贷方金额	借或贷	余额
月	日						
9	01		期初余额			借	690 000
9	30	科汇3	21至30日汇总	30 000		借	720 000

累计折旧

20×1年		凭证号数	摘要	借方金额	贷方金额	借或贷	余额
月	日						
9	01		期初余额			贷	206 200
9	30	科汇3	21至30日汇总		7 810	贷	214 010

短期借款

20×1年		凭证号数	摘　要	借方金额	贷方金额	借或贷	余　额
月	日						
9	01		期初余额			贷	450 000
9	10	科汇1	1至10日汇总		150 000	贷	600 000

应付账款

20×1年		凭证号数	摘　要	借方金额	贷方金额	借或贷	余　额
月	日						
9	01		期初余额			贷	73 000
9	10	科汇1	1至10日汇总		14 384	贷	87 384
9	20	科汇2	11至20日汇总	73 000		贷	14 384
9	30		本月合计	73 000	14 384	贷	14 384

应付职工薪酬

20×1年		凭证号数	摘　要	借方金额	贷方金额	借或贷	余　额
月	日						
9	01		期初余额			贷	86 792
9	10	科汇1	1至10日汇总	70 000		贷	16 792
9	30	科汇3	21至30日汇总	9 800	79 800	贷	86 792
9	30		本月合计	79 800	79 800	借	86 792

应交税费

20×1年		凭证号数	摘　要	借方金额	贷方金额	借或贷	余　额
月	日						
9	01		期初余额			贷	84 000
9	10	科汇1	1至10日汇总	8 624	38 400	贷	113 776
9	30	科汇3	21至30日汇总		2 420	贷	116 196
9	30		本月合计	8 624	40 820	贷	116 196

应付利息

20×1年		凭证号数	摘　要	借方金额	贷方金额	借或贷	余　额
月	日						
9	01		期初余额			贷	8 288
9	20	科汇2	11至20日汇总	8 288		平	0

实收资本

20×1年		凭证号数	摘　要	借方金额	贷方金额	借或贷	余　额
月	日						
9	01		期初余额			贷	862 000

盈余公积

20×1年		凭证号数	摘　要	借方金额	贷方金额	借或贷	余　额
月	日						
9	01		期初余额			贷	109 000

本年利润

20×1年		凭证号数	摘要	借方金额	贷方金额	借或贷	余额
月	日						
9	01		期初余额			贷	257 000
9	30	科汇3	21至30日汇总	219 362	240 000	贷	277 638

生产成本

20×1年		凭证号数	摘要	借方金额	贷方金额	借或贷	余额
月	日						
9	01		期初余额			借	120 000
9	30	科汇3	21至30日汇总	204 340	201 148	借	123 192

制造费用

20×1年		凭证号数	摘要	借方金额	贷方金额	借或贷	余额
月	日						
9	10	科汇1	1至10日汇总	2 700		借	2 700
9	20	科汇2	11至20日汇总	1 680		借	4 380
9	30	科汇3	21至30日汇总	23 060	27 440	平	0
9	30		本月合计	27 440	27 440	平	0

主营业务收入

20×1年		凭证号数	摘要	借方金额	贷方金额	借或贷	余额
月	日						
9	10	科汇1	1至10日汇总		240 000	贷	240 000
9	30	科汇3	21至30日汇总	240 000		平	0
9	30		本月合计	240 000	240 000	平	0

主营业务成本

20×1年		凭证号数	摘要	借方金额	贷方金额	借或贷	余额
月	日						
9	30	科汇3	21至30日汇总	177 000	177 000	平	0

销售费用

20×1年		凭证号数	摘要	借方金额	贷方金额	借或贷	余额
月	日						
9	10	科汇1	1至10日汇总	3 600		借	3 600
9	30	科汇3	21至30日汇总		3 600	平	0
9	30		本月合计	3 600	3 600	平	0

营业税金及附加

20×1年		凭证号数	摘要	借方金额	贷方金额	借或贷	余额
月	日						
9	30	科汇3	21至30日汇总	2 420	2 420	平	0

管理费用

20×1年		凭证号数	摘　要	借方金额	贷方金额	借或贷	余　额
月	日						
9	10	科汇1	1 至 10 日汇总	500		借	500
9	20	科汇2	11 至 20 日汇总	13 870		借	14 370
9	30	科汇3	21 至 30 日汇总	12 460	26 830	平	0
9	30		本月合计	26 830	26 830	平	0

财务费用

20×1年		凭证号数	摘　要	借方金额	贷方金额	借或贷	余　额
月	日						
9	20	科汇2	11 至 20 日汇总	4 512		借	4 512
9	30	科汇3	21 至 30 日汇总		4 512	平	0
9	30		本月合计	4 512	4 512	平	0

营业外支出

20×1年		凭证号数	摘　要	借方金额	贷方金额	借或贷	余　额
月	日						
9	30	科汇3	21 至 30 日汇总	5 000	5 000	平	0

第十章

一、单项选择题　1. D　2. A　3. B　4. D　5. C　6. D　7. A　8. B　9. B　10. C　11. C　12. C　13. C　14. B　15. C　16. C　17. A　18. C　19. B　20. C　21. B

二、多项选择题　1. BCD　2. BC　3. ABC　4. BD　5. AB　6. ABCD　7. BCD　8. ABC　9. ABC　10. AB　11. AC　12. CD　13. ABC　14. ABCD　15. ABCD　16. AB　17. AD　18. AB　19. BC　20. ABCD　21. ACD　22. AC　23. ACD　24. BD

三、判断题　1. √　2. ×　3. √　4. ×　5. ×　6. ×　7. ×　8. √　9. √　10. ×　11. ×　12. ×　13. ×　14. √　15. ×　16. ×

习题一　1. 检查不符的原因（略）。

2. 20×5 年 9 月，A 公司"银行存款余额调节表"如下：

银行存款余额调节表（20×5 年 9 月）　　　　　　　　　　　　　　　　单位：元

企业银行存款	金　额	银行对账单	金　额
账面余额	20 540	对账单余额	17 718
加：存款利息收入	828	加：存入转账支票	1 120
减：待交电费	2 800	减：支付购料运费	270
调节后余额	18 568	调节后余额	18 568

企业实际可以动用的余额为 18 568 元。但不能据"调节表"调账，须等有关凭证接到后，方可据以做成会计分录入账。

习题二　1. "实存账存对比表"如下：

实存账存对比表（20××年12月31日）

材料名称	单位	单价（元）	实存 数量	实存 金额（元）	账存 数量	账存 金额（元）	盘盈 数量	盘盈 金额（元）	盘亏 数量	盘亏 金额（元）
甲	kg	30	1 120	33 600	1 200	36 000			80	2 400
乙	kg	25	780	19 500	800	20 000			20	500
丙	t	9 000	19	171 000	20	180 000			1	9 000
丁	kg	20	2 750	55 000	2 700	54 000	50	1 000		
合计								1 000		11 900

2. 审批前，会计分录如下：

① 借：待处理财产损溢——待处理流动资产损溢　　　　　　11 900
　　　贷：原材料　　　　　　　　　　　　　　　　　　　　11 900
　　借：原材料　　　　　　　　　　　　　　　　　　　　　1 000
　　　贷：待处理财产损溢——待处理流动资产损溢　　　　　1 000
② 借：固定资产　　　　　　　　　　　　　　　　　　　　4 000
　　　贷：以前年度损益调整　　　　　　　　　　　　　　　4 000
③ 借：待处理财产损溢——待处理固定资产损溢　　　　　　2 400
　　　累计折旧　　　　　　　　　　　　　　　　　　　　1 600
　　　贷：固定资产　　　　　　　　　　　　　　　　　　　4 000
④、⑤ 待报经批准后，直接冲账。

3. 审批后，会计分录如下：

⑥ 借：管理费用　　　　　　　　　　　　　　　　　　　　11 400
　　　其他应收款　　　　　　　　　　　　　　　　　　　500
　　　贷：待处理财产损溢——待处理流动资产损溢　　　　　11 900
　　借：待处理财产损溢——待处理流动资产损溢　　　　　　1 000
　　　贷：其他应付款——代加工×厂　　　　　　　　　　　1 000
⑦ 借：以前年度损益调整　　　　　　　　　　　　　　　　4 000
　　　贷：应交税金——应交所得税（4000×25%）　　　　　1 000
　　　　　盈余公积（3000×10%）　　　　　　　　　　　　300
　　　　　利润分配——未分配利润（3000-300）　　　　　2 700
⑧ 借：营业外支出　　　　　　　　　　　　　　　　　　　2 400
　　　贷：待处理资产损溢——待处理固定资产损溢　　　　　2 400
⑨ 借：坏账准备　　　　　　　　　　　　　　　　　　　　350
　　　贷：其他应收款　　　　　　　　　　　　　　　　　350
⑩ 借：其他应付款　　　　　　　　　　　　　　　　　　　1 000
　　　贷：营业外收入　　　　　　　　　　　　　　　　　1 000

第十一章

一、单项选择题　1. D　2. A　3. C　4. C　5. B　6. C　7. B　8. A　9. C　10. A　11. C　12. D　13. C　14. C　15. C　16. C　17. C　18. B　19. B　20. A　21. C

二、多项选择题　1. ABCD　2. ABCD　3. ABC　4. ABD　5. ABC　6. AD　7. ABCD　8. BC　9. BC　10. CD　11. ABD　12. AC　13. BC　14. AD　15. CD　16. ABC　17. AB

三、判断题　1. √　2. ×　3. √　4. ×　5. √　6. √　7. ×　8. √　9. √　10. ×　11. ×　12. ×　13. ×　14. √　15. √　16. ×

习题一　1. 根据资料编制 A 公司 20×2 年各业务会计分录如下：

① 借：原材料	30 000
应交税费——应交增值税（进项税额）	3 900
贷：银行存款	33 900
② 借：应收账款——B 公司	226 000
贷：主营业务收入	200 000
应交税费——应交增值税（销项税额）	26 000
借：主营业务成本	65 000
贷：库存商品	65 000
③ 借：固定资产	50 000
应交税费——应交增值税（进项税额）	6 500
贷：银行存款	56 500
④ 借：固定资产	40 000
贷：在建工程	40 000
⑤ 借：银行存款	120 000
贷：应收账款	120 000
⑥ 借：短期借款	10 000
贷：银行存款	10 000
⑦ 借：银行存款	60 000
贷：长期借款	60 000
⑧ 借：应付职工薪酬	70 000
贷：银行存款	70 000
⑨ 借：生产成本	50 000
管理费用	20 000
贷：应付职工薪酬	70 000
⑩ 借：制造费用	50 000
贷：累计折旧	50 000
⑪ 借：生产成本	50 000
贷：制造费用	50 000
借：库存商品——B 产品	100 000
贷：生产成本	100 000
⑫ 借：主营业务收入	200 000
贷：本年利润	200 000
借：本年利润	85 000
贷：主营业务成本	65 000
管理费用	20 000
借：所得税费用〔(200 000 − 85 000) × 25%〕	28 750
贷：应交税费——应交所得税	28 750
借：本年利润	28 750

　　　　贷：所得税费用　　　　　　　　　　　　　　　　　　　　　　　　28 750
　　　借：本年利润（115 000 - 28 750）　　　　　　　　　　　　　　　　86 250
　　　　贷：利润分配——未分配利润　　　　　　　　　　　　　　　　　　86 250

2. 根据资料编制 A 公司 20×2 年 12 月 31 日资产负债表如下（注意：资产负债表项目中，货币资金含现金；应收账款含坏账准备；固定资产含累计折旧）：

资产负债表

会企01表

编制单位：A 公司　　　　　　20×2 年 12 月 31 日　　　　　　单位：元

资　　产	期末余额	年初余额	负债和所有者权益（或股东权益）	期末余额	年初余额
流动资产：			流动负债：		
货币资金	76 600	67 000	短期借款		10 000
交易性金融资产			交易性金融负债		
应收票据	60 000	60 000	应付票据		
应收账款	181 000	75 000	应付账款	100 000	100 000
预付账款			预收账款	10 000	10 000
应收利息			应付职工薪酬	-4 000	-4 000
应收股利			应交税费	55 350	11 000
其他应收款			应付利息		
存货	280 000	215 000	应付股利		
一年内到期的非流动资产			其他应付款		
其他流动资产			一年内到期的非流动负债		
流动资产合计	597 600	417 000	其他流动负债		
非流动资产：			流动负债合计	161 350	127 000
可供出售金融资产			非流动负债：		
持有至到期投资			长期借款	140 000	80 000
长期应收款			应付债券		
长期股权投资			长期应付款		
投资性房地产			专项应付款		
固定资产	540 000	500 000	预计负债		
在建工程		40 000	递延所得税负债		
工程物资			其他非流动负债		
固定资产清理			非流动负债合计	140 000	80 000
生产性生物资产			负债合计	301 350	207 000
油气资产			所有者权益（或股东权益）：		
无形资产	150 000	150 000	实收资本（或股本）	500 000	500 000
开发支出			资本公积		
商誉			减：库存股		
长期待摊费用			盈余公积	200 000	200 000
递延所得税资产			未分配利润	286 250	200 000
其他非流动资产					
非流动资产合计	690 000	690 000	所有者权益（或股东权益）合计	986 250	900 000
资产总计	1 287 600	1 107 000	负债和所有者（或股东权益）总计	1 287 600	1 107 000

3. 根据资料编制 A 公司 20×2 年利润表如下。

利润表

编制单位：A 公司　　　　　　　　20×2 年度　　　　　　　　　　　　单位：元

项　　目	本期金额	上期金额（略）
一、营业收入	200 000	
减：营业成本	65 000	
营业税金及附加		
销售费用		
管理费用	20 000	
财务费用		
加：公允价值变动收益（损失以"-"号填列）		
投资收益（损失以"-"号填列）		
二、营业利润（亏损以"-"号填列）	115 000	
加：营业外收入		
减：营业外支出		
三、利润总额（亏损总额以"-"号填列）	115 000	
减：所得税费用	28 750	
四、净利润（净亏损以"-"号填列）	86 250	

习题二　1. 将收入、成本费用类账户结转到"本年利润"账户如下：

① 借：主营业务收入　　　　　　　　　　　　　　　　　　7 611 620
　　　　其他业务收入　　　　　　　　　　　　　　　　　　　928 000
　　　　投资收益　　　　　　　　　　　　　　　　　　　　　600 000
　　　　营业外收入　　　　　　　　　　　　　　　　　　　　645 380
　　　贷：本年利润　　　　　　　　　　　　　　　　　　　　　　　　9 785 000
　　借：本年利润　　　　　　　　　　　　　　　　　　　　7 727 000
　　　贷：主营业务成本　　　　　　　　　　　　　　　　　　　　　5 683 200
　　　　　其他业务成本　　　　　　　　　　　　　　　　　　　　　　698 300
　　　　　销售费用　　　　　　　　　　　　　　　　　　　　　　　　352 000
　　　　　管理费用　　　　　　　　　　　　　　　　　　　　　　　　543 000
　　　　　财务费用　　　　　　　　　　　　　　　　　　　　　　　　 86 000
　　　　　营业税金及附加　　　　　　　　　　　　　　　　　　　　　 50 000
　　　　　营业外支出　　　　　　　　　　　　　　　　　　　　　　　314 500

2. 计算所得税费用（税率25%），将所得税费用转入"本年利润"账户：

① 确认所得税费用 =（9 785 000 − 7 727 000）× 25% = 514 500（元）
　　借：所得税费用　　　　　　　　　　　　　　　　　　　　514 500
　　　贷：应交税费——应交所得税　　　　　　　　　　　　　　　　　 514 500
　　借：本年利润　　　　　　　　　　　　　　　　　　　　　514 500
　　　贷：所得税费用　　　　　　　　　　　　　　　　　　　　　　　 514 500

② 将"本年利润"转入"利润分配"。
　　借：本年利润　　　　　　　　　　　　　　　　　　　　1 543 500

  贷：利润分配——未分配利润   1 543 500

 3. 根据以上资料编制利润表如下：

利润表

编制单位：B公司   20×1年度   单位：元

项 目	本期金额	上期金额（略）
一、营业收入	8 539 620	
减：营业成本	6 381 500	
营业税金及附加	50 000	
销售费用	352 000	
管理费用	543 000	
财务费用	86 000	
加：公允价值变动收益（损失以"-"号填列）		
投资收益（损失以"-"号填列）	600 000	
二、营业利润（亏损以"-"号填列）	1 727 120	
加：营业外收入	645 380	
减：营业外支出	314 500	
三、利润总额（亏损总额以"-"号填列）	2 058 000	
减：所得税费用	514 500	
四、净利润（净亏损以"-"号填列）	1 543 500	

  习题三 ① 营业收入 =（1 000 000 + 100 000）+（500 000 + 10 000）= 1 610 000（元）

  ② 营业成本 =（700 000 + 60 000）+（300 000 + 6 000）= 1 066 000（元）

  ③ 营业利润 = 1 610 000 − 1 066 000 +（180 000 + 10 000）−（200 000 + 7 000）−（100 000 + 5 000）−（5 000 + 1 000）−（20 000 + 2 000）−（20 000 + 5 000）= 269 000（元）

  ④ 利润总额 = 269 000 +（10 000 + 1 000）−（5 000 + 500）= 274 500（元）

  ⑤ 净利润 = 274 500 − 274 500 × 25% = 205 875（元）

  习题四 1. 各会计分录如下：

① 借：应收账款	452 000	
贷：主营业务收入		400 000
应交税费——应交增值税		52 000
同时：		
借：主营业务成本	160 000	
贷：库存商品		160 000
② 借：生产成本	240 000	
制造费用	80 000	
管理费用	80 000	
贷：应付职工薪酬		400 000
③ 借：银行存款	80 000	
贷：其他业务收入		80 000
④ 借：制造费用	50 000	
管理费用	20 000	
其他业务成本	10 000	
贷：累计折旧		80 000
⑤ 借：销售费用	10 000	

　　　　贷：银行存款　　　　　　　　　　　　　　　　　　　　10 000
2. 计算各项目：
营业收入 = 400 000 + 80 000 = 480 000（元）
营业成本 = 160 000 + 10 000 = 170 000（元）
营业利润 = 480 000 - 170 000 - 80 000 - 20 000 - 10 000 = 200 000（元）
利润总额 = 200 000（元）
净利润 = 200 000 - 200 000 × 25% = 150 000（元）

第十二章

一、单项选择题　1. D　2. C　3. D　4. C　5. C　6. B　7. D　8. D　9. D
二、多项选择题　1. ABD　2. CD　3. BC　4. AB　5. ABCD　6. ABCF
三、判断题　1. ×　2. √　3. √　4. ×　5. √　6. ×　7. √　8. ×　9. ×　10. ×　11. √　12. √